지도자를 위한

개정 유아 체육 교육

손원호

창지사

머리말

인간의 생애 중에 가장 중요한 유아기는 성인에게 보호를 받아야만 한다. 이 시기의 유아들은 여러 가지 기초·기본 운동 능력을 어린 시절부터 몸에 익혀 두어야 하며, 이 운동 능력은 일생 동안 유지될 수 있다고 한다. 따라서 인간 생활에 필요한 기본 운동 능력을 바탕으로 하여 움직임을 즐기는 활동으로 유도하며, 그 자체를 익숙하게 하도록 체계화시키는 데 중점을 두고 있다.

오늘날 유아 교육에 대한 관심과 더불어 유아 체육 교육에 기대하는 바가 점차 높아지고 있다. 유아 체육이란 인간 형성의 근간을 이루는 유아기의 특징과 발달 단계에 근거하여, 적절한 방법의 신체 활동을 통하여 유아를 건강하고 자주적인 일꾼으로서의 육성을 도모하는 교육적 작용이다. 따라서 유아교육기관의 체육 지도자들은 유아 체육에 대한 확고한 이념이나 효율적인 방법을 모르면서 시행해서는 안 된다. 이러한 문제를 해결하기 위하여 본 서는 30년 동안 유아교육기관에서 현장 지도자로서의 경험과 15년 동안 대학에서의 강의 경험을 토대로 완성되었다.

수십 년간 유아 체육 활동을 현장에서 지도해 오면서, 유아 체육 활동의 계획에서 실행까지 과정에 대한 자세한 설명이 부족함을 절실히 깨달았다. 이러한 지침서가 될 이 책은 유아교육기관에서 여러 번의 모의 수업과 공개 수업을 통해 수정·발전시켜 바람직한 유아 체육 교육의 지도 방법을 제시하고 있다.

이 책의 제1부에서는 유아 체육의 변천과정, 유아 체육의 필요성, 체력이란?, 건강 생활 영역, 운동 능력 발달에 대하여 다루었고, 제2부에서는 유아교육기관의 행사 중에 소풍과 운동회 프로그램을 다루었고, 제3부에서는 유아교육기관에서 행하여지고 있는 소도구·대도구 활동 놀이 방법을 단계별로 설명하였다. 부록 CD에서는 유아교육기관에서 실시하는 유아 체육 수업 계획안을 월별, 주별로 정리해 놓았다.

이 책이 나오기까지 도움을 주신 분들이 계신데, 30년 전 유아 체육의 길로 안내해 주신 명지전문대학 사회체육과 명예 교수님이신 옥명철 교수님, 유아교육과 명예교수님이신 류지후 교수님께 감사를 드린다. 또 명지전문대학 부속 명지유치원 김향자, 박정선 원장님과 매주 이틀씩 수업에 참여해 촬영 및 수업에 도움을 준 송치현 선생님께도 지면을 통해 감사의 마음을 전한다.

끝으로 이 책이 나오기까지 도움을 주신 창지사 사장님과 편집진에게도 심심한 사의를 전한다.

2012년 2월

저자

차례

제 1 부 유아 체육의 기초 이론

제 2 부 유아 체육과 행사 프로그램

제 3 부 유아 체육 교육의 실제

제 1 부

유아 체육의 기초 이론

제1장

유아 체육 교육이란

1 유아 체육의 필요성

유아기는 근육이 급속히 발달하고 근력이 강해지며 스스로 신체를 조절할 수 있는 능력이 발전되고 정착되는 시기이며, 또한 자율적이고 독립적인 행동을 하려는 욕구가 왕성해지는 시기이다(김현지 · 오연주, 1997).

유아기는 운동 기능이 발달하는 데 이상적 시기이다(Hurlock, 1972). 그 이유는 경골화 이전이므로 몸이 유연하며 호기심, 모험심이 강하고 감수성이 예민할 뿐만 아니라 비교적 충분한 시간적 여유를 가질 수 있어서 다양한 기능의 학습이 가능하기 때문이다(소정룡, 2003).

유아 체육은 놀이를 중심으로 한 유아들의 신체적 활동을 포함하며, 그 핵심은 '움직임의 교육'이라 할 수 있다. 유아는 움직임을 통해 창의적이고 다양한 체육 활동을 경험하는 과정에서 시간과 공간, 힘과 움직임의 흐름 등 기본 개념을 터득하게 되고, 당면 과제에 대한 해결 능력을 함양할 수 있다(김현지 · 오연주, 1997).

문화체육부(1995)에 따르면 유아 체육이란 '활발한 신체의 움직임을 수반하는 놀이를 통하여 무한한 잠재력을 신장시켜 개인적으로 행복하게 하고 나아가 그들의 역량을 국가 발전의 자원이 되도록 건강한 신체와 건전한 정신을 기르고 있다.' 라고 한다.

유아기는 대근육 발달이 가장 활발하고 기본적인 감각 운동 기능이 급속히 발달하는 시기이다. 대근육을 이용하는 동작 중에 약 90%가 12세까지 완성되며 소근육을 이용한 조정력은 약 80% 이상이 개발이 되고 체력적으로 볼 때 유아와 어린 유아의 민첩성 · 협응력 · 균형성 등이 약 60% 정도가 완성되는 시기이다. 따라서 신체적으로 움직일 수 있는 잠재력이 준비된 이 시기에 움직이고자 하는 욕구를 발산하여 대근육 운동 능력을 발달시킬 수 있는 충분한 기회를 마련해 주는 것이 필요하며, 이때에 올바른 신체 활동의 교육은 필수적이라 할 수 있겠다(김기웅 · 곽은정, 1997).

이러한 중요한 유아기에 사회적 · 문화적 환경의 급격한 변화는 유아의 욕구를 충족시켜줄 수 있는 주변 여건을 열악하게 만든다. 그 원인을 살펴보면 유아들이 자유롭게 뛰어놀 수 있는 개방된 넓은 공간이 부족한 도시 환경이다. 현대의 복잡한 고층 건물 중심의 주거 환경과 교통 체계는 자연 현상을 파괴하며 유아가 자유롭게 놀이를 즐길 수 있는 공간을 더욱 감소시키고 있다. 또한 주거 지역에 놀이 공간이 확보되어 있더라도 시설물의 안전성에 대한 부모의 우려는 유아가 자유롭게 활동적인 놀이를 할 수 있는 기회를 제한하기도 한다. 또한 유아는 형제나 또래와 놀이를 할 수 있는 기회가 점차 감소되는 환경 속에서 살고 있다. 유아의 모든 생활이 놀이 세계인 만큼, 놀이에 근거를 둔 운동 능력의 발달은 유아의 신체적 발달에 매우 중요한 역할을 담당하고 있지만, 과거보다 자녀 수가 감소한 현대에는 여러 형제들과 다양한 놀이를 할 기회가 부족하며 밖에 나가도 함께 놀이할 또래도 없는 실정이다(황덕호, 1992). 유아에게 일찍부터 학문적 준비를 시키고 조기에 재능을 갖추도록 하는 부모의 요구로 인해, 유아가 또래들과 함께 놀이터에서 자연스럽게 놀이 활동을 할 시간이 점차 감소되고 이로 인해 유아들은 엄청난 스트레스를 받고 있으며, 심지어 소아 정신 병리 현상까지도 일으킨다(김현지 · 오연주, 1997). 뿐만 아니라 오늘날의 유아들은 과거의 유아들에 비해 앉아서 하는 활동으로 더 많은 시간을 보내고 있다. 하루 일과 중에서 대근육을 움직이며 활동하는 동적인 활동은 줄어들고 읽기 · 쓰기의 준비를 위한 활동, TV 시청과 같은 앉아서 하는 활동의 비중이 점차 증가함으로 인해 유아들의 생활은 더욱 비활동적으로 변하고 있다. 그 밖에도 유아 교육에 대한 부모의 기대나 사회 환경 등의 영향으로 유아의 신체 활동량이나 운동 기회가 점차 줄어들고 있어 그에 따른 문제의 정도는 심각한 수준이다(제6차 유치원 교육과정 해설집, 1998). 문화체육부(1995)에서도 현대 사회의 생활 방식이나 환경의 변화에 따라 유아의 체격은 과거에 비해 많이 신장하였으나 체력은 점차 저하되고 있음을 밝히고 있다(제6차 유치원 교육과정 해설집, 1998). 현재 우리나라의 유아교육기관에서는 어떤 동작 활동을 어떠한 방법으로 제공해 주고 있는가? 우리나라 유아교육기관의 유아에게 제공되고 있는 체육 프로그램은 유아의 욕구와 필요에 합당한 내용과 방법을 제공하고 있는가? 하지만 이러한 질문에 우리의 현실은 그렇지 않은 것 같다. 불행하게도 유아교육기관의 유아에게 제공되고 있는 체육 프로그램은 그 내용과 방법이 조직적 · 체계적이지 못할 뿐 아니라 아직 그 원형적인 모습조차 체계화되어 있지 않다. 자라나는 유아에게 있어서 움직임이 갖는 의미 · 가치와는 상관없이 이론적 근거와 경험적 가치가 입증되지 않은 상태에서 주먹구구식 시간 때우기 놀이 수준의 프로그램들이 무비판적으로 의식 없이 시행되고 있고 방치되고 있다고 할 수 있다(김기웅 · 곽은정, 1997).

또한 유아교육기관의 교사를 양성하는 대학의 교육과정에서 유아 음악 교육, 유아 미술 교육 등은 있으나, 유아의 신체 발달에 중요한 유아 체육 교육은 유아의 무용이나 손유희 등의 동작 연구 정도로 편성된 교육과정은 유아 체육 활동에 대한 유아 교사들의 지식 부족으로 이어지고 있다. 또한 최근 우리나라 유치원의 교육 활동을 조사한 결과, 동적인 활동이 정적인 활동에 비해 매우 작은 비중을 차지하고 있어 유아 신체 운동 활동의 기회가 충분히 제공되지 못하고 있다(제6차 유치원 교육과정 해설집, 1998).

이러한 실정을 인식하여 최근 유아기 신체 활동에 대한 관심이 고조되면서 유아를 대상으로 하는 유아 체육 활동에 관한 연구가 시작되고 있다(황순각, 2000). 이러한 연구들을 종합해 보면 우리나라 유아교육기관에서는 평균 주 1회에 1시간 이하의 체육 관련 활동을 하며, 대부분의 교사들이 유아 체육 활동은 전문적인 체육 지도자가 실시해야 하는 것으로 인식하고 있다. 이에 따라 사립 유치원의 경우 체육 전담 지도자가 주 1~2회 집중적으로 유아 체육 활동을 하는 것으로 보고되고 있다. 이러한 현상은 유아 체육 활동에 대한 교사의 전문 지식 부족 및 교육 방법의 비효율성, 교육 환경의 미비 등을 들 수 있다. 이들 연구에 의하면 유아교육기관에서 유아 체육 활동은 타 영역보다 비계획적으로 이루어지고 있다. 내용의 선정에서 교수 학습 방법에 이르기까지 유아 체육 활동은 교사의 개인적 수준에 머무르고 있는 것으로 연구 · 보고되고 있다.

유아 체육 활동에 관한 국내의 선행 연구로, 김영복(1991)은 유아의 운동 기능 발달에 관한 여러 가지 신체 활동은 유아들의 신체 활동에 실질적인 도움을 주며 근력 · 지구력 · 조정력, 심폐 기능 등의 발달과 신체 능력의 향상에 기여한다고 하였다. 즉, 지속적인 신체 활동으로 인하여 60% 이상이 심폐 기능이 향상되며 대근육 활동이 용이해지고 활동적이며 역동적인 움직임을 지속할 수 있는 능력을 갖게 된다(Smoll, Magill, & Ash, 1988). 손원호(1993)의 유아 체육 활동 프로그램이 체력 향상에 미치는 영향에서는 체육을 실시하는 유아교육기관의 유아가 체력이 우수하다는 연구가 있었고, 김은심(1994)의 통합적 동작 교수 방법이 유아의 기본 동작 능력과 창의적 사고 및 신체 표현 능력에 미치는 효과의 연구, 현일환(1997)과 정춘식(1998)의 유치원 운영 실태에서 본 유아 체육에 대한 조사 연구, 안을섭(1999)의 유아 체육 교육이 5세 아동의 기초 체력 발달에 미치는 영향의 연구, 윤애희와 박정민(1999)은 여러 가지 기본 움직임 활동들이 종류별로 골고루 실시되는지에 대한 연구에서 다른 활동들이 빈번히 실시되는 데 비하여 이동 움직임에서는 스키핑 · 미끄러지기 · 멀리뛰기 · 갤로핑을, 조작 움직임에서는 공 튀기기 · 공치기 · 공되치기를, 비이동 움직임에서는 비틀기 활동을 약간씩 실시하고 있었다.

외국의 경우, Haywood(1986)는 신체 활동을 통하여 뼈의 성장과 골격의 변화가 나타남으로써 성장기에 있는 유아들에게 중요한 영향을 미치고 있으며 체형과 균형이 변화되고 체중과 신장과의 비율이 증가된다고 한다. Sallis(1998)는 운동장에서 놀이하는 4~5세 유아들이 무슨 행동을 하며, 또 그 행동을 얼마나 강도 있게 하는지를 연구한 결과, 유아들은 놀이 시간의 60%를 가만히 있는 활동(앉아 있기, 서 있기, 말하기)을 하였으며 11%만이 자전거 타기, 술래잡기와 같은 활기찬 활동을 하며 시간을 보낸다고 밝혔다.

Werner(1996)는 오늘날 유아의 신체적 움직임은 과거 20~30년 전과는 매우 다른 양상으로 변화하고 있음을 지적하였다. 비활동적인 생활 스타일은 고혈압, 비만, 흡연처럼 질병을 일으키는 위험한 요소 중의 하나이며(NASPE, 1994), 이러한 비활동적 생활 스타일로 인한 신체 활동의 결핍은 아동의 전인적인 발달에 해가 된다는 견해에 의학 전문가나 성장 발달 전문가, 심리학자들이 의견을 같이하고 있다. 또한 미국심장협회(1992)에서는 어린 시절부터 신체 운동을 규칙적으로 하는 것을 중요시하고, 각급 학교 교과 과정에서는 신체 운동 능력에 대한 긍정적인 태도와 기술 습득 및 신체 운동을 실시할 것을 주장하고 있다(Gallahue, 1996). 이와 같이 유아기의 체육 놀이 경험의 부족은 유아의 신체 발달뿐만 아니라 전반적인 발달에 나쁜 영향을 미친다.

유아 체육 활동에 대한 선행 연구들을 살펴보면 유아를 대상으로 하는 유아 체육 활동에 관련된 연구와 운동 발달이나 이와 관련 있는 체력 향상에 관한 연구가 주를 이룬다. 또한 체육 전공자가 연구한 유아교육기관의 유아 체육 활동이 조사 · 연구되고 있는데, 최근까지 수행되어온 주요 연구들을 살펴보면 다음과 같다.

박효찬(1999)은 유치원 교사가 인식한 유아 체육의 문제점과 활성화 방안에 관한 연구에서 유아 체육을 활성화시키는 것이 유아 교육의 어느 영역보다 중요함에도 불구하고 교육의 수요자들은 유아 체육의 중요성을 제대로 이해하지 못하고 있으므로 이에 대한 체계적이고 적극적인 홍보 활동과 유아 체육에 필요한 시설이나 교재 등 프로그램이 다양하게 보급될 수 있도록 국가적인 차원에서 적극적인 관심이 요망된다고 하였다. 황순각(2000)은 유아 신체 활동 프로그램의 구성 및 효과의 연구에서 유아 신체 활동의 프로그램이 유아의 지각 운동 능력과 신체적 자아 개념 향상에 긍정적인 영향을 미치는 것으로 나타났으며 유아를 위한 신체 활동은 유아의 신체적 자아 개념을 발달시키는 것으로 나타났다. 특히 외모와 건강에 대한 자아 개념에서 유의미하게 높은 향상을 보였다.

이상의 연구들을 종합해 볼 때에 유아교육기관의 유아 체육 활동은 유아들의 운동 능력 발달과 향상에 도움이 되는 것을 알 수 있으며 유아를 대상으로 하는 유아교육기관의 유아 체육 활동에 대한 연구는 유아의 건강에 관심이 높아지면서 점진적으로 증가하는 추세이다.

따라서 본서에서는 유아 체육의 변천 과정과 유아교육기관의 교육과정에 나타난 유아 체육 활동과 유아 체육 활동의 교육적 구성을 살펴보고 유아 체육 활동 효과와 교수 방법 등을 구체적으로 살펴보고자 한다.

2 유아 체육의 중요성

최근 실시된 연구에 따르면, 우리나라 유치원의 교육 활동은 동적인 활동이 정적인 활동에 비해 매우 적은 비중을 차지하고 있어, 유아의 신체 활동이 충분히 이루어지지 못하고 있는 것으로 나타났다.

이와 더불어 생활 교육 환경의 문제점을 살펴보면, 대부분의 유아는 아파트 실내에서 생활하고 있으며, 밖에서 노는 경우는 극히 드물다. 또한 좁은 실내에서 운동을 할 수 없다는 것, 그리고 신선한 공기를 마실 수 없다는 것은 유아의 건강과 밀접한 관계가 있다. 그리고 유아들은 자기가 생각하는 것을 마음대로 할 수 있는 집 안에서는 각각 자기 중심적인 행동을 하기 때문에, 다른 유아들 사이에서 문제를 일으킬 수도 있다. 즉, 핵가족 속에서 자라난 유아들은 같이 놀 수 있는 장소를 상실하였기 때문에 현대 사회 생활이 필요한 인간 관계 기술을 익힐 기회를 잃게 되는 경우가 많다. 따라서 유아들의 운동 생활 방법을 여러 가지로 연구하지 않으면 안 된다. 그리고 현대의 유아들은 어릴 때부터 자연스럽게 텔레비전 보는 습관이 생기며 유아들의 프로그램만을 찾아서 즐긴다는 것은 앞으로 더욱 문제시 될 것이다. 즉, 급변하는 정보화 시대 속에서 대중 매체의 발달과 컴퓨터라는 매체 역시 유아의 삶에 깊숙이 들어와 있으며, 이것은 유아의 생활을 격변시켜 주는 한 가지 원인이라고 할 수 있다.

따라서 의학 전문가나 대다수의 학자들은 어린 시절에 가능한 한 많은 운동 경험을 시켜 여러 면의 신체 움직임에 익숙하게 하는 일이 필수적이라고 밝히고 있다. 그 이유는 유아기에 습득한 운동 능력은 일생의 신체 움직임이나 운동 능력을 좌우하게 되기 때문이다. 즉, 유아 및 아동기에 걷기 · 달리기 · 던지기 등의 기본적인 운동 기술들을 적절하게 발달시키지 못할 경우, 놀이나 활동에서 신체적으로 그 기능을 발휘하는 데 제한을 받을 뿐만 아니라 또래 집단에 동화하지 못하는 결과를 초래할 수 있기 때문이다(류상태 외, 1996).

따라서 유아 교육을 담당하고 있는 교육기관에서는 유아에게 계획적인 건강 관리와 체계적인 신체 활동을 포함한 균형 잡힌 체육 교육과정을 제공하는 것은 필수적인 과제이다.

유아기를 결정적 시기라고 하는 까닭은 유아기의 경험이 유아의 신체적 · 인지적 · 정의적 · 사회적 발달의 모든 면에서 기초를 형성하고 발달의 방향과 질을 결정하는 데 가장 중요한 시기이기 때문이다.

- 유아기는 운동 기능을 발달시키기는 데 이상적인 시기이다. 뼈가 굳기 전이므로 몸이 유연하며 호기심, 모험심이 강하고 감수성이 예민할 뿐만 아니라, 비교적 충분한 시간적 여유를 가질 수 있어 다양한 기능의 학습이 용이하기 때문이다.
- 출생 이후 유아기는 일생 중에서 두뇌 발달이 가장 현저한 지능 발달의 결정적 시기이다. 이 시기의 지능과 신체 발달 사이에는 밀접한 관계가 있는 것으로 밝혀졌으며, 특히 영양 상태는 지능 발달의 중요한 요인으로 지적되고 있다. 유아의 운동 발달은 단순히 신체적인 동작에 국한된 것이 아니라, 시각 · 지각 발달 및 신경 조직의 발달과도 관계가 있다.
- 유아기는 자아 개념이 형성되기 시작하는 시기이다. 놀이와 신체 활동을 통하여 얻어지는 성취감, 만족감 등은 유아기의 자아 개념 형성에 중요한 역할을 한다. 어릴 때에 운동 기능이 우수하면 집단에서 리더십을 발휘하며, 그 역할을 배우게 된다. 운동 기능이 발달하면 유아는 신체적 안정감을 느끼게 되고, 이것은 심리적 안정감을 가져온다. 심리적 안정감은 다시 자신감을 불러일으켜 일상생활의 모든 행동에 영향을 미치는 자아 개념 형성에 공헌하게 된다.
- 유아기의 체력 및 운동 발달은 신체적 건강과 직접적인 관계가 있다. 운동 기능이 약하다면 신체 활동에서 즐거움과 만족감을 느끼지 못하며 결과적으

로 참의욕을 잃게 된다.

3 유아 체육의 목표

유아 체육 교육이 다양한 신체 활동을 활용한 종합적인 유아 교육이라는 입장에 섰을 때, 유아 체육 교육은 종합적인 유아 교육의 교육적 효과와 목표가 있어야 한다.

유아 체육 교육은 신체적, 정신적, 사회적 측면에서의 목표가 있어야 한다. 유아 체육은 단지 신체적인 측면에서의 목표를 두어서는 안 된다. 유아 체육은 유아들에게 미치는 영향이 굉장히 많은 교육적 측면이 더 강조되는 바, 그 목표는 다양한 측면에서 이루어져야 할 것이다.

(1) 유아 체육 활동의 목표

- 신체 활동을 좋아하고 즐기는 습관을 갖도록 해준다. 이러한 습관은 자연스럽게 스포츠 기술을 습득하게 해줄 것이며, 성인기에는 생활 스포츠를 의도적으로 즐기는 습관이 형성되어 당뇨병, 뇌졸중, 고혈압 등을 예방할 수 있다.
- 자신의 신체를 자기 마음대로 움직일 수 있다. 즉, 정신과 신체와의 협응을 의미한다. 이것이 잘 안 되는 유아들은 정신적 스트레스를 받게 되고 이는 올바른 성격 형성에도 좋지 않은 영향을 준다. 따라서 이들은 자신의 신체를 자유롭게 움직이지 못한다는 데서 좌절감을 느낄 것이다. 하지만 자신의 신체를 자유롭게 움직일 수 있는 유아는 자신감을 느낀다. 자신감은 성취감에서 비롯되는데, 유아는 유니바 하나를 뛰어넘고도 자신감을 느끼며 입가에 미소를 짓곤 한다.
- 손과 발, 눈과 발, 손과 손, 신체와 정신과의 협응을 원활하게 한다.
- 체력 요소들을 골고루 발달시킨다. 다양한 기구와 교구를 활용하여 민첩성, 순발력, 균형성, 지구력, 근력, 유연성 등을 골고루 발달시켜야 한다.

- 대근육 · 소근육 발달을 가져올 수 있게 한다.
- 신체 활동을 통한 정신 건강을 유지한다. 신체 활동을 통해 감정을 풀고 스트레스를 해소하고 상쾌한 성취감을 맛보면서 건강한 신체에 안정된 정신을 유지하게 한다.
- 다양한 신체 활동을 통해 인지, 지각 등의 정신적 요소들이 온전한 발달을 이룬다.
- 친구들과 함께 하는 유아 체육 교육 시간을 보냄으로써 남을 배려하고 규칙을 지키며 친구를 칭찬하고 격려할 줄 아는 마음을 기른다. 즉, 사회성과 도덕성을 기른다. 놀이와 움직임, 신체 활동 등은 유아의 삶과도 같은 것이기에 신체 활동을 통한 사회성 교육과 도덕성 교육은 교육적 효과가 높다. 이는 추상적이지 않고 눈에 보이는 시 · 지각 학습이 가능하기 때문에 더욱더 그렇다.
- 다양한 기구와 다양한 프로그램을 접하면서 폭넓은 경험을 하게 된다. 이러한 경험은 유아들의 사고의 폭을 넓게 해주며 유아의 창의적인 사고에 많은 도움을 줄 것이다.
- 행동으로 시작해서 행동으로 끝나는 유아 체육 교육 시간을 통해 새로운 것들을 접하고 새로운 활동의 이름들을 접하며 또 여러 신체 부분을 칭하면서 어휘력과 언어 사용 기능 능력을 신장시킨다. 유아는 신체 명칭에 대한 언어는 금방 습득하는데, 이는 유아와 직접적으로 관계를 맺기 때문이다. 신체 활동을 통해 여러 언어를 소개하고 사용하는데, 그때마다 교사는 그 언어의 뜻과 사용 방법을 자연스럽게 유아에게 가르쳐 주어 유아의 어휘력 증가와 언어 사용 기능 능력을 신장시켜 주어야 한다.
- 음악과 함께 하는 체육놀이를 통해 리듬 감각을 키우고 박자와 리듬에 신체를 맞춰 가는 청각과 신체와의 조절과 통합을 이룬다.
- 유아 체육 교육을 신체 교육에만 한정 짓지 말고 신체를 통한 종합 교육의 시점에서 통합 교육을 이룬다. 신체 활동을 통해 아동극 체육 놀이를 했을 경우에는 말하기, 듣기, 읽기, 언어, 문학, 운동 기능, 표현 능력 등의 여러 분야에서 교육적인 학습 목표를 다방면으로 접근시켜야 할 것이다.

이외에도 유아 체육 교육의 목표는 다양하게 진술될 수 있다. 황덕호(1992)는 유아 체육의 목표를 다음과 같이 서술했다.

- 대근육과 소근육 발달을 촉진시키고 운동 간의 협응력을 길러줌으로써 원활한 신체 조정 능력을 기른다.
- 신체적 건강을 유지하고 증진시키기 위하여 영양, 개인 위생, 안전 등과 관련된 신체 조정 능력을 길러 준다.
- 유아들은 스스로 그들의 시계(視界)를 탐구하고 의미를 찾고 싶어 하는 호기심을 지니기 때문에 신체 발달의 특징은 매우 활동적이며 연속적이다.
- 소근육을 사용하여 기초적인 신체 활동을 한다.
- 감각과 신체 부분 간의 협응력을 키운다.
- 주어진 공간에서 신체를 균형 있게 움직이는 능력을 키운다.
- 율동적인 신체의 움직임을 키운다.
- 건강 및 안전에 대한 생활 습관을 길러 준다.
- 기구 및 놀이 도구, 위험한 일이나 장소에 따른 안전에 대한 인식을 키운다.

(2) 유아 체육 활동의 내용

유아 체육 활동의 교육 내용은 교육 목적에 적합하고 유아의 발달 수준과 활동 능력에 적합하도록 다양하고 재미있는 항목으로 구성하여야 한다.

체육 교육 프로그램은 유아 신체적 발달의 균형을 돕도록 구성하여야 하며 유아의 연령과 각 활동의 특성을 고려하여 적당한 활동 순서를 갖고 있어야 한다(김현지 · 오연주, 1997).

김현지와 오연주(1997)는 유아 체육 활동을 크게 기본 동작, 신체 적성 활동, 리듬 활동, 그룹 게임, 개인 활동과 짝 활동으로 분류하고 있다.

기본 동작은 일상생활에서 취하는 활동의 기본이 되는 동작이다.

신체적 적성 활동은 근육 강화, 지구력, 협응력, 유연성, 민첩성, 심폐 기능 등을 증진시킬 수 있는 활동으로 일상생활을 활력 있게 영위할 수 있도록 도와준다.

리듬 활동은 음악 반주나 임의로 만든 리듬 또는 노래에 맞추어 노래 게임을 하거나 율동이나 춤을 포함하는데, 이동 동작과 비이동 동작을 모두 포함한다.

그룹 게임은 개인 운동이나 집단 운동에 필수적인 기본적 근육 훈련과 사회성을 길러 주며 활동적인 성격을 형성시켜 준다.

개인 활동과 짝 활동은 체조와 기구를 이용한 활동으로 유아 혼자서 하거나 다른 유아와 짝을 지어서 하는 활동이다.

(3) 유아기의 신체 운동 발달

신체 운동의 발달과 신체적 성장이 가장 급속하게 이루어지는 시기는 영유아기이다. 영유아기는 시간적으로 매우 짧으며, 완전히 의존적인 신생아기에서 사고하고 행동하고 반응하는 상당한 기동력이 있는 존재로 바뀌는 시기이다(정충식, 1998).

많은 연구자들이 0세부터 5세 유아의 기본적 운동 능력의 순서적 발달 과정을 면밀히 조사하고 설명하였다(이영, 1996). 운동의 기능은 점진적이고 계열적인 과정을 거쳐 발달한다. 운동 기능의 각 단계적 발달은 이전 단계에서 학습된 기술과 능력에 기초한다. 영유아기 기본 운동 능력의 순서적 발달 과정을 면밀히 연구하고 검토한 결과, Gallahue(1995)는 유아의 연령에 따른 4단계의 발달 과정을 제시하였다. 반사적 운동(reflective movement), 초보적 운동(rudimentary movement), 기본적 동작(fundamental movement), 그리고 스포츠와 관련된 동작(sport-related movement) 발달기의 순서로 구분될 수 있다(제6차 유치원 교육과정 해설, 1998).

그 중에 유아기는 기본 운동 능력의 발달이 이루어지는 시기이다. 이 시기는 유아가 이동, 비이동, 조작 운동 능력을 형성하는 가장 최상의 시기이며, 이때 기본적인 안정 기술과 이동 조작 운동 능력을 습득한다. 또, 이 시기의 운동 능력은 연속적 단계를 통해 발달하며, 그 순서는 시작 단계에서 초보 단계를 거쳐 성숙 단계로 진행된다(제6차 유치원 교육과정 해설, 1998년).

① 시작 단계 (initial stage : 2~3세)

2~3세 유아에게 나타나는 기본적인 운동 능력을 형성하는 시기로서 신체적

감각 기관의 협응력이 갖추어지지 않아 협응되지 않은 동작을 한다. 이 시기 유아는 던지기, 잡기, 차기, 높이 뛰어오르기 등을 시도할 수 있으나, 때로는 동작이 너무 과장되거나 위축될 수 있고 동작의 율동감도 결여되어 신체 움직임이 자연스럽거나 능숙하지 못하다.

② 초보 단계 (elementary stage : 4~5세)

4~5세 유아들에게 나타나며, 이전 단계에 비하여 신체 협응력이 다소 향상된다. 이때 유아들은 자신의 신체 움직임을 대체로 조정할 수 있으나 여전히 움직임이 서투르고 유연성이 결여되어 있다.

③ 성숙 단계 (mature stage : 6~7세)

6~7세 유아들에게 나타나며, 이때 유아의 기본 운동 기술이 능숙하게 되고 신체 협응력도 증가한다.

이 시기 이후부터 유아들의 운동 수행 능력은 급속히 발달된다. 이러한 과정을 거쳐 유아는 신체 기본 운동 능력을 형성할 뿐만 아니라, 이를 바탕으로 기초 체력을 형성한다. 또한 유아기에 기본 운동 능력을 적절하게 발달시킬 경우 또래 집단에 쉽게 동화될 수 있고 운동 능력을 성공적으로 수행함으로써 성취감이나 만족감을 얻고 긍정적인 자아 개념을 형성할 수 있다. 유아기에 형성한 기본 운동 능력은 이후에 보다 정교하고 복합적인 운동 능력을 발달시키는 데 기초가 된다(제6차 유치원 교육과정 해설, 1998).

(4) 유아 체육 활동의 효과

유아기에 형성된 운동 능력은 일생의 건강, 기본 운동 기능, 신체 조정 능력을 좌우하며 긍정적인 자아 개념을 형성하는 기초가 된다고 할 수 있다.

김현지와 오연주(1997), 최민수(2001)는 체육놀이를 통하여 얻을 수 있는 효과를 다음과 같이 제시하고 있다.

첫째, 발육을 촉진시킨다.

운동을 하기 위해서는 전신의 활발한 움직임이 수반되기 때문에 근조직의 모세혈관을 발달시키고, 나아가 골격이나 근육을 발달시킨다.

둘째, 운동 기능을 발달시킨다.

유아기는 뇌 신경계의 발달이 가장 활발하게 이루어지는 시기이다. 운동 기능은 뇌 신경계의 지배하에 있기 때문에 유아기의 다양한 운동 경험을 통하여 운동 신경계를 지배하는 중추 신경을 단련하는 것은 중요하다.

셋째, 신체 기관을 발달시킨다.

유아가 전신 운동을 하게 되면 내장의 여러 기관들이 동원되기 때문에 혈액 순환이 좋아지며 심폐 기능의 작용도 원활해진다.

넷째, 사회성을 기른다.

보통 2세경에는 놀이 상대가 한 명 정도였던 것이 3세가 되면서 다양한 사회적 행동이 요구되는 놀이 집단이 형성되기 시작한다.

다섯째, 정서를 발달시킨다.

유아들은 운동을 통하여 억압된 감정을 해소하고 불안과 욕구 불만에 대한 긴장을 완화시켜 나갈 수 있다. 또한 운동 과정을 통하여 근력, 유연성, 민첩성, 지구력, 평형성, 협응력 등의 운동 기능이 발달하여 부모나 친구의 도움 없이 혼자서 여러 가지 활동에 적극적으로 참여하게 되고 스스로 즐거움을 느낄 수 있다.

4 유치원교육과정의 변천

1969년 제1차 유아교육과정 제정에서부터 1998년 6차 개정의 전반에 걸쳐 유아의 신체 건강과 기초 운동 능력의 추구가 유아 교육의 목표 영역에 제시되면서 점진적으로 신체 발달과 창의적 표현이 강조되어 왔다.

(1) 우리나라 유아 체육 변천 과정

우리나라에서 유아와 아동의 움직임 교육을 실행하고 있는 대표적인 교육기관의 변천과 그 기관들이 실시하는 교육과정을 알아보고자 한다.

① Y.M.C.A (Young Men's Christian Association)

19세기 말에 미국과 캐나다에서 기독교의 선교와 더불어 움직임 교육을 시작한 YMACA는 1903년 우리나라에 도입되어 황성기독교청년회(현 서울 YMCA)라는 이름으로 설립하여 운동 프로그램을 포함한 지(mind), 덕(spirit), 체(body)의 개념을 가진 전인 교육을 하고자 노력하는 비영리 단체이다. Y.M.C.A의 아기 스포츠단은 신체적, 정서적, 지적 영역의 성장과 변화가 급속히 이루어지는 유아를 대상으로 하여 건강과 지혜의 조화로운 발전을 이루도록 노력하고 있다. 아기 스포츠단 프로그램은 신체 적성 운동, 기구 놀이, 함께 하는 놀이, 표현 놀이(매스 게임), 음악, 작업, 율동, 미술, 지능 개발 등의 시간으로 구성되어 있다. 또한 물에 대한 공포심을 없애고 적응력을 키우는 수영 교육과 겨울철 스케이팅 등이 교육 내용에 포함되어 있다.

우리나라 유아 체육은 신체 활동을 통한 체육 교육을 등한시해 왔다. 그러나 많은 학자들의 연구에 의하여 유아기의 신체 활동이 성장 발달에 중요한 영향을 미치고 있음이 밝혀지면서, 근래에는 유아 체육에 대한 관심이 날로 높아지고 있다. 따라서 많은 가능성을 가진 미래의 주인공인 유아의 삶과 질을 향상시킬 수 있는 안목과 능력을 길러 주는 전인 교육 프로그램 개발의 필요성이 절실히 요구된다.

"이에 서울 YMCA에서는 오래 전부터 유아기 신체 활동의 중요성을 인식하여 유아 체육 프로그램을 실시하여 왔으며, 1976년 우리나라 처음으로 유아를 대상으로 하는 '아기 스포츠단'을 개설하여 전문적인 유아 체육 교육의 장을 열었으며, 이를 계기로 본격적인 이론적 탐구 및 교육의 효과를 극대화하는 체계적인 지도법 연구에 많은 힘을 기울여 왔다"(1995. 2, 서울 YMCA 회장 전대련).

② Y.W.C.A (Young Women's Christian Association)

1885년 영국의 런던에서 시작되어 스위스 제나바 시에 본부를 두고 있는 YWCA는 영, 지, 체의 균형 있는 인력 형성을 추구하고 회원이 건전한 생활을 하는 데 목적이 있다. 우리나라의 YWCA에서는 유아에서 노인에 이르기까지 다양한 프로그램을 운영하고 있다. 어린이 체조 교실, 어린이 수영 강습, 유치원과 초등학교 교사를 위한 오락 강습 및 놀이 지도 등의 프로그램을 유아나 아동의 움직임 교육에 큰 역할을 하고 있다.

③ 한국 사회체육센터 (SAKA)

1981년에 설립된 한국 사회체육센터는 'Sport for all(모든 사람을 위한 스포츠)' 이라는 목적을 가지고 전국적으로 확산되어 사회 체육 운동을 활성화하고 있다. 특히 유아의 자연스러운 신체 발달을 도모하면서 바람직한 사회성을 기르기 위해 즐거운 놀이나 기초적 스포츠 활동, 유아 체조 등을 통한 체계적인 움직임 교육을 실시하고 있다. 그 외에도 부모와 함께 하는 영유아(생후 3개월~5세 미만) 수영 교실, 수중 체조, 탐구 놀이, 표현 놀이, 캠프 프로그램, 심신 장애아를 위한 프로그램 등의 다양한 움직임 교육을 실시하고 있다.

또한 1981년부터 유아 교육 학자들에 의해 유아교육기관에서 남자 교사의 필요성이 강조되어 각 대학의 체육과 남학생들이 유아교육현장에서 유아를 지도하게 되었다. 재단법인 한국어린이육영회(1981년 5월 21일 새세대육영회 창립, 1983년 교육부로부터 교원연수기관으로 지정, 1988년 사단법인 한국어린이육영회로 법인 변경)는 유아교육기관에서 유아 체육 활동의 중요성을 강조하고자 1997년에는 '유아와 함께 하는 신체 활동'(이순례 · 손원호 · 김진희 · 신현주, 1997)이라는 주제의 워크숍을 통해 전국의 유아교육기관에 보급하였고, 1999년 4월에는 한국 유아체육학회가 창립되어 현재까지 이르게 되었다.

④ 유아 체육에 대한 현실

유아의 5개 영역 중에 건강 생활 영역의 비중은 다른 영역에 비해 현저하게 미약하다. 최근에 실시한 연구에 따르면 대부분의 유아교육기관에서는 동적인 활동인 체육 놀이를 하고 있으나, 50% 정도가 주당 1시간 이하의 수업을 하고 있는 것으로 나타났다(문화체육부, 1995). 또 유아교육현장에서 실시하는 체육 활동의 현황을 자세히 연구한 결과 지도자들의 과반수 이상이 유아 체육 수업을 주 2~3회 실시하는 것으로 나타났으며, 1일 유아 체육 활동 시간의 대부분 20~30분 정도만 실시하고 있었다.

나정(1994)은 우리나라 유치원의 신체 활동 프로그램은 질적, 양적 측면 모두가 매우 미흡한 실정이라고 보고 있다. 그 이유로는 먼저 유아교육기관의 교사들 스스로가 실외 놀이를 선호하지 않으며 유아의 안전 유지를 위하여 조용한 놀이를 격려하고 활동적인 놀이는 격려하지 않고 높은 수준의 신체 활동을 유아에게 허용하지 않기 때문이라고 볼 수 있다.

또한 대부분의 교사들이 유아의 체력이나 운동 기술 발달의 중요성에 대한 정보가 부족하거나 신체 활동을 수업에 어떻게 포함시켜야 하는지를 모르기 때문이라는 이유도 있다.

이러한 이유로 인해 유아교육기관에서는 유아에게 충분한 신체 활동을 제공하지 못하고 있는 경향이 있으며, 이에 따라 유아교육기관의 교육과정 중에 건강생활 영역이 소홀이 다루어지고 있음을 알 수 있다.

(2) 우리나라 유치원교육과정의 제정 이전

우리나라 초기의 교육은 일본의 영향이 가미된 Fröebel 사상에 입각하여 일본인들에 의해 통제적 · 집단적으로 이루어졌고, 또 선교사들에 의해 신을 강조한 내용들을 번역하고 소개하는 기독교 정신에 입각한 유아 교육이 실시되었다. 유아교육기관은 유아를 교육하고 유아에게 알맞은 교육 환경을 제공하여 심신의 조화로운 발달을 조장하는 것이 목적이었다. 유치원 교육의 목적을 실현하기 위해서 노력하였고, 그 조항의 항목들은 해방 이후부터 1969년 문교부령으로 유치원교육과정이 제정 · 공포되기 이전까지의 것으로 교육법 제147조에 나타난 다섯 가지의 항목이다.

첫째, 건전하고 안전하며 즐거운 생활을 하기 위해 필요한 일상의 습관을 기르고 신체의 모든 기능의 조화적 발달을 도모한다.
둘째, 집단 생활을 경험시켜 즐기게 하며, 이에 참가하는 태도를 기르게 하고 협동, 자주와 자율의 정신을 싹트게 한다.
셋째, 신변의 사회 생활과 환경에 대한 바른 이해와 태도를 싹트게 한다.
넷째, 말을 바르게 쓰도록 인도하고 동화, 그림책 등에 대한 흥미를 기른다.
다섯째, 음악, 유희, 회화, 수기 등 기타 방법에 의하여 창작적 표현에 대한 흥미를 기른다.

이러한 목적 아래 유치원교육과정의 개정은 시대적 · 사회적 변화에 따른 교육과정의 부적절함을 개선하고, 유아 교육에 관련된 각종 학문적 성장과 유아교육기관 현장의 요구를 반영하는 것은 유아교육기관 교육의 질적인 발전을 도모하기 위한 노력의 일환이다.

우리나라 유치원교육과정은 1969년 2월 19일 문교부령 제207호(제1차 유치원교육과정)로 제정 · 공포되었고, 그로부터 10년 후인 1979년 3월 1일 문교부 고시 제424호에 의해 제2차 유치원교육과정이 개정 · 공포되었다. 다시 2년 후인 1981년 12월 31일 문교부 고시 제442호로 제3차 유치원교육과정이 개정 · 공포되었으며, 6년이 지난 1987년 6월 30일에는 문교부 고시 제87-9호로 제4차 유치원교육과정이 개정 · 공포되었다. 그리고 1992년 9월 30일 교육부 고시 제1992-15호로 고시된 교육과정은 제5차 교육과정이며, 1998년 3월 1일에 제6차 교육과정이 다시 공포되었다.

(3) 제1차 유치원교육과정(1969년 2월 19일 문교부령 제207호)

제1차 유치원교육과정은 유아기의 중요성과 바람직한 성장 발달을 강조하는 유아 중심 교육 철학에 기반을 두었으며, 유치원 교육의 목적은 건강한 신체와 건전한 정신으로 행복하게 생활할 수 있는 유능한 한국인의 양성이었다.

구체적 목표는 튼튼한 몸과 마음, 기초적인 생활 습관, 올바른 사회적 태도와 도덕성, 자연 및 사회의 제 현상에 관심 가지기, 과학적이고 민주적인 사고력, 심미적 태도, 창조적인 표현 능력을 기르는 것이다.

건강, 사회, 자연, 언어, 예능의 5개 생활 영역으로 구분된 교육과정 영역의 지도 내용은 다음과 같다.

- 건강 : 보건과 위생, 놀이와 휴식, 안전 생활
- 사회 : 개인 생활, 사회 생활, 국가 생활
- 자연 : 자연 현상, 과학 생활, 수량과 도형
- 언어 : 듣기, 말하기, 보고 느끼기
- 예능 : 노래 부르기, 악기 놀이, 춤추기, 그리기, 꾸미기, 만들기, 감상

(4) 제2차 유치원교육과정(1979년 3월 1일 문교부 고시 제424호)

제2차 유치원교육과정은 조국 근대화의 성취, 평화적인 국토, 민족 중흥을 이룩하려는 이념하에 국민적 자질의 함양과 인간 교육을 강조하여 지식과 기술 교육의 쇄신을 기본 방침으로 하였다.

구체적 목표는 타인과 잘 사귀고 더불어 살아가는 것을 즐기게 하며 표현하는 능력, 습관, 태도를 기르고, 탐구 능력, 언어 구사력, 기초적인 운동 능력, 건강 및 안전 생활 습관을 기르는 것이다. 또 구성 방침은 유아교육기관의 독자성을 고려하면서도 국가 발전을 위한 인적 자원의 육성, 교육과정의 통합적 운영, 유아의 건전한 성격 발달 도모, 공동체 의식을 고양하는 것이다.

[표 1-1] 제1차 유치원교육과정과 제2차 유치원교육과정의 비교

구 분	제1차 유치원교육과정	제2차 유치원교육과정	비 고
교육 목표	건강한 신체 및 정신으로 생활하는 유능한 한국인으로 양성	국가 발전을 위한 주체 의식 확립 및 사명감 인식 및 자아 실현과 민주적 가치의 강조	새 교육 목표에서 국가관에 대한 인식이 뚜렷이 나타남
교육과정의 영역	'생활 영역에 의한 구분임' 5개 목표와 연관하여 구분함 건강, 사회, 자연, 언어, 예능으로 구분함	'발달 영역에 의한 구분임' 사회 · 정서 발달 영역, 인지 발달 영역, 언어 발달 영역, 신체 발달 및 건강 영역	

제1차 유치원교육과정이 5개의 생활 영역별로 편성되어 있던 것과 달리, 제2차 유치원교육과정의 영역은 사회·정서 발달 영역, 인지 발달 영역, 언어 발달 영역, 신체 발달 및 건강 영역으로 전인적 발달을 강조하는 영역으로 구분된 것과 제1차 교육과정에 비해 국가관에 대한 인식이 뚜렷이 나타나고 정서 발달과 인지 발달이 새롭게 강조된 것이 특징이다.

(5) 제3차 교육과정(1981년 12월 31일 문교부 고시 제442호)

제3차 교육과정은 초·중등학교 교육과정의 개정에 발맞추어 함께 고시된 교육과정으로서 초등학교 교육과정과 유치원교육과정을 상호 연계성 속에서 논의하고 검토하기 시작하였다는 데 그 의미가 있다.

제3차 유치원교육과정은 민주, 복지, 정의 사회의 건설에 적극적으로 이바지할 수 있는 자주적이고 창의적인 국민을 길러내는 데 궁극적인 목적이 있었으며, 이를 위해 건전한 시민의 육성, 기술의 배양, 도덕적 인격의 형성, 민족 공동체 의식의 고양에 역점을 두고 구성되었다. 구체적 목표는 유아에게 알맞은 교육 환경을 마련해 줌으로써 그들이 전인적으로 성장할 수 있도록 돕는 것이다.

제3차 유치원교육과정은 제2차 교육과정의 사회·정서 발달 영역을 사회성 발달 영역과 정서 발달 영역으로 나누고, 신체 발달 및 건강 영역을 신체 발달 영역으로 바꾸어 신체, 정서, 언어, 인지, 사회성 발달의 5개 발달 영역으로 편성하였다. 또한 융통성 있는 교육과정 운영 계획, 교육 자료의 활용, 다양한 학습 활동, 통합적 지도, 놀이 활동을 중요시한 것이 특색이다.

(6) 제4차 유치원교육과정(1987년 6월 30일 문교부 고시 제87-9호)

제4차 교육과정의 이념은 제3차 유치원교육과정과 같으며, 구성의 방향은 건강한 사람, 자주적인 사람, 도덕적인 사람을 기르는 것으로 교육과정의 목표는 건강과 안전에 대한 올바른 생활 습관과 신체의 조화로운 발달을 도모하며 타인의 말을 이해하고 자기의 생각을 말로 표현할 수 있게 하며 주변 현상에 관심을 가지게 하고 주위 현상에 대한 느낌을 표현할 수 있으며 자부심 및 가족과 이웃을 사랑할 줄 아는 마음을 지니게 하는 것이었다.

제4차 유치원교육과정은 제3차와 같이 신체, 언어, 인지, 정서, 사회성 발달의 5개 발달 영역으로 편성되었다. 이 교육과정은 전인 발달을 위한 교육을 강조하기 위하여 각 발달 영역별 내용은 제시하지 않고, 각 영역별 일반 목표에 하위 목표를 두었다.

제4차 유치원교육과정은 민주 복지, 정의 사회와 건설에 적극적으로 이바지할 수 있는 자주적이고 창의적인 국민을 길러내는 데 궁극적인 목적을 두고 건강한 사람, 자주적인 사람, 창조적인 사람, 도덕적인 사람을 기르는 데 역점을 두고 구성되었다.

제3차 유치원교육과정과 제4차 유치원교육과정을 비교하면 [표 1-2]와 같다.

[표 1-2] 제3차 유치원교육과정과 제4차 유치원교육과정의 비교

구 분	제3차 유치원교육과정	제4차 유치원교육과정	비 고
교육 목표	민주 · 복지 · 정의 사회 건설에 이바지하는 자주적, 창의적 국민 육성을 목적으로 건전한 심신의 육성, 도덕적 인격의 형성, 민족 공동체 의식의 고양에 역점을 두고 구성	교육과정의 이념은 제3차 유치원교육과정과 같고 건강한 사람, 자주적인 사람, 창조적인 사람, 도덕적인 사람을 기르는 데 역점을 둠	
교육과정의 영역	1. 신체 발달 영역 2. 정서 발달 영역 3. 언어 발달 영역 4. 인지 발달 영역 5. 사회성 발달 영역	1. 신체 발달 영역 2. 정서 발달 영역 3. 언어 발달 영역 4. 인지 발달 영역 5. 사회성 발달 영역	

(7) 제5차 유치원교육과정(1992년 9월 30일 교육부 고시 제1992-15호)

교육부가 고시한 제5차 유치원교육과정은 유치원의 교육 목적(교육법 제146조) 및 교육 목표(교육법 제147조)를 달성하기 위한 국가 수준의 교육과정을 전국의 각 유치원에서 1995학년도부터 편성 · 운영하였다. 즉, 시 · 도 교육청의 자

율성뿐만 아니라 유치원의 자율성도 최대한 보장하여 각 유치원으로 하여금 국가 수준의 교육과정과 시 · 도 교육청의 교육과정 편성 · 운영 지침을 근거로 하여 유아의 흥미와 발달 특징을 고려하여 교육하도록 하였다.

제5차 유치원교육과정의 목표는 다음과 같다.

① 기본적인 감각 · 운동 기능과 신체 조절 능력을 기르고 건강하고 안전한 생활 습관을 가지게 한다.
② 기본 생활 습관과 자기 조절 능력을 기르며 사회적 지식과 태도를 익히게 하여 자신과 다른 사람을 존중하며 더불어 생활할 수 있게 한다.
③ 풍부한 감성과 상상력을 기르고 자신이 느끼고 경험한 바를 창의적으로 표현하게 한다.
④ 말과 글에 관심을 갖게 하고 기초적인 언어 능력을 기르게 함으로써 즐거운 언어 생활을 할 수 있게 한다.
⑤ 여러 가지 사물과 현상을 관찰하고 탐구하여, 기초적인 사고 능력과 창의적인 문제 해결 능력을 기르게 한다.

제5차 유치원교육과정이 추구하는 인간상은 건강한 어린이, 자주적인 어린이, 창조적인 어린이, 도덕적인 어린이이며, 이를 구현하기 위한 교육과정의 기본 방향은 다음과 같다.

① 일상생활에서 필요한 지식, 가치관, 태도, 습관의 기본을 형성하도록 돕는 기초 생활 교육을 실현한다.
② 유아를 존중하고 개별성을 인정하며 자신의 관심과 흥미에 따라 활동하도록 돕는 아동 중심 교육을 실현한다.
③ 유아의 신체, 정서, 사회, 언어 및 인지 능력이 생활 전반에 걸쳐 고르게 발달하도록 돕는 전인 교육을 실현한다.
④ 유아와 유아, 유아와 교사, 유아와 교구 간의 상호 작용에 의하여 교육 경험이 놀이 중심으로 이루어지도록 돕는 통합 교육을 실현한다.

(8) 제6차 유치원교육과정(1998년 3월 1일 교육부 고시 제1998-10호)

2000년 3월 1일부터 시행된 제6차 유치원교육과정은 유아들이 흥미를 보이거나 학습해야 하는 내용들을 발달에 기초한 생활 경험에 준거하여 체계적으로 선정하여 조직하고 경험의 연속성을 고려하여 단계별로 나누어 기술하고 있다. 특히 생활 주제 중심의 통합적 교육 운영과 유아의 자기 주도 활동을 강조함으로써 학습자 중심의 교육을 실현하는 데 중점을 두고 있다.

이 교육과정은 유아의 계속적인 성장과 발달을 고려하여, 가능한 한 초등 교육과의 연계성을 도모할 수 있도록 구성되어 있다.

유아 교육 개혁안에 따르면 교육과정으로 건강 생활, 사회 생활, 표현 생활, 탐구 생활, 언어 생활의 5개 영역으로 구성되어 있다.

① 건강 생활 영역 : 자신의 신체에 대한 긍정적인 인식과 함께 생활에 필요한 기초 체력을 기르고 건강하고 안전한 생활 습관을 갖도록 한다.
② 사회 생활 영역 : 기본 생활 습관을 기초로 긍정적 자아 개념 및 자기 조절 능력을 기르고 사회적 지식 태도를 익히게 하여, 다른 사람을 존중하며 더불어 생활할 수 있게 한다.
③ 표현 생활 영역 : 자연과 주변 생활에 대한 지적 호기심, 창의적 표현 능력, 정감, 풍부한 감성 및 심미감을 기르고 정서적 안정감을 가진다.
④ 언어 생활 영역 : 일상생활에 필요한 기초적인 언어 능력을 기르고 바른 언어 생활 습관과 태도를 가진다.
⑤ 탐구 생활 영역 : 유아들이 관심과 호기심을 가지고 주위의 사물과 현상을 탐구하는 데 필요한 기초 능력과 태도를 기르도록 한다.

이 교육과정은 유치원이 자율적으로 편성하고 운영하여야 할 교육과정의 근간이 되는 것으로서, 교사는 이를 기초로 교육 계획을 세우며 유아의 욕구, 상황, 지역 사회 및 부모의 요구들을 고려하여 융통성 있는 교육 운영이 될 수 있도록 하여야 한다(유아교육학회, 1997).

제5차 교육과정과 제6차 교육과정을 비교하면 [표 1-3]과 같다.

[표 1-3] 제5차 유치원교육과정과 제6차 유치원교육과정의 비교

구 분	제5차 유치원교육과정	제6차 유치원교육과정	비 고
교육 목표	기본적인 감각 운동 기능을 길러 신체와 정신의 조화로운 발달과 안전한 생활을 하도록 한다.	전인적 성장을 위한 기초 교육으로 유아의 일상생활에 필요한 기본 능력과 태도를 기르도록 한다.	
교육과정의 영역	1. 건강 생활 영역 2. 사회 생활 영역 3. 표현 생활 영역 4. 언어 생황 영역 5. 탐구 생활 영역	1. 건강 생활 영역 2. 사회 생활 영역 3. 표현 생활 영역 4. 언어 생활 영역 5. 탐구 생활 영역	

6차 교육과정이란? 유치원을 비롯한 초 · 중등교육은 교육기본법, 초 · 중등 교육법에 의거하여 운영되도록 규정하고 있다. 교육기본법 제2조에는 우리나라 교육이념[1]이 제시되어 있으며, 초 · 중등교육법 제23조에는 유치원 · 초등학교 · 중학교 · 고등학교 및 특수학교의 교육과정을 교육부 장관이 정하도록 규정[2]하고 있다. 또, 이를 근거로 시 · 도 교육감은 지역 수준의 편성 · 운영 지침을 작성할 수 있으며 '학교는 교육과정을 운영하여야 한다' 고 명시되어 있다.

이와 같은 법규에 의하여 국가 수준에서 각급 학교 교육과정의 기준을 결정하고 이를 문서로 공포(고시)하여 시행되어 왔다. 이 문서화된 계획이 제정, 공포

1) 교육기본법 제2조(교육이념) : 교육은 홍익 인간의 이념 아래 모든 국민으로 하여금 인격을 도야하고 자주적 생활 능력과 민주 시민으로서 필요한 자질을 갖추게 하여 인간다운 삶을 영위하게 하고 민주 국가의 발전과 인류 공영의 이상을 실현하는 데 이바지하게 함을 목적으로 한다.

2) 초 · 중등교육법 제23조(국가, 지역, 유치원 수준의 교육과정) :
① 학교는 교육과정을 운영하여야 한다.
② 교육부 장관은 제1항의 규정에 의한 교육과정의 기준과 내용에 관한 기본적인 사항을 정하며 교육감은 교육부 장관이 정한 교육과정의 범위 안에서 지역의 실정에 적합한 기준과 내용을 정할 수 있다.

※ 참고-초 · 중등교육법 제35조(유치원 교육의 목적) : 유치원은 유아를 교육하고 유아에게 알맞은 교육 환경을 제공하여 심신의 조화로운 발달을 조장하는 것을 목적으로 한다.

또는 고시된 시점을 기준으로 행정 편의상 제 몇 차 교육과정이라는 명칭을 부여한 것이며, 1998년 6월 30일 개정, 고시된 유치원교육과정은 '제6차 유치원교육과정' 이라고 한다.

2000년부터 시행된 제6차 유치원교육과정(교육부 고시 제 1998-10호, 1998. 6. 30)은 제5차 유치원교육과정과 마찬가지로 교육 법규에 의거하여 고시한 국가 수준의 '기준' 임을 명시하고, ① 다양성을 추구하는 교육과정, ② 유아 중심 교육과정, ③ 교원 · 유아 · 학부모가 함께 실현하는 교육과정, ④ 교육과정 중심으로 개선하기 위한 교육과정, ⑤ 교육의 질적 수준을 유지, 관리하기 위한 교육과정이라는 성격을 제시하고 있다.

어떤 관점에서 보든지 간에 교육과정은 '학습자에게 학습 경험을 선정하고 조직하여 교육경험의 질을 구체적으로 관리하는 교육의 기본 설계도' 라고 할 수 있다. 따라서, 교육과정은 의도된 학교 교육에서 '왜, 무엇을, 어떻게, 어느 수준과 범위로 가르치고 평가하느냐' 를 문서로 계획한 교육 설계도이기 때문에, 단순한 교육 내용으로만 볼 것이 아니라 교육 목표, 내용, 방법이나 운영 방식, 평가를 포괄하는 폭넓은 개념으로 보아야 할 것이다.

1 교육과정의 영역과 시간

교육과정은 건강 생활, 사회 생활, 표현 생활, 언어 생활, 탐구 생활 영역으로 구성한다. 교육 일수는 연간 180일 이상으로 한다. 하루의 교육 시간은 180분을 기준으로 하되, 유아의 연령과 발달 수준, 기후, 계절, 학부모의 요구 등을 고려하여 실정에 맞도록 조정한다.

2 유아 교육의 5개 생활 영역

ㄱ. 사회 생활

기본 생활 습관을 기르고 자신의 생각과 행동을 조절하여 남과 더불어 사는 방법을 익히며 사회 현상에 대하여 합리적으로 대처해 나갈 수 있는 기초 능력을 배양함으로써 민주 시민의 자질을 기르기 위한 영역이다.

성격

이 영역은 '기본 생활 습관', '개인 생활', '가정 생활', '집단 생활', '사회 현상과 환경' 으로 구성되어 있다. '기본 생활 습관' 에서는 시대적, 사회적 요구를 반영하여 예절, 질서, 절약을 중점적으로 다루며, '개인 생활' 에서는 긍정적인 자아 개념 형성과 자기 조절 능력 등을 강조한다. '가정 생활' 에서는 가족의 소중함을 알고 화목하게 지내며, '집단 생활' 에서는 여러 사람과의 관계를 이해하고 공동체 의식 배양의 기초를 형성하는 내용을 포함한다.

'사회 현상과 환경' 에서는 다양한 문화와 생활 양식에 바탕을 두어 주변 지역, 직업 및 경제 생활, 환경 보전에 대해 관심을 가질 뿐만 아니라, 통일에 대비하여 우리나라 문화의 정체성과 민족 동질성을 형성하기 위한 내용을 포함한다. 나아가 세계화 · 정보화 시대에 대비하여 여러 나라의 문화에 관심을 가지도록 하며 다양한 정보 자료에 대한 이해를 넓히는 데 중점을 둔다.

이 영역의 교육 활동은 유아에게 친근한 생활 문제를 중심으로 참여와 토의, 역할 놀이, 감정 이입 등의 다양한 방법을 통하여 유아의 자율성, 독립성, 정직성, 책임감, 수용력, 공동체 의식을 기르도록 한다. 특히, 이 영역은 지속적인 지도를 통하여 실천하도록 하고 다른 영역과 통합하여 다루며 가정과 긴밀한 협조가 이루어지도록 한다.

ㄴ. 표현 생활

유아로 하여금 자연과 사물의 예술적 요소를 탐색, 감상하고, 자신의 생각과 느낌을 다양한 활동을 통하여 자발적, 창의적으로 표현하게 함으로써 예술에 대한 호기심, 표현 능력, 심미감을 기르고 정서적 안정감을 가지게 하는 영역이다.

성격

이 영역은 '탐색', '표현', '감상' 으로 구성되어 있다. '탐색' 에서는 소리, 형태, 움직임을 관찰하고 관심을 가지게 한다. '표현' 에서는 여러 가지 소리 만들기, 노래 부르기, 리듬 악기 다루기, 그림 그리기, 만들기와 꾸미기, 동작으로 표현하기, 통합적으로 표현하기, 극 놀이로 표현하기를 통하여 자신의 생각과 느낌을 창의적으로 나타내 볼 수 있게 한다. '감상' 에서는 음악 감상하기, 자연과 사물 및 조형 작품 감상하기, 춤 감상하기, 극 놀이 감상하기, 예술적 표현 존중하기, 전통 예술에 친숙해지기를 통하여 심미적 경험을 가지게 한다.

이 영역은 특정한 예술적 개념이나 기능을 익히게 하기보다는 사물을 직접 만져 보고 느껴 보며 몸을 움직여 보는 능동적인 학습 활동이 이루어지도록 한다. 또, 유아가 생각과 느낌을 자유롭게 표현할 수 있도록 결과보다는 활동 과정을 중요시한다. 이 영역에서는 유아가 자신의 흥미나 능력에 맞는 활동을 선택할 수 있도록 다양한 음악 · 조형 · 동작 · 극 활동을 개별적, 통합적으로 제공한다. 그리고 이러한 활동을 다른 영역의 내용과 통합하여 지도하도록 한다.

ㄷ. 언어 생활

유아의 언어 사용 능력을 향상시켜 언어 생활이 즐겁게 이루어지도록 하기 위한 영역이다.

성격

이 영역은 '듣기', '말하기', '읽기 · 쓰기에 관심 가지기' 로 구성되어 있다. '듣기' 에서는 다른 사람의 말, 동화, 동요, 동시 등을 잘 듣고 이해하는 능력을 기른다. '말하기' 에서는 대상과 상황에 따라 자기의 경험이나 생각을 바르게 말로 표현할 수 있는 능력을 기른다. '읽기 · 쓰기에 관심 가지기' 에서는 말과 글의 관계를 이해하고 주변의 글자나 책에 관심을 가지게 한다.

이 영역의 교육 활동은 유아의 발달 특성에 적합한 기초적인 언어 능력을 기르며 바르게 듣고 말하는 태도를 가지는 데 중점을 둔다. 읽기, 쓰기는 초등학교 단계의 글자 교육이 아닌 점에 유의하여, 긁적거리기, 글자 놀이, 그림책 보고 이야기하기 등의 활동을 통하여 글과 자연스럽게 친숙해지도록 한다. 따라서, 단순한 문자 해독 기능을 훈련하는 것이 아니라 유아에게 의미 있는 상황에서 자발적이고 능동적인 학습이 이루어지도록 돕는다.

또, 유치원 일과 속에서 듣기, 말하기, 읽기 · 쓰기에 관심 가지기가 자연스럽게 통합되도록 하고 유아의 개인차를 고려하는 개별화 교육을 하도록 한다. 이러한 교육을 통하여 유아들이 바른 언어 생활 습관과 태도를 형성하며 우리말과 우리글에 대한 자긍심을 가지게 한다.

ㄹ. 탐구 생활

유아들이 관심과 호기심을 가지고 자연 현상과 주위의 사물을 탐구하는 데 필요한 기초 능력과 태도를 기르기 위한 영역이다.

성격

이 영역은 '과학적 탐구', '수학적 탐구' 및 '창의적 탐구'로 구성되어 있다. '과학적 탐구'는 유아들이 주위의 여러 가지 사물이나 현상을 관찰해 보며 궁금해하고 변화 과정을 살펴보는 등의 능동적인 탐색 활동을 함으로써 과학적인 탐구 능력과 태도를 기르기 위한 것이다. 따라서, 자신의 몸, 친근한 생물, 직접 경험할 수 있는 자연 현상과 사물에 관한 내용 등을 중심으로 한다.

'수학적 탐구'는 일상생활에서 경험하는 여러 가지 사물과 사건을 직접 분류, 비교해 보고, 관계를 찾아봄으로써 수학적인 기초 능력과 태도를 기르기 위한 것이다. 따라서, 분류하기와 순서 짓기, 수의 기초 개념 이해하기, 측정, 시간, 공간과 도형, 통계 등에 관한 기초적인 내용을 중심으로 한다.

'창의적 탐구'는 생활을 통하여 직면하게 되는 여러 가지 상황을 민감하게 인식하고 다양하고 독특하며 융통성 있게 대응할 수 있는 능력과 태도를 기르기 위한 것이다. 이를 위해 주변 상황에 대한 관심과 탐색, 다양하고 독특하게 생각해 보기 등의 내용을 중심으로 한다.

이 영역의 교육 활동은 다양한 자료와 경험을 풍부하게 제공하여 유아들이 '왜, 어떻게'라는 궁금증을 가지고 주변 환경과 현상을 관찰하고 탐구할 수 있도록 한다. 또, 구체적인 조작과 직접적인 경험을 할 수 있도록 안내해 주어야 한다. 탐구 생활 영역 중에서 특히 '창의적 탐구'는 언어 및 표현 생활 영역 등과도 통합하여 전개하도록 한다.

ㅁ. 건강 생활

다양한 신체 활동을 통하여 일상생활에 필요한 기초 체력을 기르며 건강하고 안전한 생활 습관을 형성하게 함으로써 유아의 심신을 조화롭게 발달시키기 위한 영역이다.

성격

건강 생활 영역은 '감각 및 신체 인식', '기본 운동 능력', '건강', '안전'으로 구성되어 있다.

'감각 및 신체 인식'에서는 기본적인 감각 기능을 기르고 자신의 신체에 대하여 긍정적으로 인식하게 한다. '기본 운동 능력'에서는 유아에게 필요한 기본적인 운동 능력과 기초 체력을 기르며 즐겁고 적극적으로 신체 활동에 참여하게 한다. '건강'에서는 청결, 영양, 질병 예방, 휴식과 같은 신체 건강뿐 아니라 정신 건강을 유지함으로써 건강한 생활 습관을 가지게 한다. '안전'에서는 유아가 주변에서 발생할 수 있는 위험을 예방하고 대처하는 데 필요한 지식과 기술 및 태도를 기르는 데 중점을 둔다.

이 영역의 교육 활동은 일과 속에서 이루어지는 다양한 활동을 통하여 생활 교육으로 이루어지게 하며 다른 영역의 내용과 통합해 다루도록 한다. 특히, 감각 기관을 이용한 탐색의 기회와 몸을 활발하게 움직일 수 있는 활동을 규칙적으로 제공한다. 또, 여러 가지 신체 활동을 통한 즐거움을 느끼게 하여 신체와 더불어 정신적으로 건강한 생활을 할 수 있게 한다.

목표

가. 다양한 신체 활동과 감각 경험을 통하여 자신의 신체와 주변 세계를 인식하는 데 필요한 생활 습관을 가진다.

나. 신체 활동에 활발하게 참여함으로써 기본적인 운동 능력을 기르고 기초 체력을 증진한다.

다. 건강과 안전에 관련된 지식과 기술을 익힘으로써 건강하고 안전한 생활 습관을 기른다.

라. 신체 활동에 즐겁게 참여함으로써 건강한 정신을 기른다.

내용

[표 1-4] 6차 교육과정 건강 영역 수준별 내용

내용	하위 내용	수준별 내용	
		I	II
감각 및 신체 인식	감각 기관을 활용하기	여러 가지 감각 기관을 활용해 본다.	여러 가지 감각 기관을 협응하여 활동한다
	신체를 인식하고 움직이기	신체 각 부분에 관심을 가지고 움직여 본다	신체 각 부분의 특성을 활용하여 움직인다
		자신의 신체 능력을 긍정적으로 인식한다	
기본 운동 능력	이동 운동하기	공간을 이동하면서 몸을 다양하게 움직여 본다	공간을 이동하면서, 제시된 조건에 따라 몸을 다양하게 움직인다
	비이동 운동하기	한 장소에서 몸을 다양하게 움직여 본다	한 장소에서 제시된 조건에 따라 몸을 다양하게 움직인다
	조작 운동하기	도구를 활용하여 신체 활동을 해 본다	도구를 다양하게 활용하여 신체 활동을 한다
		놀이 시설을 이용한다.	놀이 시설을 능숙하게 이용한다
	신체 활동에 참여하기	신체 활동에 즐겁게 참여한다	신체 활동을 즐기며 규칙적으로 참여한다
건강	몸을 깨끗이 하기	손과 이를 깨끗이 한다	손과 이를 깨끗이 하는 습관을 가진다
		몸을 깨끗이 한다.	몸을 깨끗이 하는 습관을 가진다
	주변을 깨끗이 하기	자기 주변을 깨끗이 한다	자기 주변을 깨끗이 하는 습관을 가진다
	적절하게 옷 입기	계절과 상황에 알맞게 옷을 입는다	
	바른 식생활 하기	음식물의 필요성을 안다	몸에 필요한 음식과 영양분의 관계를 안다
		음식을 골고루 먹는다.	적당한 양의 음식을 골고루 먹는다
		음식을 소중히 여긴다	
	적절히 휴식하기	활동적인 놀이 후에 휴식을 취한다	
	질병 예방하기	병에 걸리지 않도록 주의한다	병을 예방하는 방법을 알아본다
	즐겁게 생활하기	다양한 신체 활동을 통해 긴장감을 해소하고 즐거움을 느낀다	
안전	안전하게 놀이하기	놀잇감, 도구, 시설의 안전한 사용법을 알아본다	놀잇감, 도구, 시설을 안전하게 사용한다
		안전한 장소에서 놀이한다	

<table>
<tr><th rowspan="2">내용</th><th rowspan="2">하위 내용</th><th colspan="2">수준별 내용</th></tr>
<tr><th>I</th><th>II</th></tr>
<tr><td rowspan="7">안전</td><td rowspan="2">교통 안전
규칙 지키기</td><td colspan="2">교통 기관을 안전하게 이용한다</td></tr>
<tr><td colspan="2">보행 안전 규칙을 지킨다</td></tr>
<tr><td rowspan="3">위험한
상황을
알고
대처하기</td><td colspan="2">위험한 물건과 상황에 대하여 알아보고 예방하는 방법을 찾아본다</td></tr>
<tr><td>위험한 상황에서 도움을 요청한다</td><td>위험한 상황에서 자신을 보호한다</td></tr>
<tr><td colspan="2">다른 사람이 함부로 몸을 만지지 않게 한다</td></tr>
<tr><td rowspan="2">환경 오염이나
재해에 대비하기</td><td colspan="2">오염된 환경에서 안전하게 생활하는 방법을 알아보고 대처한다</td></tr>
<tr><td colspan="2">인재나 자연 재해에 대해 알아보고 대피 훈련을 해본다</td></tr>
</table>

(9) 2007년 개정 유치원교육과정

교육인적자원부(김신일 부총리 겸 교육인적자원부 장관)는 2007년 12월 13일(목) 유치원교육과정 개정안을 확정 · 발표하였다. 이번 개정은 지난 1998년 6월 30일에 고시한 '제6차 유치원교육과정'을 급변하는 시대 상황에 맞게 개정 · 보완하는 '수시 개정' 작업의 일환으로 추진해 왔으며, 이날 확정된 개정안은 2009년부터 유치원에 적용하게 된다. 교육인적자원부는 이번 교육과정 개정을 위하여 기초 연구(05~06)를 거쳐 교육과정 개정 시안을 연구 · 개발(06~07)하였으며, 그 밖에 학술대회, 토론회, 현장 적합성 검토, 교육과정 심의회, 여론수렴 협의회 등을 통해 각계각층의 다양한 여론을 수렴하여 개정안에 반영하였다. 이번 교육과정 개정의 기본 방향은 제7차 교육과정의 기본 철학과 체제를 유지하되 운영상의 문제점을 보완하는 수준에서 개정을 추진하였으며, 주요 개정 내용에는 유치원에서 다양한 교육 시간을 운영할 수 있도록 교육과정을 개선한 것을 비롯하여, 교육과정 내용의 개선, 교육과정 영역별 내용의 구체화, 지도상의 유의점 신설, 읽기와 쓰기의 전단계로서의 읽기와 쓰기 기초 교육 강화, 초 · 중등학교 교육과정과 연계한 교육과정 문서 체계의 통일 등이 포함되어 있다.

교육인적자원부가 발표한 새 교육과정의 주요 개정내용 다음과 같다.

① 교육과정의 성격

이 교육과정은 유아교육법 제13조 제2항에 의거하여 고시한 국가 수준의 교육과정으로 유치원의 교육 목적과 목표를 달성하기 위하여 유치원에서 편성 · 운영하여야 할 학교 교육과정의 공통적, 일반적인 기준을 제시한 것이다. 이 교육과정의 성격은 다음과 같다.

가. 국가 수준의 공통성과 지역, 유치원, 개인 수준의 다양성을 동시에 추구하는 교육과정이다.

나. 유아의 전인적인 성장 발달과 행복을 추구하기 위한 교육과정이다.

다. 유아의 자율성과 창의성을 신장하기 위한 유아 중심의 교육과정이다.

라. 유아의 일상생활과 놀이 속에서 통합적으로 실현해 가는 교육과정이다.

마. 교육청과 지역 사회, 유치원, 교원, 유아, 학부모가 함께 실현해 가는 교육과정이다.

바. 유치원 교육의 질적 수준을 유지, 관리하기 위한 교육과정이다.

② 추구하는 인간상

우리나라의 교육은 홍익인간의 이념 아래 모든 국민으로 하여금 인격을 도야하고 자주적 생활 능력과 민주 시민으로서 필요한 자질을 갖추게 하여 인간다운 삶을 영위하게 하고 민주 국가의 발전과 인류 공영의 이상을 실현하는 데 이바지하게 함을 목적으로 하고 있다.

이러한 교육 이념을 바탕으로, 유치원교육과정이 추구하는 인간상은 다음과 같다.

가. 전인적 성장을 기반 위에 개성을 추구하는 사람

나. 기초 능력을 토대로 창의적인 능력을 발휘하는 사람

다. 폭넓은 교양을 바탕으로 진로를 개척하는 사람

라. 우리 문화에 대한 이해의 토대 위에 새로운 가치를 창조하는 사람

마. 민주 시민 의식을 기초로 공동체의 발전에 공헌하는 사람

③ 교육과정의 구성 방침

이 교육과정은 21세기 지식 정보화 시대를 주도할 '사람과 자연을 존중하고 사랑하는 한국인 육성' 을 기본 방향으로 한다. 이에 따른 구성 방침은 다음과 같다.

가. 사람과 자연을 존중하고 사랑하는 세계관을 바탕으로 구성한다.
나. 유아의 기본 생활 습관과 전통 문화, 창의성을 강조하여 구성한다.
다. 지역과 유치원의 자율성을 확대하도록 구성한다.
라. 유치원 교육의 정체성을 살리며 초 · 중등학교와 연계하여 구성한다.
마. 유아의 발달 특성을 고려하여 수준별 교육과정을 구성한다.
바. 교육과정 평가 체제를 통하여 교육에 대한 질 관리를 강화하도록 구성한다.

④ 유치원교육과정의 5개 영역

ㄱ. 사회 생활 : 인간과 인간 간의 관계 형성에 중점

사회 생활은 유아가 자신을 알고 소중하게 여기며 다른 사람과 함께 살아가는 방법을 익히고 주변 세계에 관심을 갖고 적응해 나갈 수 있는 기초 능력을 기르기 위한 영역이다.

- 성격

이 영역은 '나를 알고 사랑하기', '가족과 함께 생활하기', '이웃과 더불어 생활하기', '사회 현상에 관심 가지기' 의 네 가지 내용으로 구성한다.

'나를 알고 사랑하기' 는 유아가 자신을 소중하게 여기며, 이를 바탕으로 자신의 일을 스스로 하고 자기 감정을 알고 조절하는 데 중점을 둔다.

'가족과 함께 생활하기' 는 유아가 가족과 화목하게 지내고 협력하며 생활하는 태도를 기르는 데 중점을 둔다.

'이웃과 더불어 생활하기' 는 유아가 다른 사람들과 함께 살아가는 데 기본적으로 필요한 예절 바른 생활 태도를 가지며 다른 사람을 이해하고 존중하며 협력하는 능력을 기르는 데 중점을 둔다. 특히 친구와 사이좋게 지내고 공공장소에서 지켜야 할 질서와 규칙을 실천하도록 하는 데 중점을 둔다.

'사회 현상에 관심 가지기'는 유아를 둘러싼 문화와 생활 양식에 바탕을 두어 유아가 생활하는 주변 지역, 경제 생활, 우리나라와 세계 여러 나라의 문화에 관심을 갖는 데 중점을 둔다.

사회 생활 영역의 교육 활동에서는 유아의 생활을 중심으로 토의, 역할 놀이, 공동 작업, 협동 게임 등의 다양한 방법을 통하여 다루도록 한다. 교사의 설명이나 지시보다는 유아가 적극적으로 참여하게 하여 사회적 기능, 태도 및 사회 과학적 지식을 형성하도록 한다. 특히, 기본 생활 습관은 생활 전반에 걸쳐 꾸준히 지도하여 유아가 바른 습관을 자연스럽게 형성하도록 하며 가정과 긴밀한 협조가 이루어지도록 한다.

ㄴ. 표현 생활 : 자연과 생활 속에서 느낀 감정의 예술적 표현 및 감상에 중점

표현 생활은 풍부한 감성과 심미적 태도 및 창의적 표현력을 기르며 다양한 예술 표현 방식을 존중하고 즐기는 태도를 기르기 위한 영역이다.

성격

이 영역은 '자연과 생활에서 아름다움 찾아보기', '예술적 표현 즐기기', '감상하기'의 세 가지 내용으로 구성한다.

'자연과 생활에서 아름다움 찾아보기'는 유아가 자연과 주변 환경에서 자연스럽게 접할 수 있는 소리나 음악, 움직임, 조형물에 관심을 기울이며 예술 활동의 기본이 되는 다양한 요소를 찾아보는 경험에 중점을 둔다.

'예술적 표현 즐기기'는 유아가 다양한 예술 활동에 참여하여 생각과 느낌을 자유롭게 표현하는 데 중점을 둔다. 또한 음악, 움직임과 춤, 조형 활동, 극 놀이를 통합적으로 경험하며 예술 활동 과정을 즐기는 데 중점을 둔다.

'감상하기'는 유아나 다른 사람이 표현한 예술 작품 및 자연과 생활 속의 아름다움, 우리 전통 예술에 유아가 관심을 가지고 즐기도록 하는 데 중점을 둔다.

표현 생활 영역의 교육 활동에서는 특정한 예술적 개념이나 기능 습득보다는 생각과 느낌을 자유롭고 창의적으로 표현해 보는 경험을 중심으로 한다. 직접 보고, 듣고, 만지고 느껴보는 능동적인 활동 과정을 강조하고 유치원의 일과 중 자연스럽게 다양한 탐색 및 감상 활동의 기회를 제공하며 대 · 소집단 활동과 자유

선택 활동에서 골고루 경험하도록 통합적으로 다루도록 한다.

ㄷ. 언어 생활 : 언어 사용의 바른 태도와 일상에서 언어 사용을 즐기는 것에 중점

언어 생활은 유아가 일상생활에서 언어 사용을 즐기며 의사소통 능력을 기르고 바른 언어 사용 능력과 태도를 기르기 위한 영역이다.

성격

이 영역은 '듣기', '말하기', '읽기', '쓰기' 의 네 가지 내용으로 구성한다.

'듣기' 는 일상적인 이야기와 문학 작품을 듣는 가운데 바르게 듣고 이해하는 능력을 기르고 문학적 흥미와 우리말의 재미를 느끼도록 하는 데 중점을 둔다.

'말하기' 는 자신의 생각과 느낌을 바르게 말하는 능력을 기르며 상대방을 배려하여 말하는 태도를 기르는 데 중점을 둔다.

'읽기' 는 주변의 친숙한 글자나 책의 내용에 대해 궁금해 하며 글의 의미에 관심을 가지도록 하는 데 중점을 둔다.

'쓰기' 는 자신의 생각과 느낌을 그림이나 긁적거리기 등 다양한 형태로 나타내기를 즐기며, 여러 가지 쓰기 도구에 관심을 가지는 데 중점을 둔다.

언어 생활 영역의 교육 활동에서는 이야기 나누기, 동화 읽어주기 등의 교사 주도적인 활동과 또래와의 역할 놀이, 동극 등 유아 주도적인 활동 간의 균형을 고려한다. 특히 초등학교 단계의 글자 교육이 아닌 점에 유의하여 읽기, 쓰기에 관심을 가지고 긁적거리기, 그림책 보고 이야기하기 등의 활동을 통하여 말과 글에 자연스럽게 친숙해지도록 한다.

ㄹ. 탐구 생활 : 자연 존중, 창의적 사고 및 논리적 문제 해결 등 기초 소양을 강조

탐구 생활은 자연을 존중하는 마음을 바탕으로 창의적으로 사고하고 탐구하며 논리적이고 합리적으로 문제를 해결하는 능력과 태도를 기르기 위한 영역이다.

성격

이 영역은 '탐구하는 태도 기르기', '과학적 기초 능력 기르기', '수학적 기초 능력 기르기' 의 세 가지 내용으로 구성한다.

'탐구하는 태도 기르기' 는 주변의 사물과 자연 환경에 대해 지속적으로 호기심을 가지고 적극적으로 탐구하며 창의적으로 사고하는 태도를 기르는 데 중점을 둔다.

'과학적 기초 능력 기르기'는 유아가 주변의 사물과 생명체 및 자연 현상에 대하여 능동적으로 탐구하는 경험을 통하여 자연을 존중하는 마음과 과학적으로 사고하는 능력을 기르는 데 중점을 둔다.

'수학적 기초 능력 기르기'는 유아가 주변을 탐색하고 놀이하면서 부딪히는 문제를 논리 · 수학적으로 해결하는 경험을 통하여 기초적인 수, 공간 및 도형과 측정에 대한 통찰력을 기르며 규칙성을 이해하고 자료 정리 및 결과 나타내기의 능력을 기르는 데 중점을 둔다.

탐구 생활 영역의 교육 활동에서는 다양한 실물 자료와 자연 체험의 기회를 풍부하게 제공하여, 유아가 자발적으로 문제를 발견하고 탐구하는 과정에 적극적으로 참여하도록 한다. 유아가 일상생활 경험에서 구성한 지식을 바탕으로 다양한 시도를 해보고 추론하는 활동을 통해 과학적 · 수학적 기초 능력을 의미 있게 확장해 갈 수 있도록 한다. 탐구 결과와 생각을 구체물, 그림, 표, 쓰기, 말하기 등의 다양한 매체를 사용하여 나타내고 다른 사람과 공유하도록 한다.

ㅁ. 건강 생활 : 다양한 감각적 경험과 몸의 움직임 기회를 제공하여 건강하고 안전한 생활 태도와 습관 형성에 중점

건강 생활은 긍정적 자아 개념과 일상생활에 필요한 기초 체력을 기르며 유아의 심신을 조화롭게 발달시키기 위한 영역이다.

신체 운동과 건강 교육으로 4개 내용 및 15개의 하위 내용 제시, 지도상의 유의점 6개를 신설하였다.

6차	→	2007년 개정
감각 및 신체 인식 기본 운동 능력 건강 안전	➡	나의 몸 인식하기 나의 몸 움직이기 건강하게 생활하기 안전하게 생활하기

[표 1-5] 교육과정에 따른 생활 영역의 변화

1차	2차	3차	4차	5차	6차	2007년 개정
건강 사회 자연 언어 예능	사회 · 정서 발달 인지 발달 언어 발달 **신체 발달 및 건강**	**신체 발달** 정서 발달 언어 발달 인지 발달 사회성 발달	**신체 발달** 정서 발달 언어 발달 인지 발달 사회성 발달	**건강 생활** 사회 생활 표현 생활 언어 생활 탐구 생활	**건강 생활** 사회 생활 표현 생활 언어 생활 탐구 생활	**건강 생활** 사회 생활 표현 생활 언어 생활 탐구 생활

성격

이 영역은 '나의 몸 인식하기', '나의 몸 움직이기', '건강하게 생활하기', '안전하게 생활하기' 의 네 가지 내용으로 구성한다.

'나의 몸 인식하기' 는 기본적인 감각 기능을 기르고 자신의 신체를 긍정적으로 인식하도록 하는 데 중점을 둔다.

'나의 몸 움직이기' 는 유아기에 해야 할 운동을 체계적이고 규칙적으로 실시하여 기본적인 운동 능력을 기르고 기초 체력을 증진하는 데 중점을 둔다.

'건강하게 생활하기' 는 청결, 영양, 질병 예방, 휴식을 통한 신체 건강뿐 아니라 정신 건강을 유지하고 건강한 생활 습관을 형성하는 데 중점을 둔다.

'안전하게 생활하기' 는 자신과 타인의 몸을 소중히 여기고 우리 주변에서 발생할 수 있는 위험을 예방하며 재난에 대비하는 데 필요한 지식과 기능 및 태도를 기르는 데 중점을 준다.

건강 생활 영역의 교육 활동에서는 다양한 감각 및 신체 활동을 통하여 생활교육으로 이루어지게 하며 다른 영역의 내용과 통합해 다루도록 한다. 특히 감각기관을 적극적으로 활용하고 다양한 방법으로 몸을 활발하게 움직일 수 있는 기회를 규칙적으로 제공한다. 또한 실내 · 외 신체 활동을 통해 긴장감을 해소하고 즐거움을 느끼게 하며 안전하고 쾌적한 환경을 제공하여 건강한 생활을 할 수 있게 한다.

목표

자신의 신체를 긍정적으로 인식하고 생활에 필요한 기초 체력을 기르며, 건강하고 안전한 생활 습관을 가진다.

가. 자신의 몸과 주변 세계를 긍정적으로 인식한다.

나. 기본 운동 능력과 기초 체력을 기른다.

다. 건강한 몸과 마음을 기른다.

라. 안전한 생활 습관을 가진다.

내용

[표 1-6] 2007년 개정 건강 영역 수준별 내용

내용	하위 내용	수준별 내용		예
		I	II	
나의 몸 인식하기	감각 기관을 활용하기	감각 기관을 활용해 본다.	감각 기관을 협응하여 활동한다.	다양한 재질의 놀잇감을 가지고 활동, 냄새 맡고 알아맞히기, 소리 듣고 구별하기
	나의 몸을 인식하고 움직이기	몸의 각 부분에 관심을 가지고 움직인다.	몸 각 부분의 특성을 활용하여 움직인다.	팔을 씩씩하게 움직이며 이동하기, 그림 보고 몸 움직임 따라하기
		자신의 신체 능력을 긍정적으로 인식하고 움직인다		신체 운동 기구와 같은 시설물 이용해 보기, 짝 율동해 보기
나의 몸 움직이기	이동하며 움직이기	걷기, 달리기, 뛰기 등을 하면서 몸을 움직인다	걷기, 달리기, 뛰기 등을 하면서 제시된 조건에 따라 몸을 움직인다.	발바닥그림 따라가기, 계단이나 경사로에서 이동하기, 높이뛰기나 빨리 달리기
	제자리에서 움직이기	제자리에서 몸을 다양하게 움직인다	제자리에서 제시된 조건에 따라 몸을 균형감 있게 움직인다	제자리에서 몸을 좌우로 틀기, 혹은 스트레칭, 제자리 율동
	도구 및 놀이 시설을 활용하기	공, 리본, 후프, 평균대, 매트 등 도구와 놀이 시설을 활용하여 신체 활동을 한다		공 던지고 받기, 줄넘기, 후프체조 등
	바깥에서 신체 활동하기	규칙적으로 바깥에서 신체 활동을 한다		축구/농구하기, 실외 놀이기구 이용하기
건강하게 생활하기	몸과 주변을 깨끗이 하기	이를 깨끗이 한다	스스로 이를 깨끗이 하는 습관을 기른다	식사, 간식 후 양치하기, 자기 전 양치하기
		손과 몸을 깨끗이 한다.	스스로 손과 몸을 깨끗이 하는 습관을 기른다.	놀이 후, 식사 전, 화장실 사용 후 손 씻기
		자기 주변을 깨끗이 한다	스스로 자기 주변을 깨끗이 하는 습관을 기른다.	놀이 후 정리하기, 청소 도구 사용하기, 분리 수거하기

내용	하위 내용	수준별 내용 I	수준별 내용 II	예
건강하게 생활하기	바른 식생활 하기	음식물의 필요성을 알고 골고루 먹는다	몸에 필요한 음식을 적당한 양으로 골고루 먹는다	음식 만들기 놀이하기
		음식을 소중히 여긴다		여러 음식물을 관찰하고 식품군에 따라 분류해 보기
		음식을 바른 자세로 즐겁게 먹는다		식사 예절에 따라 식기 및 수저 놀잇감 활용
	질병 예방하기	질병의 위험성을 알고 주의한다	질병을 예방하는 방법을 알고 실천한다	병원 놀이, 건강한 이와 썩은 이 게임
		날씨와 상황에 알맞게 옷을 입는다.		날씨에 맞는 옷차림 골라보기
		놀이 후에는 적절한 휴식을 취한다.		
	즐겁게 생활하기	다양한 신체 활동을 통해 긴장감을 해소하고 즐거운 마음으로 생활한다		강강술래, 농악과 같은 민속춤 배워보기
안전하게 생활하기	나와 다른 사람의 몸을 소중히 하기	나와 다른 사람의 몸이 소중함을 안다		다양한 인종이나 장애인에 대한 책
		다른 사람이 나의 몸을 함부로 만지지 않도록 한다		
	안전하게 놀이하기	놀잇감, 도구, 시설물의 사용법을 알고 안전하게 사용한다		놀이 도구 수칙을 알고 이용하기
		안전한 장소에서 안전한 방법으로 놀이한다		제한 영역에서 놀이
			미디어에는 유익한 것과 유해한 것이 있음을 알고 바르게 사용한다	
	교통 안전 규칙 지키기	보행 안전 규칙을 지킨다.		표지판 모형 놀잇감을 이용하여 놀이하기
		교통 수단을 안전하게 이용한다		교통 수단 시설물 이용
	위험한 상황을 알고 대처하기	위험한 물건과 상황에 대해 알고 대처한다		소방차, 병원차 등의 소품놀이, 소방 훈련
		위험한 상황에서 도움을 요청하여 자신을 보호한다		119 구조대원 역할놀이
	환경 오염이나 재난에 대비하기	환경오염의 위험성을 알고 안전하게 생활하는 방법을 실천한다		황사 등의 자연 재해를 알고 환경 점검 놀이
		환경 오염을 예방하는 방법을 알고 실천한다.		분리 수거 등과 같은 일상생활 놀이
		인적 재난이나 자연 재난에 대해 알아보고 정기적으로 대피 훈련에 참여한다		

(10) 6차, 2007년 개정 유아교육과정 비교

① 2007년 개정 유치원교육과정 개선 사항

ㄱ. 다양한 교육 시간 운영이 가능하도록 교육과정 개선

① 교육 일수와 교육 시간 운영의 자율성 확대

- 현행 180일(근거 : 유아교육법) 이상과 180분 이상을 기준으로 하되, '최소 기준' 임을 명시
- 시 · 도 교육청의 지침과 유치원 실정에 따라 자율적으로 반일제, 시간 연장제, 종일제 등 다양한 교육 시간 운영 가능

② 종일제 운영을 위한 다양한 교육 주제 근거 마련 및 교육 활동 지도 자료 내용 강화

- 시간 연장제, 종일제의 오후 일과는 편안한 휴식, 바깥 놀이, 개별 유아의 특성을 충분히 고려한 놀이 중심 활동으로 구성

ㄴ. 교육과정 내용 체계의 개선

① 현행 '구분–내용–수준별 내용' 을 '내용–하위 내용–수준별 내용' 으로 수정

② 영역별 교육과정의 '내용' 을 '~하기' 로 바꿈으로써 어려운 개념적 표현을 실생활 중심 활동으로 전환

- 초등 통합 교육과정의 영역과 연계를 강화하고 실생활 중심 교육과정의 특성을 반영

ㄷ. 수준별 교육 내용의 개선 및 적정화

① 수준별 내용은 현행 2수준(I, II, 공통 수준)의 틀을 유지하되, 수준별 내용 간 차별성, 계열성을 강화하는 내용으로 개선하여 유아의 생활 경험, 요구, 필요 등을 고려한 다양한 교육이 이루어질 수 있도록 함

② 연령별 내용(만 3, 4, 5세) 수준 제시는 교사용 '교육 활동 지도 자료' 에 구체화하도록 함

ㄹ. 교육과정 문서 체계 및 편성 · 운영 지침의 개선

① 문서 체계를 초 · 중등학교 교육과정 총론에 맞게 통일

- '교수 · 학습 방법 및 평가'를 앞쪽으로 배치하여 공통적 일반적 지침으로 함

② 영역별 교육과정에 '지도상의 유의점' 항목을 추가하여 실제적인 교수 · 학습 방법 지침 마련

③ 교육과정 편성 · 운영 지침 항목들을 정선하고 초등학교 지침 중 유치원에 해당되는 부분을 추가

② 6차, 2007년 건강 영역 수준별 내용 비교

다양한 감각적 경험과 몸의 움직임의 기회를 제공하여 건강하고 안전한 생활 태도와 습관 형성에 중점-신체 운동과 건강 교육으로 4개 내용 및 15개의 하위 내용 제시, 지도상의 유의점 6개를 신설하였다.

2012년 3월부터는 유치원과 어린이집에 다니는 5세를 대상으로 적용하는 누리과정이 도입 · 시행되고 있다.

제2장

유아와 건강 생활

1 건강 교육

(1) 건강의 개념

유아기의 건강이란 외부로부터 장애를 받지 않고 바람직한 발육 발달을 이루어가는 상태를 말한다. 특히, 유아의 건강 교육에서 중요한 것은 그들의 심신을 조화있게 발달시켜 건전한 인간으로서의 기초를 튼튼히 하는 일이다.

우선 유아의 건강 생활을 전반적으로 살펴보면 먼저 신체, 의복, 놀이 용구, 신변 등을 청결히 해야 하고 불결한 것을 입에 넣지 않도록 하며 수건이나 손수건 등은 자기의 것을 사용하게 한다. 또한 식사 요령을 터득하게 하고 음식에 대한 편견이 없게 하며 건강 진단, 예방 접종, 병이나 상처의 치료를 회피하지 않게 한다.

유아기에 이러한 상태를 유지하기 위해서는 주위 환경이 중요하다. 유아기에는 면역성이 양호하지 못하고 자기 건강 관리에 대한 개념이 확립되어 있지 않기 때문에 부모와 가족들의 관심과 노력이 요구된다.

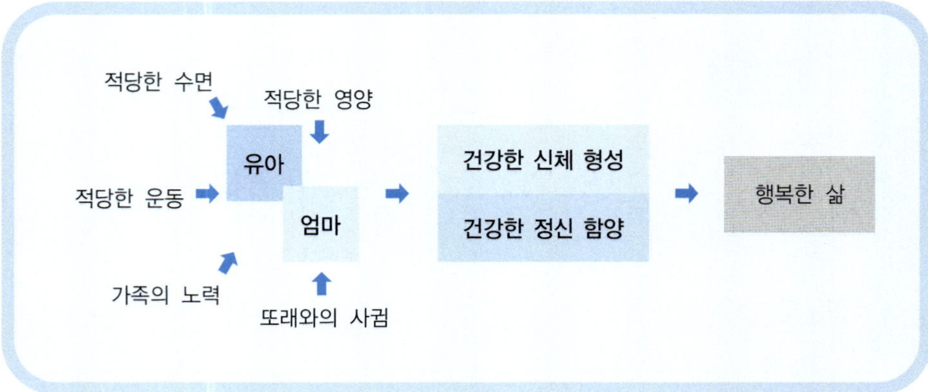

유아기의 정서는 노여움, 두려움, 기쁨, 슬픔 등의 형태로 나타나는데, 비교적 급격하게 일어나고 사라지는 일시적인 양상을 보인다. 신생아의 정서는 미분화 상태에서 연령이 증가함에 따라 분화되어 가는데, 발달 초기에 있어 정서는 흥분, 불쾌, 기쁨 정도의 수준에서 5세 정도가 되면 불쾌의 정서가 노여움, 혐오, 두려움, 불안, 실망, 수치심 등으로 기쁨의 정서는 애정과 희망 등으로 분화되며 성숙되어 간다.

심리적 발달에 따른 유아의 욕구도 점점 분화되어 비교적 단순하고 직접적인 것에서 복잡하고 정신적 기능을 요하는 단계로 바뀌어 간다. 건강한 유아들은 신체적 활동을 하며, 그 욕구의 지배에 따라 하루 종일 뛰어다닌다.

유아의 이러한 활동 욕구를 어른의 입장에서 일의 방해나 소란 등으로 해석하여 제지할 경우, 유아의 마음속에는 욕구 불만의 상태로 남게 되어 명랑하지 못하거나 어린 동생을 꾸짖고 귀찮게 굴기도 한다. 따라서 유아가 잘 받아들일 수 있는 방향으로 행동 욕구를 유도하여야 한다. 즉, 부모를 방해하고 버릇없이 뛰어다니는 것을 지양시키기 위해서는 놀잇감으로 무엇을 만들어 보라던가, 계속적인 격려로 더 멋있게 만들도록 유도하는 것이 바람직하다. 활동 욕구가 높은 유아에게는 부모가 잠시 시간을 내어 적절하고 흥미있는 운동 놀이를 지도함으로써 부모와 유아 간의 애정과 사랑을 더욱 느낄 수 있도록 해야 한다. 이는 유아들의 활동에 있어서 욕구 불만을 해소시켜 주고 사고하고 창조하는 등의 보다 좋은 정서적인 순화를 이룰 수 있게 한다.

(2) 건강 생활

유아의 건강 교육에서 중요한 것은 그들의 심신을 조화있게 발달시켜 건전한 인간으로서의 기초를 튼튼히 하는 일이다. 유아의 건강은 유아의 생활 전반에 관계되고 있으므로 매우 넓은 범위에 이르고 있다. 우선 유아의 건강 생활을 위해서는 그들의 생활에 필요한 습관이나 태도를 몸에 익히는 일이다.

- 신체, 의복, 놀이 용구, 신변 등을 청결히 한다.
- 불결한 것을 입에 넣지 않도록 하며 수건이나 손수건 등은 자기의 것을 사용하게 한다.
- 식사의 요령을 터득하여 음식에 대한 편식이 없게 한다.
- 건강 진단, 예방 접종, 병이나 상처의 치료를 회피하지 않게 한다.
- 화장실의 사용법을 바르게 한다.
- 간편한 복장으로 놀이를 하도록 한다.
- 되도록 실외에서 놀게 한다.
- 항상 자세를 바르게 한다.
- 휴식의 방법을 깨닫게 하고 운동이나 식사 후에는 조용히 휴식을 취하게 한다.

(3) 신체 운동

유아는 건강할수록 활동적이다. 유아는 하루의 대부분을 신체 운동에 충당하고 있다. 따라서 여러 가지 운동에 흥미를 갖게 하고 스스로 신체 활동을 즐기게 하는 것은 건강을 위한 지름길이다.

- 여러 가지 방법으로 걷고 뛰고 달리는 대근육 운동을 한다.
- 여러 가지 방법으로 던지고 밀고 잡아당기고 구르는 운동을 한다.
- 술래잡기 등 집단적인 놀이를 한다.
- 미끄럼틀, 그네뛰기 등의 놀이를 한다.
- 공놀이, 줄다리기 등의 놀이를 한다.
- 몸을 쭉쭉 뻗으며 율동적으로 운동한다.

- 각종 운동 기구의 사용 방법을 터득하여 생각하며 사용하고, 또 뒤처리를 한다.
- 누구와도 친구가 되어 규칙을 지킨다.

(4) 안전 생활

- 안전한 생활에 필요한 습관이나 태도를 몸에 익힌다.
- 부상을 입지 않게끔 항상 주의한다.
- 안전에 주의하여 놀이의 기구나 용구를 사용한다.
- 위험물에는 접근하지 말아야 하며 위험한 장소에서도 놀이를 하지 않는다.
- 교통 규칙을 지킨다.
- 불의의 재해 등 비상시에는 어른의 지시에 따라 행동한다.

2 유아기의 건강 요인

유아기는 자기 의지력이 약하고 모방성이 강한 시기이다. 이때 유아의 건강을 지켜주고 증진시키기 위해서는 부모나 교사의 노력이 필요하다.

유아의 건강을 구성하고 있는 요소는 많지만, 그 중에서도 가장 중요한 것은 영양, 수면, 운동 세 가지이다.

(1) 영양

영양과 건강의 문제는 단지 신체 발달뿐만 아니라 정신적인 발달에도 영향을 미치는 중요한 문제이다. 건강한 신체와 정신을 유지하기 위해서는 균형있는 영양을 섭취해야 한다. 그러나 유아는 자기 스스로 이러한 중요성을 고려하여 균형있는 영양을 섭취하기가 어렵기 때문에 부모가 적절하게 지도해 주어야 한다.

유아는 연령에 따라 영양의 공급과 관리가 달라진다. 그러므로 다음과 같은 과정을 거치면서 영양 공급과 관리를 하는 것이 바람직하다.

가장 먼저 이유식에서 유아식으로 바뀌어 갈 때 잠시 동안 어른과 똑같이 먹는 것을 피하고 이유 후기 때와 거의 같은 형태로 먹기 쉽도록 부드럽고 잘게 썰어서 주도록 한다. 그리고 영양의 균형을 살려가면서 서서히 어른과 같이 해주면 된다.

대부분의 유아는 소화 기관의 용량이 한정되어 있으므로 먹는 양이 제한된다.

체중에 따라 많은 요구량을 채우기 위해서나 식사와 식사 간의 시간 간격이 길어지기 때문에 생기는 위의 공복감에서 오는 정신적인 불안을 없애주기 위해서는 간식으로 영양을 보충해 주어야 한다. 간식은 하루에 두 번이 적당하며 식사와 식사 사이의 중간 시간에 주는 것이 가장 적당하다.

유아기의 영양 문제에 있어서 매우 중요한 또 하나의 요인은 편식 습관을 들이지 않는 것이다. 편식은 영양 결핍의 원인이 될 수 있으며 일단 편식 습관이 형성된 후에는 고치기가 어려우므로 그 원인을 제거해야 하는데, 그 원인은 다음과 같다.

첫째, 이유기 때에 많은 음식과 접할 기회가 적어서 유아가 익숙하지 않은 음식은 먹지 않게 된다.

둘째, 가족들의 영향으로 부모가 싫어하는 음식은 되도록 피하고 좋아하는 음식만을 제공하기 때문이다. 또한 억지로 음식을 먹이려 하면 오히려 반작용으로 그 음식을 먹지 않게 된다.

셋째, 무절제한 간식으로 식사 시간이 불규칙해지기 때문이다. 이것은 비만을 유도하는 원인이기도 하다.

이상에서 본 바와 같이 유아기의 영양 공급 및 관리는 부모와 가족의 영향을 많이 받는다. 그러므로 부모의 계획적이고 단계적인 영양 공급과 관리가 유아의 건강증진에 도움을 줄 수 있다.

(2) 식사의 습관

식사의 습관은 유아의 건강에 직접 관계됨은 물론 사회적 성격에도 크게 영향을 미친다. 극단적인 편식은 유아의 발육을 저해하고, 또 식사의 태도 여하에 따라서는 주위의 조롱을 받는 일도 있어 유아에게 열등감을 불러일으키는 경우도 있다. 유아기부터 식사에 대한 올바른 태도를 습관화하는 일은 정상적인 발육을 도울 뿐만 아니라, 유아의 사회적 성격을 육성하는 데 매우 중요한 요건이 된다.

1 식사의 자립

유아들의 식사 습관에 대한 발달 과정을 살펴보면 출생 후 1년을 전후하여 자신이 스스로 식사를 하려고 한다. 처음에는 손가락으로 흐트리거나 엎질러 놓고 만다. 1년 6개월이 되면 컵을 가지고 마신다든지, 수저를 사용하여 겨우 먹을 수 있게 된다. 2년 6개월이 되면 수저와 밥그릇을 두 손으로 사용하게 되고, 3세가 되면 젓가락을 사용할 수 있게 된다. 이때쯤 되면 별로 흘리지 않고 식사를 할 수 있다. 3년 6개월이 되면 혼자서 식사도 가능하게 되며, 그리하여 5세 때에는 젓가락을 성인과 같은 요령으로 잡을 수 있게 된다.

이와 같은 식사의 연습 과정에서 음식을 흐트러뜨리거나 엎질렀다고 하여 이것을 꾸짖는 것은 식사의 의욕을 억제하는 일이 된다. 유아 스스로 식사하고자 하는 자립심을 길러줄 필요가 있다. 또한 식사 전후에 '잘 먹겠습니다', '잘 먹었습니다' 등의 인사와 함께 자신의 식사를 치우는 일 등도 3세아의 경우에는 가능하다. 4~5세의 경우에는 타인이나 여러 사람들과의 공동 식사 태도와 예의 범절에 대해서도 가르칠 필요가 있다.

2 유아교육기관에서의 식사 지도

유아교육기관에서의 식사는 급식의 경우와 도시락을 지참하는 경우에 따라 지도 방법에 약간의 차이는 있을 수 있으나, 집단적으로 식사를 한다는 점에서는 공통된다. 따라서 식사 과정이나 그 전후에 있어서 지도상의 주의점을 들어보면 다음과 같다.

- 식사 준비에 앞서 다 같이 협력하여 실내를 청결히 하고 책상을 정돈한다.
- 식사 전에 화장실에 가서 손을 씻는다.
- 음식물을 각자의 책상 위에 배분한다(교사의 도움 필요).
- 식사 전에 인사를 한다. '잘 먹겠습니다.'
- 식사 중에는 조용히 하며 차분한 마음으로 자리에서 일어나지 않는다.
- 잘 씹어서 먹는다.

- 밥과 반찬을 고루 섭취한다.
- 자세를 바르게 하여 흘리지 않도록 한다.
- 흘린 것은 먹지 않고 주워서 용기에 버린다.
- 입 속에 음식물을 넣은 채로 이야기하지 않는다.
- 편식을 하지 않고 남김없이 먹는다.
- 식사 후의 인사를 한다. '잘 먹었습니다, 감사합니다.'
- 자기가 먹은 것은 스스로 치운다.
- 양치질을 한다.
- 식사 후에는 잠시 동안 안정한다.

또한 젓가락 잡는 법과 빵을 잘게 손으로 잘라서 먹게 하고 후식이 있으면 맨 마지막에 먹도록 한다. 식사가 끝난 사람은 조용히 책을 읽거나 그림을 그리는 등 타인에게 방해가 되지 않도록 개인적으로 지도를 한다. 또한 식사 중에는 조용한 음악을 들으면서 차분하고 즐거운 기분을 맛볼 수 있는 분위기를 조성해 주는 것도 매우 바람직한 일이다.

③ 유아의 영양 섭취

생애 기간 동안 최대의 신체 발육을 나타내는 시기는 유아기에 해당된다. 따라서 이 시기야말로 발육의 절대적 자원이라고 할 수 있는 영양의 섭취가 중요한 역할을 하고 있다는 것은 너무나 당연한 일이다.

모유는 유아들의 영양, 소화, 위생 등의 면에서 매우 이상적인 식생활의 핵심을 이루고 있다. 그러나 유아기에 접어들면 모유와 같이 훌륭한 종합 식품은 구할 수 없게 된다. 따라서 유아들은 잡다한 음식물에서 필요한 영양을 섭취하지 않으면 안 된다. 그렇다고 해서 유아는 스스로 식품을 조리하여 영양을 섭취할 수 있는 능력이 없기 때문에 주어진 식품을 자기의 식용이나 기호에 따라 섭취할 뿐이다. 따라서 유아에 대한 책임은 당연히 가정에 있는 것이며 집단 급식을 하고 있는 유아교육기관도 유아의 식생활에 관한 지식을 충분히 갖고 있어야 한다.

ㄱ. 영양의 밸런스

유아가 정상적인 발육과 발달을 도모하고 건강을 유지하기 위해서는 섭취하는 음식물 속에 각종 영양소를 합리적으로 배합하여 상호 간의 밸런스를 유지해야 한다. 특히 유아기에는 음식물 속에 포함된 성분이 편중될 때에 완전한 발육을 방해할 뿐 아니라 건강에 미치는 영향 또한 크게 작용한다.

유아는 위의 용적이 작고 소화력이 약함에도 불구하고 성인의 약 절반에 가까운 영양을 섭취해야 한다. 대체로 유아가 필요한 열량을 얻기 위한 음식물의 성분은 전체 열량의 15%를 단백질(1g이 체내에서 연소할 때 발생하는 열량은 약 4㎈)에서, 약 35%는 지방(1g이 약 9㎈)에서, 그리고 약 50%는 당질(1g이 약 4㎈)에서 얻는 것이 가장 좋은 방법이다.

유아의 영양을 가늠하는 간단한 방법을 체중 1kg당 1~3세까지는 100㎈, 3~6세까지는 90~100㎈ 정도이면 적당하다. 주로 단백질, 지방, 무기질, 비타민의 공급에 중점을 두고 당질은 그것을 보충하는 의미에서 공급한다. 특히 단백질에서 동물성 단백질은 총 단백질의 약 40~60%를 차지하며, 4세 이후에는 50~70% 정도가 되도록 한다.

칼슘은 우유나 작은 생선 등에서 섭취할 수 있으며, 자칫하면 유아에게 부족하기 쉬운 성분이다. 철분은 대부분 충분하게 섭취하고 있으며 소금은 과잉 섭취하고 있는 경향이 있다. 비타민의 경우 특히 지용성 비타민(A, D, E, F, K)이 부족하기 쉽다. 수분은 체중의 70%를 차지하기 때문에 체중 1kg당 약 100~110㎖의 물을 마실 필요가 있다.

ㄴ. 조리법과 간식

2세 이하의 유아는 유치가 아직도 8~10개 정도에 불과하기 때문에 음식을 입에 넣고 완전히 씹을 수가 없다. 따라서 이유식의 연장으로 소화가 잘 되는 것을 만들어 먹일 필요가 있다. 3세 이상이 되면 성인과 동일하게 식사를 하여도 무방하다.

유아의 위는 아직 작아서 1회에 충분한 양의 음식물을 섭취할 수가 없다. 따라서 오전 10시와 오후 3시쯤에 식사의 보조 역할로서 간식을 주는 것이 좋다. 이

때에 우유나 과일 등을 동시에 주면 더욱 효과적이다.

(3) 수면의 습관

① 수면의 생리

ㄱ. 역설 수면

미국의 Kleitman과 Dement는 유아가 수면 중에 안구를 움직이는 것을 발견하였다. 그때의 뇌파를 조사해 보았더니 수면중이면서도 각성시에 볼 수 있는 뇌파(속파, 고빈도, 저진폭파)에 의해서 때때로 교체되고 있다는 것을 관찰한다. 그러나 수면은 여전히 계속되고 중단되지 않았다. 이 상태를 역설 수면이라고 하며 급속한 안구 운동이 나타나는 수면이라고 하여 R.E.M.(rapif eye movement)수면이라고도 한다.

이와는 반대로 여파(저빈도, 고진폭파)가 나타나는 수면은 급속한 안구 운동이 나타나지 않기 때문에 N.R.E.M.(non-rapif eye movement)수면이라고도 하고 또는 여파 수면이라고도 한다.

역설 수면은 꿈을 꾸는 것과 밀접한 관계가 있어서 정신상의 건강 유지는 물론 뇌의 발육에도 필요한 것이라고 말하고 있다. 이와 같은 역설 수면은 하룻밤의 수면 중에 약 90분 간격으로 30분간 지속하여 4회 정도 야기되며, 전 수면 시간 중의 비율은 신생아의 경우 가장 많은 50%에 달하고 있으며 노년기가 되면 15% 이하로 저하된다고 한다.

ㄴ. 수면과 에너지 대사

수면시에는 신체 각 기관의 기능이 각성시에 비해서 저하된다. 특히 유아의 경우 에너지 대사의 감소율이 성인에 비하여 현저하게 저하되는 것으로 나타나 있다. 한 연구에 의하면 수면시의 에너지 대사량은 기초 대사량보다도 성인의 경우 6% 감소되는데 비해 유아의 경우에는 14% 감소된다고 보고 있다. 이와 같은 현상은 R.E.M.수면 중에는 골격근의 긴장이 매우 저하되는 것과도 밀접한 관계가 있는 것으로 보인다.

② 수면 시간

수면 시간은 개인별로 차이가 있어서 일정하지는 않으나 평균하여 다음에 표시한 [그림 1-1]과 같이 나이가 어릴수록 장시간의 수면이 필요하다.

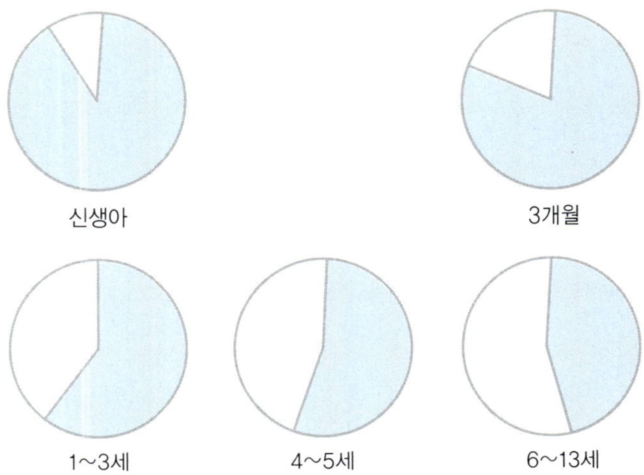

[그림 2-1] 1일 수면 시간의 비율

영유아기는 수면이 곧 휴식이며, 그 사이에 성장하는 것으로 생각된다. 잠을 잘 자는 아이는 살찐다는 말과 같이 살찐 아이는 여윈 아이보다도 훨씬 많은 시간을 수면에 충당하고 있는 것 같다.

하루의 수면 시간은 주야간의 수면 시간을 합계한 것인데, 2세를 지나면서 낮잠의 시간에 변동이 나타나기 시작한다. 따라서 2세의 경우 야간의 수면 시간은 변함이 없으나, 낮잠 시간이 단축된다. 그리고 3~4세부터는 대부분의 유아가 낮잠을 자지 않게 된다.

③ 수면의 지도

① 유아가 잠들 때 밝은 불을 켜지 않으면 안 된다든가, 곁에 누워 있어야 한다든가, 또 우유를 먹을 때에는 반드시 옆에 있어야 먹는다는 등의 습관은 결

코 바람직하지 못하다. 이와 같은 일들은 유아 초기부터 습관이 되지 않도록 지도해야 할 일이다.

② 2~3세의 유아가 잠들 때에 손가락을 입에 물거나 인형 등을 껴안지 않으면 잠자지 못하는 경우가 있다. 이것을 bedding neurosis(잠자리의 노이로제)라고 부르기도 하는데, 이런 습관을 교정하기 위하여 강압적으로 한다면 도리어 또 다른 악습관을 낳게 하는 결과가 될 수도 있다. 따라서 이와 같은 경우에는 일정 기간 동안 그 경과를 지켜보는 것이 바람직하다.

③ 잠꼬대를 하거나 밤중에 우는 등의 주된 원인은 낮의 활동 부족에서 오는 경우가 많다. 유아기에는 특히 실외 활동을 충분히 하는 것이 수면을 위해서 좋다.

④ 유아의 기상과 취침 시간을 규칙적으로 지키는 일이 수면의 습관을 형성하는 데 중요한 일이다.

⑤ 4, 5세 어린이는 잠이 오지 않아도 취침 시간이 되면 반드시 잠자리에 들도록 하며, 또 취침 전에 배뇨, 이 닦기, 잠옷 갈아입기 등을 스스로 하도록 하고 인사한 후에 취침하는 자립의 습관을 몸에 익히게 한다.

⑥ 2세까지는 오전, 오후의 두 차례에 걸쳐 낮잠을 자지만, 3~4세 이후가 되면 거의 낮잠을 자지 않는다. 오후의 낮잠은 가급적 점심 식사를 한 후에 자는 습관이 바람직하다.

⑦ 유아의 생활 습관 중 수면의 영역에 관하여 진단을 하고자 할 때에는 다음과 같은 10개 항목을 점수에 의해서 테스트할 수 있다.

- 언제나 자기의 잠자리에 가서 취침한다.
- 취침 전에 화장실에 간다.
- 잠옷으로 갈아 입는다.
- 혼자서 잘 수 있다.
- 실내의 전깃불을 끄고 잔다.
- 인사를 하고 잔다.
- 정해진 시간에 잔다.

- 아침에 일찍 일어난다.
- 스스로 힘있게 기상한다.
- 침구를 정리한다.

1문항을 1점으로 채점하여 합계가 3~4세의 경우 7점, 5세의 경우 8점, 취학 전까지 10점이 되도록 지도하는 것이 바람직하다.

(4) 운동

인간은 누구나 움직이고자 하는 기본적인 욕구가 있다. 특히 유아기에는 움직이고자 하는 신체 활동의 욕구가 그 어느 시기보다 크다고 할 수 있으며 유아기의 운동은 성인에 못지 않게 건강 유지에 있어서 매우 중요한 요소가 된다. 그 이유는 다음과 같다.

첫째, 충분한 신체의 움직임으로 깊은 잠을 잘 수 있게 한다.

둘째, 흥미를 돋구어 움직이게 함으로써 축적된 에너지와 감정의 찌꺼기를 발산할 수 있어 정신적 건강에 도움을 준다.

셋째, 실외의 신체 활동을 하면서 햇볕을 받으면 피부의 저항력을 기를 수 있다. 따라서 부모는 집 안에서만 유아를 놀게 하지 말고 놀이터나 야외에서 신체 활동할 수 있도록 하여 유아의 건강 증진을 도모하여야 한다.

제3장

유아의 운동 능력 발달

1 발달의 의미

수정에서 시작하여 성숙에 이르기까지 인간의 생활은 생명체의 적극적인 변화의 과정이라고 볼 수 있다. 수정란이 태아로 형성되어 출생, 성장, 노화의 과정을 거쳐 죽음에 이르는 동안 신체 성장, 체중 증가, 운동 능력의 변화, 지능의 발달 등으로 끊임없이 변화하는데, 이 과정을 발달이라고 한다. 그리고 발달의 개념은 유기체의 발육에만 쓰이는 것이 아니라 무생물이나 물리적 · 화학적 현상이나 사회적 · 문화적 현상, 즉 시간적 변화에 따라 발전을 수반하는 경우에 적용되는 개념이다. 이러한 발달은 크기의 변화, 비율의 변화, 새로운 특징의 획득, 낡은 특징의 소멸 등이 서로 작용하여 일어나게 된다.

[발달의 분야와 영역]

- 신체 발달
- 지각 발달
- 언어 발달
- 정서 발달
- 사회성 발달

(1) 발달의 개념

- 발달이란 변화를 의미한다.
- 발달의 개념은 성숙과 성장의 개념이다.
- 경험과 학습, 훈련과 같은 외적 작용에 의한 연령적 변화와 유전 인자에 의한 내적 작용에 의한 생리적 변화를 모두 포괄하는 개념이다.

(2) 발달의 원리

- 발달은 대부분 일련의 순서에 따라 진행된다.
- 발달은 연속적이지만 항상 일정하고 점차적으로 이루어지는 것은 아니다.
- 모든 개개인의 발달 특성과 능력은 성숙과 경험(학습)의 상호 작용에 의해서 이루어진다.
- 발달에는 개인차가 있어서 발달 단계를 거치는 속도나 양상에는 많은 차이가 있다.
- 발달의 각각의 영역은 서로 상호 작용한다.

(3) 유아기의 성장 발달

유아기는 1차 발육 급진기에서 서서히 성장 단계에 들어가는 시기이다. 체중의 증가가 현저하여 출생시의 5배나 된다. 또한 뇌의 중량도 증가하여 만 5세에는 뇌척추의 발육이 성인의 90%가 되어 머리가 큰 불균형한 몸이 되며, 지각 · 기억 · 언어 · 상상 · 주의 등에 따라 나타나는 발달 과정에서 가장 주목할 만한 것은 언어의 발달이다. 듣고 보고 하는 것에 대해 많은 질문을 하게 된다. 따라서 유아들에게 놀림이나 쓸데없는 말을 해서는 안 되며, 필요 이상의 자세한 설명이나 이해하기 어려운 말들은 가치가 없다. 이 시기에는 부모와 떨어져 행동할 수 있게 되어 여러 집단에서 기쁨과 불쾌 등의 정서적 경험을 하면서 성인 같은 정서로 점차 분화된다. 그러나 아직은 정서와 지성이 미분화된 상태이므로 생활의 모든 것을 정서에 따라 지배하는 경우가 잦다. 또한 유아기의 중반이 되면 자아가 발달하고 자기 주장이 강해져 주위의 성인에게 반항을 하기도 한다. 유아기의 성장 발달 과정에서 가장 뚜렷하게 나타나는 특징은 지적 능력이나 정서적인 특성보다는 운동 기능에서 찾아볼 수 있다.

첫째, 운동 기능은 뇌에서 가장 가까운 부분부터 발달한다. 눈 운동, 머리 운동, 눈과 손의 협응 동작이 순서대로 이루어지고 다리 운동은 그 후에 이루어진다(강상조, 1996).

둘째, 운동 기능은 몸의 중심 부분에서 말초 부분의 순서로 발달한다. 유아가 물체를 손으로 잡을 때 어깨와 팔꿈치가 먼저 움직이고, 그 다음에 주먹이나 손가락을 움직이는 세밀한 동작이 발달하게 된다(강상조, 1996).

셋째, 운동 기능은 큰 근육에서 작은 근육의 순서로 발달한다. 예를 들면, 손가락을 가지고 장난감을 다루는 동작을 하기 위해서는 먼저 몸 전체의 움직임이 있고, 다음에 팔의 움직임이 있으며, 그 다음 손목, 마지막에 손가락으로 무엇을 조작하는 동작이 이루어진다(강상조, 1996).

넷째, 운동 기능은 양방에서 일방으로 발달한다. 유아는 신체 구조가 생리적으로 향상하고 양방 관계로 균형을 이루고 있으나 점차 한쪽을 선택하여 발달하게 된다. 유아는 처음에는 양손을 모두 다 사용하지만 초등학교 입학 시기가 되면 어느 한쪽의 손을 주로 사용하게 된다(강상조, 1996).

다섯째, 운동 기능은 수평적인 동작에서 수직적인 동작으로 발달한다. 유아는 걷고 앞으로 뛰는 동작을 학습한 후, 수직으로 뛰는 동작을 학습하게 된다.

여섯째, 유아기에는 골격이나 근육의 발달과 더불어 신경에 의한 신경 지배의 근육이 증대하여 여러 가지 협응 동작이 가능하게 되면 그것이 자극이 되어 운동 능력이 발달한다. 또한 유아기는 신경과 근육의 조정력이 촉진되고 있으므로 교치성과 협응 동작을 수반하는 운동을 가하는 것이 그 후의 운동 능력 발달에 효과를 가져온다. 그러나 아직은 근육이나 골격 등의 발달이 성인의 40% 정도에 불과하기 때문에 근육이나 지구력이 필요한 운동은 별로 연습의 효과가 나타나지 않는다(오진구, 1982).

(4) 움직임 기능의 발달 단계

[Gallahue의 연령별 운동 발달 단계]

- 1단계 : 반사적 동작 수준(태아 · 신생아기)
- 2단계 : 초보적 동작 수준(출생 직후의 영아에서부터 약 2세까지)
- 3단계 : 기본적인 동작 수준(생후 2년에서 약 7세까지)
- 4단계 : 스포츠와 관련된 동작(7세 이후 청년기까지)

① 반사적 움직임(reflexive movement)

태아, 신생아기 : 신생아가 모체 밖의 생활에 적응하는 시기

ㄱ. 발달 특성

- 태변의 배출이 끝나고 탯줄이 탈락, 황달기나 생리적 체중 감소가 회복(생후 1주간)
- 해부학적으로 간장에 있어서 정맥관이 완전히 위축하여 동맥관이 폐쇄됨으로써 소순환과 대순환이 분리됨(생후 2주간)
- 혈액의 물리 · 화학적 변화가 서서히 일어나고 일정하게 되어가는 1~2주간, 생후 4주간을 신생아기로 간주(W.H.O)
- 수면 시간 19시간(80%), 각성이나 운동에 소비하는 시간 3시간(11.3%)

ㄴ. 유 형

- 빨기(흡수) 반사(sucking reflex)
- 모로 반사(Moro reflex)
- 파악 반사(grasping reflex)
- 바빈스키 반사(Babinsky reflex)

② 기초적인 움직임의 기술(fundamental motor skills)

유아기(생후 1~2년까지)

ㄱ. 발달 특성

- 신생아기를 지나 생후 약 2년까지

- 모유에 의해서 양육하는 기간
- 반사 운동이나 충동 운동들은 사라지고 그 대신에 앉고 일어서고 걷기와 같이 중추 신경에 의해서 지배되고 조종되는 운동이 가능하게 되어 목적적 능동 운동
- 걷는 운동까지의 발달 과정
  - 먼저 목의 윗부분부터 자유스럽게 된다.
  - 다음은 어깨와 팔로써 상체를 지탱하게 된다.
  - 동체와 허리가 발달함으로써 앉게 된다.
  - 다리 부분이 발달하여 서고 걷게 된다.

유아기(2~6세)

ㄱ. 발달 특성

- 골격이나 근육의 발달과 더불어 신경에 의한 신경 지배 능력 증대, 여러 가지 종류의 협응 동작이 가능
- 2세에서 6세까지의 유아기에는 초보적인 움직임에서 좀 더 다양한 기본 동작을 수행하는 단계로 자세를 굽히고 흔드는 등의 비이동 움직임, 던지기 · 달리기 · 받기 등의 기초적인 움직임을 수행할 수 있게 된다. 이 단계는 움직임 교육이 중요한 영향을 미치는 시기로 유연성이 발달하는 시기이기도 하다.

③ 기능의 장벽 (proficiency barrier)

기초적 운동 단계에서 과도기적 운동 단계로 넘어가기 전에 거치는 단계로 기초적 운동 기술까지는 특별한 교육이 없어도 획득할 수 있지만, 이 시기부터는 교육과 학습을 통해서 그 다음 단계를 획득할 수 있음을 강조한다.

④ 과도기적 운동 기술 (transitional motor skills)

실제 스포츠를 행하기 전의 단계로 스포츠의 기술을 부분적인 움직임으로 습득하는 단계이다. 기초적인 움직임의 단계가 상대나 경쟁자가 없는 혼자의 움직임인 반면에, 과도기적 운동 기술의 단계에서는 복잡하지는 않지만 상대와 경쟁을 하거나 정해진 규칙에 따른 움직임을 동반한다. 즉, 전 단계는 공간적 제약만

을 받는 움직임이지만 과도기적 기술은 줄넘기 등과 같이 시간적 제약에 따라서 움직여야 하는 기술이다.

⑤ 스포츠나 무용과 관련된 움직임 (sport or dance-related movement)

유아기에서 청년기까지 지속적으로 발달하는 단계로 기초적인 동작을 정확하게 수행하고 세분화된 운동 능력을 가지게 된다. 나중에는 복합된 운동 기술도 습득하게 된다. 이 단계에서는 다양한 움직임과 함께 공간적 · 시간적 제약을 받을 뿐만 아니라 여러 가지 심리적 · 생리적 · 역학적 능력이 요구되는 단계이다.

(5) 신경 기능

① 신경 기능

신경 계통은 인체의 모든 신경 조직들을 포함하며, 인체의 한 부분에서 다른 부분으로 정보나 지시를 전달한다.

신경 계통의 기능은 내부 환경과 외부 환경의 지각을 전달, 지각 정보의 통합, 수의적 활동과 불수의적 활동의 조정, 말단 구조와 기관 계통의 조절 기능을 한다.

② 신경 계통의 구성

신경 계통은 중추 신경계와 말초 신경계로 나누어진다.

중추 신경 계통은 뇌와 척수로, 말초 신경 계통은 뇌 신경과 척수 신경으로 이루어져 있다. 별개의 기능적 범주로 분류되는 자율 신경 계통은 중추 신경 계통과 말초 신경 계통의 일부로 구성된다. 인체에서 신경 조직의 약 98%는 중추 신경계를 구성하는 뇌와 척수에 포함된다. 우리가 받아들이는 모든 정보는 감각 계통에 의해 뇌로 전달된다.

감각을 받아들이는 수요기는 주위의 물리적 · 화학적 자극을 뇌가 읽어서 해석할 수 있는 신경 자극으로 바꾸는 역할을 한다. 이 신경 자극들이 뇌로 들어가 통합과 조정 기능을 거쳐 여러 작용을 하게 된다. 이러한 기능들로는 집중, 의식, 정서적 경험, 수면 등이 있고 또한 기억, 상상, 사고, 창조력과 같은 고도의 신경 기능도 중추 신경계의 기능이다.

이외에 뇌는 많은 종류의 운동 활동, 내장, 내분비 및 체성 기능의 조절과도 관련이 있다. 말초 신경 계통은 중추 신경 계통 이외의 모든 외부의 신경 조직을 포함한다. 말초 신경 계통은 중추 신경 계통과 내부 · 외부 환경 사이를 연결시켜 주며, 정보를 중추 신경계로 전해 주는 감각 요소와 말초 조직으로 명령을 전달하는 운동 요소로 나누어진다.

중추 신경 계통과 말초 신경 계통의 구조는 단순히 신경 조직의 덩어리만은 아니며 신경계는 산소와 영양분을 전하는 혈관과 물리적인 보호와 지지를 해주는 결합 조직을 포함하는 복잡한 기관 계통이다. 그럼에도 불구하고 신경계의 다양하고 중요한 기능들은 개개의 신경원들에 의해 수행되며 다른 세포들과 구조들은 신경원들이 완전하고 정확한 기능을 할 수 있도록 도와주는 역할을 한다.

③ 유아기 신경 기능의 특징

유아기에는 신체 움직임의 기초 기능을 습득하는 과정이 무엇보다도 중요하다. 신체의 움직임을 총괄적으로 지배, 조정하며 명령하는 것은 대뇌의 임무로서 신경계의 작용 없이는 어떠한 신체 활동도 원활하게 수행될 수 없으며 동작조차 할 수가 없다.

신체의 기관은 역할이 고도로 분화되어 있을수록 느리게 발달되는데, 최고의 중추라 일컫는 대뇌가 가장 늦게 발달하고 척수는 가장 빠르게 발달한다. 유아의 경우, 성인에 비하여 대뇌의 기능 중에 평행성, 속도 정확성 등은 약간 미흡하지만, 어지러움이나 멀미 같은 것은 성인보다 강점을 보이게 된다.

또한 신경 기능의 발달은 유아기에 가장 현저하며 민첩성(agility, 지각 운동의 반응 속도)과 협응성(coordination)의 발달이 특히 뚜렷하다. 이것은 수초 성장(myelination)이 이루어지면 반응 속도가 빨라지므로 운동을 잘 수행할 수 있다.

성장은 어린 시기에 급속히 일어나지만, 사춘기를 지나서까지 지속된다. 그 중 평형성(balance, 균형을 이루는 것)의 기능만이 비교적 느리게 완성하는 편이지만, 대체로 신경계는 유아기에 커다란 발달을 한다. 이러한 현상은 곧 기능 향상의 밑바탕이 될 수 있다는 것을 말해 주는 것이다. 따라서 유아기에 운동 경험을 풍부히 하여 신경 기능의 향상과 더불어 민첩성, 협응성, 평형성 등을 몸에 익히도록 유념해야 할 것이다.

(6) 순환 기능

① 순환 기능

우리 인체는 영양분 공급과 노폐물 배설의 통로를 필요로 하고 있다. 따라서 우리 몸의 내부에는 수많은 관이 분포되어 있고, 그 속에는 체액이 항상 일정한 방향으로 흐르고 있는데, 이를 순환이라고 한다.

순환되는 관 내에는 혈액과 림프가 흐르고 있으며 혈액과 림프는 서로 독자적인 혈관과 림프관을 가지고 있다. 이와 같이 신체 내에서 순환의 기능을 담당하고 있는 기관들을 합쳐서 순환기 계통이라고 한다. 순환기 계통의 구성은 혈관계통과 림프 계통으로 나눌 수 있다. 혈관계는 동맥, 정맥과 심장으로 구성되며 심장은 수축과 이완을 계속하여 동맥과 정맥 내의 혈액을 일정한 방향으로 순환시킨다. 림프계는 림프관, 림프절과 독립된 림프 기관인 편도, 비장 및 가슴샘으로 구성되어 있다.

② 심장

심장은 신체의 각 부위로 혈액을 수송하며 혈액량을 조절하여 각 기관으로 보내는 작용을 한다. 심장에서 나온 혈액인 동맥을 지나 모세혈관을 거쳐 정맥을 통해 다시 심장으로 들어오면 한 순환이 끝나게 된다. 그러나 심장은 끊임없이 수축과 이완을 계속하며 혈액을 방출시키지 않으면 안 된다. 이와 같이 심장은 한 개의 펌프와 같은 기능을 갖고 있으며 건강한 성인의 심장은 1분에 약 5ℓ의 혈액을 방출한다.

심장의 내부 구조는 좌심방, 우심방, 좌심실, 우심실로 나누어져 있다.

[혈액의 순환]

- 전신 순환 : 좌심실 → 대동맥 → 소동맥 → 모세혈관 → 신체의 각 부분으로 운반 → 소정맥 → 정맥 → 대정맥 → 우심실로 되돌아오는 순환
- 폐 순환 : 폐에서 이산화탄소를 내보내고 산소를 받아들이는 역할을 수행하는 순환으로 우심실 → 폐동맥 → 폐 → 폐포에서 산소와 이산화탄소를 교환 → 폐정맥 → 좌심방으로 되돌아오는 순환

③ 유아의 1회 심박출량

심장의 1회 심박출량은, 즉 1회의 수축 동안 좌심실에서 나오는 혈액의 부피는 아동기 및 청소년기 동안 상당히 증가한다. 출생시에는 약 3~4mℓ이다가 청소년기 직전이나 휴식기 직전에는 평균 약 40mℓ로 10배가 증가한다.

청소년의 급성장 동안에는 1회 심박출량이 상당히 증가하며 젊은 성인 남자의 휴식시 약 60mℓ에 이른다. 심박출량(cardiac outputs)은 1분당 좌심실의 산출량이다. 1회 심박출량의 값과 앞에서 설명한 휴식시의 심박수가 주어졌을 때 신생아의 심박출량은 분당 약 5mℓ/min이다. 심장의 오른쪽에 있는 우심실은 더 작은 압력이 가해지는 일을 할지라도 좌심실과 비슷한 1회 심박출량과 특성을 가진다.

④ 심박수

혈액을 박출하기 위하여 심장이 수축하는 횟수를 심박수라고 한다. 유아는 박출량이 적기 때문에 이를 보충하기 위해서 심박수가 성인에 비해 많다.

심박수는 심전도에 의해서 정확히 산출할 수 있다. 그러나 일반적으로는 손목의 요골 동맥에서 그 파동을 감지하여 세어볼 수도 있다.

안정시에 있어서 유아의 맥박수(분당)는 다음과 같다.

신생아 : 120~160	유 아 : 20~140
2세아 : 110~120	3세아 : 100~110
4세아 : 95~105	5세아 : 70~90
성 인 : 60~70	

⑤ 혈 압

동맥 혈압에는 심장이 수축할 때 발생하는 최고 압력과 이완할 때 발생하는 최저 혈압은 연령에 따라 상승한다. 일반적으로 최고 혈압은 140mmHg, 최저 혈압은 90~95mmHg 정도를 정상치로 보고 있다. 혈관이 단단해진다든지(동맥경화

증), 모세혈관이 수축하거나 심장에서 1분간 박출량이 증가하면 혈압은 높아져 고혈압이고, 그 반대일 경우에는 저혈압이다.

유아의 성장기 동안에 심장 증가는 신체 크기에 관련되어 있는데, 즉 심장 크기는 신체 크기와 정비례한다.

신생아의 심장 수축 혈압은 40~75mmHg이며 유아기에서 심장 수축의 혈압은 80mmHg이고 심장 확장 혈압은 약 50~55mmHg에 이른다.

또한 심장은 휴식 상태에도 더 많은 일을 수행하도록 점진적으로 적응한다. 심박수는 출생과 성숙기 사이에 약 50%가 감소하며 박출량은 약 10배나 증가한다. 전신의 심장 저항은 아동기 및 청소년기 동안 계속적으로 증가한다. 그래서 유아들이 신생아에서 성인으로 성숙하는 과정에서 휴식시 심장 근육 순발력의 산출량은 매우 많이 증가한다.

(7) 호흡 기능

[영유아의 호흡기 발달 수준]

- 맥박과 호흡

호흡 기능은 인간의 생명을 유지하는 데 있어서 가장 기본적인 역할을 하며, 호흡수나 폐활량*으로 그 정도를 알 수 있다. 호흡 상태는 호흡수에 의하여 표현되는데, 안정시 1분간 호흡수는 신생아의 경우 30~60회이며, 연령에 따라 급격히 감소하여 1세는 30~40회, 2세는 25~30회, 4~5세는 20~25회, 성인의 경우 16~18회 정도로 그 횟수가 변한다.

심장이나 폐는 초등학교 시기를 거치면서 근육의 성장과 거의 같은 비율로 성장한다. 맥박과 호흡의 비율은 점차적으로 1학년을 지나면서 낮아지기 시작해서 9세가 되면 맥박률은 1분에 90회 정도가 되며 호흡률은 대략 1분에 20회 정도이다. 이 시기의 특징은 쉽게 피로해지며 빨리 회복되는 것이다. 12세가 되면 맥박률은 정상적인 아동의 경우 1분에 80~90회이고 호흡률은 1분에 15~20회가 된다. 9세에서 12세 사이의 여자 아동의 경우에 호흡수는 맥박수의 25% 정도이고 과격한 놀이를 할 때의 호흡수는 평상시의 약 7~10배에 달한다.

[표 3-1] 연령별 맥박 · 호흡수

1분당(회)	영아기	유(乳)아기	유(幼)아기	학동기	성인기
호흡수	30~40	25~30	20~25	18~20	18
맥박수	120~140	100~120	90~100	80~90	70

- 심폐계

유아 심폐계의 주된 변화는 유아기의 빠른 심박수와 호흡수가 5세까지는 급속히 그리고 그 이후에는 다소 완만히 감소한다는 것이다. 유아기에 130여 회이던 심박수는 5세까지 30회 정도로 감소하고 성인기까지는 20회 정도로 감소한다. 호흡수도 유아기에는 35회 정도이지만, 5세까지 25회 정도로 감소하고 성인까지는 6~7회 정도로 감소한다. 즉, 유아 시기 심폐계의 발달이 이루어질 때에는 5세 이전에는 급격하고 이후에는 심폐계의 발달이 완만히 이루어진다. 그러나 5세 이후의 변화도 다른 연령층에 비해서는 높은 수준이다.

[영유아 시기의 호흡기 질환]

- 호흡기 질환의 종류

모세기관지염, 폐렴, 비염, 인두염

- 호흡기 질환의 예방
  - 집 안을 쾌적하게 하는 것이 좋다.
  - 습도를 유지(50~60% 정도)하도록 한다.
  - 두꺼운 옷보다는 얇은 옷을 껴입히고 자주 갈아입히는 것이 바람직하다.
  - 수분을 많이 섭취하게 한다.
  - 가능한 사람이 많이 모이는 곳으로는 외출을 삼간다.

* 산소를 들이마시고 내뱉는 양의 폐활량은 유아가 호흡을 조절할 수 있는 능력이 익숙하지 않기 때문에 6세 정도 유아의 경우 측정하기 전에 충분한 시간적 여유를 가지고 그 방법을 연습시킨다면 비교적 정확하게 측정할 수 있다. 6세 유아 폐활량의 평균치는 1000cc이고, 성인 여성의 경우 3200cc로써 35% 정도의 양밖에 안 된다. 보통 성인 남성의 경우, 폐활량은 4000cc 정도로 여성보다 높다.

① 폐의 발달과 성장

폐 조직은 태어나서 급속히 성장하고 호흡기 기능은 점진적으로 성숙한다. 인간의 폐 무게는 출생시에는 약 60~70g이며 성숙하기 전까지 약 20배의 크기로 증가한다. 체중과 정비례적으로 성장하는 심장과는 대조적으로 폐의 출생 후에 성장은 신장과 거의 비례적으로 성장한다.

세포 숫자는 출생시에는 약 2,000만 개이며, 8세에는 성인과 비슷한 약 3억 개로 증가한다. 폐 용적은 폐 크기보다 훨씬 더 크다. 신생아의 폐는 조직의 g당 약 3㎖의 공기를 빨아들일 수 있으며 성인은 약 8~10㎖ 공기를 빨아들일 수 있다.

② 호흡 기능

호흡이란 신체에 산소를 공급하고 이산화탄소를 제거하는 것이며 산소와 폐 조직에서 이산화탄소를 교환함으로써 기도나 폐에 이상이 없는 한 지속적으로 이루어진다. 즉, 대기와 폐 사이에 있는 공기의 움직임으로 산소를 세포에서 모세혈관 내의 적혈구에 결합하여 혈액 순환을 통하여 대뇌 및 각 조직으로 공급하며, 반대로 체내 조직의 대사 작용으로 생성된 이산화탄소는 혈액에서 세포로 나와 내쉬는 공기를 통해 배출하는 것을 말한다.

호흡기 과정은 2개의 요소를 가지고 있는데, 첫째는 유아와 중간의 환경적 공간 사이에 산소와 이산화탄소를 운반해 주는 주요 기능을 하는 폐이다. 이 과정에서 흡입된 산소는 폐로 들어가 헤모글로빈을 묶는 순환에 의해 폐에서 확산된다.

둘째는 신체 조직의 여기 저기로 혈액 속의 가스를 운반하는 것이다.

살아있는 세포는 산소를 흡수하고 이산화탄소를 방출한다. 산소와 이산화탄소를 운반하는 계통이 호흡기 계통이며 폐에서 산소와 이산화탄소를 교환하여 말초 조직까지 산소를 공급하는 역할을 한다. 폐에서 가스의 확산은 모세혈관의 벽을 통하여 이루어지며 폐 표면의 가스 교환 면적은 140㎖ 정도로, 전체 체표면적의 80배 정도나 된다. 일부 동물들, 즉 물고기는 피부를 통하여 산소를 흡입한다. 그러나 이러한 어류는 육상에서는 아가미가 노출될 경우가 많으며 호흡기 계통의 허탈, 증발, 탈수에 의한 혈액의 손실 등을 초래할 수 있다.

따라서 우리 몸에 있는 호흡기 계통의 산소 교환 면은 따뜻하고 축축해서 항상 환경에 적응할 수 있게 만들어져 있다.

- 외호흡 : 코와 입, 기도, 기관, 폐
- 내호흡 : 폐, 신체 각 조직

③ 호흡 조절

호흡 조절의 메커니즘은 다음과 같다.

- 두뇌 줄기 안의 호흡기 중심
- 미주 신경을 통하여 자기 자신의 자극 수용을 전달하는 폐 속의 수용기
- 혈액의 이산화탄소 증가와 혈중 ph 감소로 자극받는 중앙의 화학 감각기와 두뇌 줄기의 호흡기 중심

또한 관절뿐만 아니라 횡경막, 늑골근, 척추의 신전근, 복부 및 기타 근의 충격은 특히 운동하는 동안 호흡 운동의 조절에 참여하고 있다.

④ 호흡기 계통의 기능

첫째, 산소 교환을 위한 넓은 면적의 제공

둘째, 산소 교환을 위한 공기의 이동 경로

셋째, 공기와 접촉하는 부분의 탈수, 온도 변화, 환경적 요인으로부터의 보호

넷째, 병균 침투로부터의 보호 기능이 있다.

그 외에도 음성의 발생, 즉 사람에게서는 소리를 낼 수 있는 기능을 가지고 있다.

⑤ 호흡기 계통의 구성

호흡기 계통의 구성은 코(외비, 비강)－인두－우두－기관－기관지－폐(가스 교환)와 같다.

호흡 기능은 인간의 생명을 유지하는 데 있어서 가장 기본적인 역할을 하며, 호흡수, 폐활량, 폐환기량으로써 그 정도를 알 수 있다.

호흡 상태는 호흡수에 의하여 표현된다. 즉, 안정시 1분간의 호흡수는 신생아의 경우 30~60회이며, 연령에 따라 급격히 감소되는데, 1세는 30~40회, 2세는 25~30회, 4~5세는 20~25회, 성인의 경우 16~18회 정도로 그 횟수가 변한다.

호흡수는 맥박수의 1/4 정도이고 과격한 놀이를 할 때는 호흡수가 평상시의 약 7~10배에 달한다.

산소를 들이마시고 내뱉는 양인 폐활량은 유아가 호흡을 조절할 수 있는 능력이 익숙하지 않기 때문에, 6세 정도 유아의 경우에는 측정하기 전에 충분한 시간적인 여유를 가지고 그 방법을 연습시키면 비교적 정확하게 측정할 수 있다. 6세 유아의 폐활량의 평균치는 1000cc, 성인 여성의 경우 3200cc로 1/3 정도의 양밖에 안 된다.

2 신생아기

(1) 신생아란?!

모체로부터 분리된지, 즉 출생한지 얼마 되지 않은 상태의 기간을 말한다. 세계보건기구(WHO)에서는 생후 만 28일 미만인 아기를 신생아로 정의하여 사용하고 있으며 학문적으로는 생후 1주일 동안을 조기 신생아기, 그 뒤 4주일 동안까지를 후기 신생아기로 구별한다.

(2) 신체적 특징

평균 신장은 50~53cm 정도이고 체중은 3.2~3.4kg 정도이며 남아가 여아보다 약간 우세하다. 신생아의 신체 비율을 보면, 신장은 성인의 1/3~1/4 정도이며 머리는 크고 상체는 길며 하체는 비교적 짧고 팔이 다리보다 긴 것이 특징이다. 이러한 신체적 발달은 연령이 증가함에 따라 일정한 순서, 즉 머리에서 하체로, 중심에서 주변으로 발달해 나간다. 신생아의 두개골에는 상호 간에 봉합이 불충분하여 2개의 부드러운 부위, 즉 숫구멍이라는 것이 존재한다. 전방에 있는 것을 대천문이라 하는데, 이것은 생후 16~18개월경이 되면 완전히 밀폐된다. 그리고 신생아는 출생 후 첫 울음을 통하여 공기가 폐로 들어가면서 비로서 산소의 독립적 흡입이 가능하고 동시에 폐순환도 시작된다.

신생아의 심장박동은 어른보다 빠르고 불규칙하며 속도는 1분에 120~160회 정도이고 출생 후 4~5일이 지나면 약간 느려진다.

어머니 뱃속에 있는 동안에는 탯줄을 통해 산소를 공급받고 이산화탄소를 배출하였으나 어머니 몸 밖으로 나온 후 신생아는 더 많은 산소가 필요할 뿐 아니라 혼자서 구해야 한다. 출생 즉시 신생아는 허파벽에 있는 공기주머니를 팽창시켜서 산호를 흡입한다. 출산할 때 아기의 울음은 최초의 호흡으로 1분당 35~45회 호흡하며 어른의 두 배이다. 신생아의 호흡은 일반적으로 얕고 불규칙하며 딸꾹질과 재채기를 하기도 한다.

신생아의 체온은 성인보다 다소 높은 37~37.5℃이다. 신생아는 체온 조절이 잘 되지 않기 때문에 춥다고 많이 덮어 주면 금방 따뜻해지고 많이 입히지 않으면 몸이 금방 차가워진다. 이렇게 아기는 스스로 체온 조절을 못하기 때문에 아기를 따뜻하게 유지해 줄 필요가 있으므로 실내 온도를 자주 점검하고 아기가 어느 정도로 옷을 입고 있을 때 편안해 하는지 살펴보아야 한다.

신생아는 출생과 함께 모유나 우유를 먹게 되는데, 모유의 경우 우유에 비하여 영양학적으로 우수하며 소화 흡수가 쉽고 설사, 변비 등의 수유장애가 적고 어머니와의 밀접한 피부 접촉을 통해 정서적 안정감을 부여해 주며 항체나 면역체를 다량으로 보유하고 있어서 질병에 대한 저항력을 길러 주는 이점이 있다. 특히 출산 후 1~2일 사이에 나오는 초유는 영양이 풍부할 뿐만 아니라 질병에 대한 저항력을 높여 주기 때문에 가급적 초유만큼은 먹이는 것이 좋다. 신생아는 생후 1~2일경에 검고 끈적끈적한 태변을 보게 되며, 모유를 먹는 경우는 하루 3~4회, 우유를 먹는 경우는 하루 1~2회의 변을 보며 하루 10회 정도 소변을 본다.

신생아의 운동은 전신 운동과 신체 특정 부위 운동으로 분류할 수 있다. 신경근육 계통의 미분화로 인하여 생후 10일 동안은 전신 운동이 가장 활발하게 이루어진다. 신체 특정 부분의 특수 운동은 다음과 같은 것들이 있다.

[표 3-2] 반사 운동

반사 유형	자극	반응	사라지는 시기	중요성
찾기 반사	입 주변의 뺨을 건드린다.	머리는 자극을 준 쪽으로 돌린다. 입을 벌린다.	3주	젖꼭지를 찾게 한다.
빨기 반사	아기의 입에 손가락을 댄다.	손가락을 규칙적으로 빤다.	영구적 반사	젖을 빨게 한다.
수영 반사	물속에 아기의 얼굴을 담근다.	수영 동작으로 손을 휘젓고 다리를 버둥거린다.	4~6개월	물속에 빠졌을 때 생존하는 데 도움을 준다.
바빈스키 반사	발바닥을 건드린다.	엄지발가락은 위로 치켜들고 다른 발가락은 부채꼴로 벌어진다.	8~12개월	알려지지 않음
모로 반사	아기의 등을 수평으로 받힌 채 갑자기 머리를 떨어뜨리거나 또는 갑자기 큰 소리를 낸다.	팔과 다리를 벌리고 손가락을 펴며 마치 무엇을 껴안으려고 하는 자세를 한다.	6개월	진화 과정에서 어머니에게 매달리도록 한다.
파악 반사	아기의 손바닥을 손가락으로 누른다.	어른의 손가락을 자동적으로 쥔다.	3~4개월	자발적으로 잡기를 훈련한다.
걷기 반사	아기의 팔 밑을 잡고 평평한 곳에 맨발이 닿게 한다.	걷는 것처럼 발을 교대로 움직인다.	2개월	자발적인 걷기를 준비시킨다.
눈깜박임 반사	아기의 눈에 밝은 빛을 비춰준다. 머리 가까이에서 손뼉을 친다.	눈꺼풀을 빨리 닫는다.	영구적	강한 자극으로부터 보호한다.
목강직 반사	등을 바닥에 대고 눕히고 머리를 한쪽으로 돌린다.	한쪽 팔은 머리가 향하고 있는 방향 앞으로 펴고 다른 팔은 구부리며 마치 펜싱 자세를 한다.	4개월	자발적인 뻗기를 준비시킨다.

이와 같이 주로 뇌 간에 의해 통제되는 20여 가지의 무의식적 반사 운동과 관련되어 있다. 이러한 신생아의 반사 운동은 대뇌피질의 발달과 함께 점차 의식적이고 자발적인 운동으로 대치되어 나간다.

3 영아기

(1) 영아기란

영아기는 4주후부터 24개월까지는 영아기라고 한다. 영아기는 신체 및 운동 발달에 있어서 '성장 급등기' 라고 불릴 만큼 빠른 발달이 이루어진다. 언어 발달에 있어서도 다른 사람과의 의사소통이 이루어질 수 있을 정도로 발달한다. 또한 사회성 발달에서는 다른 사람과 원만한 관계를 맺기 위한 기초로 부모와의 안정된 애착을 형성하는 것이 필요한 시기다. 전반적으로 이 시기는 인지발달을 포함한 모든 영역에서 균형적이고 긍정적인 발달을 위해서 새로운 것을 많이 접하고 경험하는 것이 중요하다.

[표 3-3] 신장과 체중의 변화(신생아~유아기)

나이	남				여			
	체중 (kg)	신장 (cm)	두위 (cm)	흉위 (cm)	체중 (kg)	신장 (cm)	두위 (cm)	흉위 (cm)
출생시	3.40	50.8	34.6	33.4	3.30	50.1	34.1	33.1
1(1~2개월)	4.56	55.2	37.3	36.7	4.36	54.2	36.6	36.1
2(2~3)개월	5.82	59.0	39.2	39.7	5.49	58.0	38.5	38.9
3(3~4)개월	6.81	62.5	40.7	41.7	6.32	61.1	39.9	40.6
4(4~5)개월	7.56	65.2	41.9	42.7	7.09	63.8	41.0	41.7
5(5~6)개월	7.93	66.8	42.8	43.4	7.51	65.7	41.9	42.5
6(6~7)개월	8.52	69.0	43.7	44.1	7.95	67.5	42.6	43.1
7(7~8)개월	8.74	70.4	44.1	44.7	8.25	69.1	43.2	43.7
8(8~9)개월	9.03	71.9	44.7	45.3	8.48	70.5	43.8	44.3
9(9~10)개월	9.42	73.5	45.2	45.9	8.85	72.2	44.4	44.8
10(10~11)개월	9.68	74.6	45.7	46.4	9.24	73.5	44.7	45.4
11(11~12)개월	9.77	76.5	46.1	47.0	9.28	75.6	45.4	45.9
12(12~13)개월	10.42	77.8	46.4	47.4	10.01	76.9	45.6	46.6

나이	남				여			
	체중 (kg)	신장 (cm)	두위 (cm)	흉위 (cm)	체중 (kg)	신장 (cm)	두위 (cm)	흉위 (cm)
15(15~18)개월	11.00	80.1	47.1	48.0	10.52	79.2	46.2	47.2
18(18~21)개월	11.72	82.6	47.7	48.7	11.23	81.8	46.8	47.9
21(21~24)개월	12.30	85.1	47.9	49.4	12.03	84.4	47.2	48.6
2(2~2.5)년	12.94	87.7	48.4	50.0	12.51	87.0	47.7	49.1
2.5(2.5~3)년	14.08	92.2	49.4	51.2	13.35	90.9	48.4	49.9
3(3~3.5)년	15.08	95.7	49.6	51.9	14.16	94.2	48.7	50.5
3.5(3.5~4)년	15.94	99.8	50.0	52.3	15.37	98.7	49.1	51.4
4(4~4.5)년	16.99	103.5	50.4	53.3	16.43	102.1	49.6	52.3
4.5(4.5~5)년	17.98	106.6	50.8	54.2	17.31	105.4	49.9	52.8
5(5~5.5)년	18.98	109.6	50.8	55.0	18.43	108.6	50.0	53.7
5.5(5.5~6)년	20.15	112.9	51.0	55.9	19.74	112.1	50.3	54.8

(2) 운동 발달 특징

운동 기능에는 팔 움직임이나 걷기와 같이 큰 근육을 사용하는 대근육 운동과 손움직임과 같이 작은 근육을 사용하는 소근육 운동이 있다.

① 대근육 운동

영아는 출생 후 바로는 가슴과 팔은 조절할 능력이 없다.

(1개월) 머리를 앞으로 올릴 수 있다. → (3개월) 가슴을 올리고 균형을 잡기 위해 팔을 사용할 수 있다. → (3~4개월) 몸을 뒤집을 수 있다. → (6개월) 도움 없이 앉을 수 있다. → (7~8개월) 기어 다니며 도움 없이 설 수 있다. → (8개월) 혼자 일어설 수 있다. → (12~13개월) 도움 없이 걸을 수 있다.

이러한 양상은 대략적인 것이며 영아마다 개인차가 난다. 그러나 어느 영아나 동일한 순서를 거치며 이는 영아들의 독립성이 점차 증가한다는 것을 보여주는 것이다.

② 소근육 운동

태어나면서 신생아는 소근육을 전혀 조절하지 못하지만 점차 팔과 손, 손가락의 움직임이 정교해진다. 손을 뻗어 물건을 잡을 수 있게 되면서부터 영아와 환경과의 기능적 상호작용은 급격히 증가하게 된다.

③ 감각과 지각의 발달

지각 능력은 인지 능력의 기초가 되며 영아기에 급속하게 발달하는 능력이다. 지각 발달의 특징 중 하나는 감각 기관의 감수성이 증가하는 것이고 다른 하나는 정보를 기억하고 해석하는 능력이 증가한다는 것이다. 특히 지각 정보에 기초가 되는 지각 경험은 생후 6개월부터 중요한 역할을 한다.

영아의 시각 능력은 제한되어 있으나 기본적인 시각 능력은 지니고 있다. 신생아는 사물을 제대로 응시할 수 없으나 1개월쯤 되면 응시가 가능해지며 2개월이 지나면 수평 투시, 그 이후에는 수직 투시가 가능하다. 4개월이 되면 사물을 따라가면서 볼 수 있는 원형 투시가 가능하며 또한 이후에는 가까운 곳에 위치한 목표물을 응시할 수 있다. 영아의 청각 능력은 출생시에는 제한되어 있다가 점차적으로 발달한다. 영아는 사람의 목소리에 먼저 반응을 보이며, 3개월경에는 세기나 진동수가 다른 소리에 신속한 반응을 나타낼 수 있다.

제4장

체력이란

1 체력의 정의

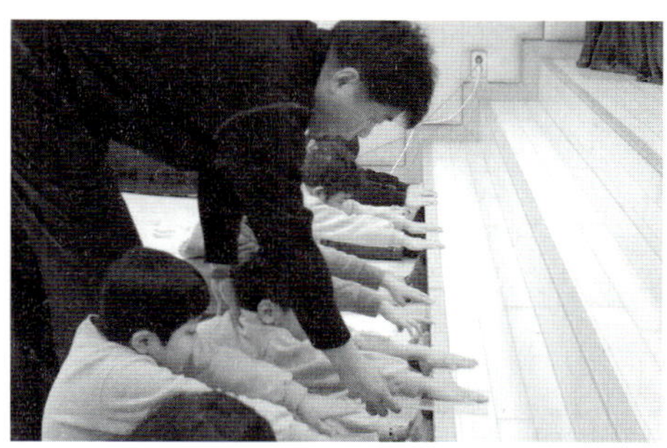

체력의 용어는 영어로 'physical fitness, motor ability, motor performance, motor skill, athletic', 독어로 'leistyrgsahrgkit', 불어로 'physicl aptiotude' 등으로 사용되듯이, 학자에 따라 목적 · 방법의 가치에 대한 견해를 달리하기도 한다. 일반적으로 체력이란 용어는 'physical fitness'를 많이 사용하고 있으며 신체 적성이라고 번역하고 있다. 'fitness'는 넓은 의미를 가진 말로서 건강이라는 의미와 적성이라는 의미도 있다. 체력은 외계의 스트레스에 대항하여 생명을 유지하는 신체의 방위력과 적극적으로 외계에 동작하는 행동력을 말한다.

이러한 체력의 용어에 대해서 Ishiko(1970)는 신체 · 사회적인 측면 모두를 가르키는 포괄적인 의미로 해석했다. Cureton(1970)은 삶을 보람찬

인생으로 만들어 주는 모든 활동의 근원으로 생각하여 인생을 지적인 생활, 정신적인 생활, 직장 생활, 성 생활, 사회 활동 등의 많은 가지로 되어 있는 나무로 비유하면서 이들 많은 가지를 지탱하여 주는 나무의 동체(thunk of a tree)가 바로 체력이라고 하였다. Chark(1967)는 체력을 과도한 피로감 없이 정력적으로 민첩하게 매일의 업무를 수행할 수 있는 능력 또는 충분한 에너지를 가지고 여가를 즐기거나, 예견할 수 없는 긴급한 일을 맞이했을 때 이에 대처할 수 있는 능력으로 정의하였다. 그는 또한 체력은 신체적 결함으로 일을 해내지 못할 환경하에서도 지속적으로 참고 견디며 일을 계속할 수 있는 능력이라고 설명하였다. 그리고 일상적인 일로 인해 피로하게 되지 않으며 생활을 열성적으로 지속하는 에너지가 결핍하지 않고 예기치 않은 신체 활동의 요구에 기진맥진 하지 않는 것이라고 하였다.

Nixon(1965)은 체력을 지나친 피로 없이 일상생활의 과업을 수행하고 나아가서 그에게 갑자기 다가온 일을 만족스럽게 대처할 수 있는 유기체의 능력이라고 하였고, Mathews(1978)와 Frank(1973) 등은 인간의 신체적 작업 능력의 정도로서 이해하고 있다.

McCloy(1954)는 신체 적성은 전체 적성과 같지 않으며 emotional, social, mental 등 전 유기체의 적성을 포함할 필요는 없다고 하였다. 또한 W.H.O.(1967)에서는 체력이란 주어진 상태에서 근육 운동이 요구되는 작업을 만족스럽게 수행하는 데 필요한 능력이라고 했으며 Kaprovich(1959)는 근육의 운동이 요구되는 특수한 과제를 수행하기 위한 적응력이라고 했고 Updyke와 Johnson(1970)은 신체적 작업이 요구되는 모든 기관의 양호한 신체적 조건과 기능이라고 했다.

학자에 따라 체력 개념에 대한 견해의 차이를 보이고 있다. 하지만 종합해 보면 체력은 피로 없이 일상생활에 있어서 작업을 수행할 수 있는 능력을 말하며, 특히 갑작스러운 위기나 사태에 충분히 적응할 수 있는 힘이나 에너지로서 효과적으로 신체 활동을 유지하는 능력을 의미한다고 할 수 있다. 그러므로 체력을 얻기 위해서는 적당한 신체 운동을 지속적으로 해야 한다.

2 체력의 구조

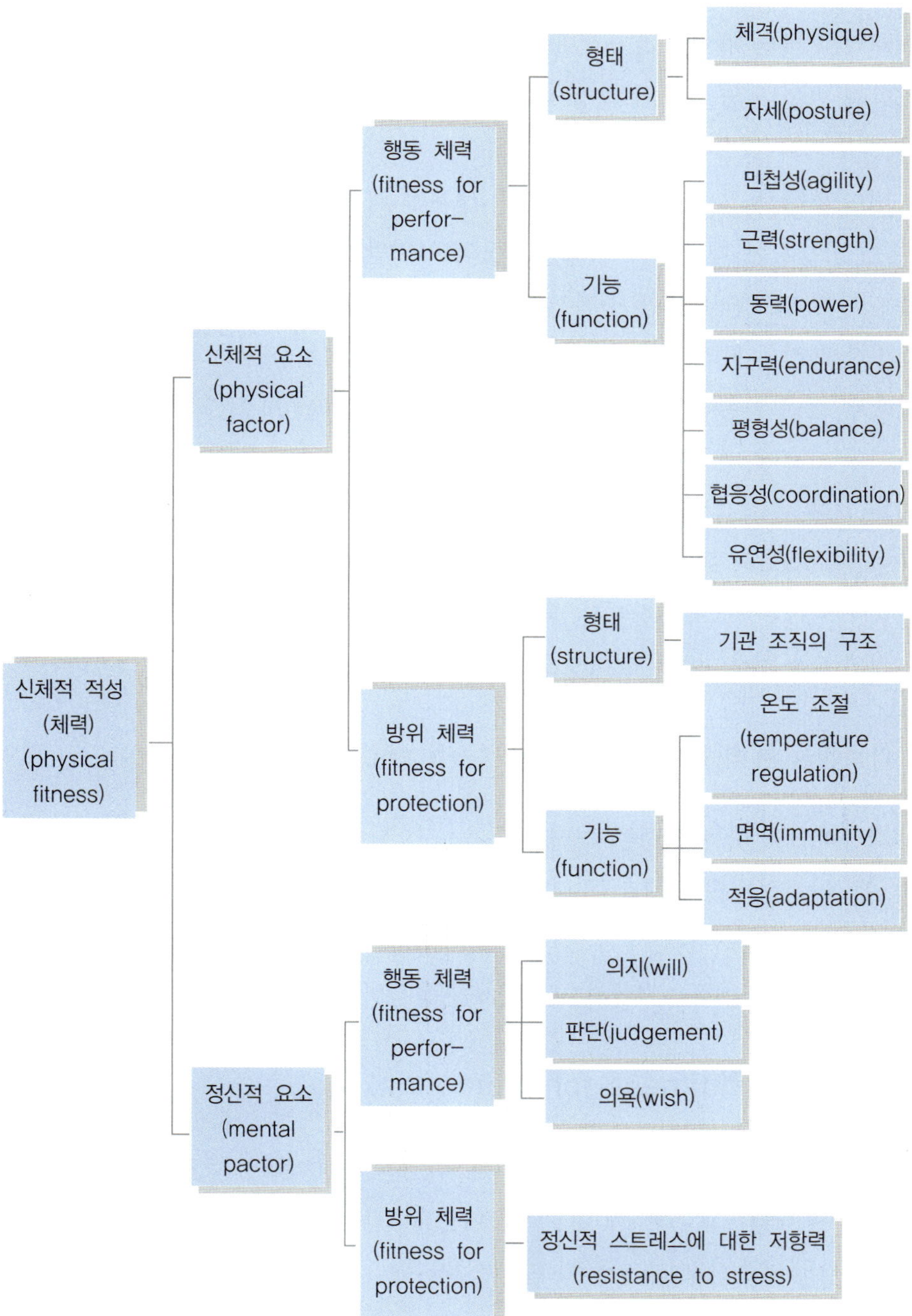
신체적 적성
(체력)
(physical
fitness)
신체적 요소
(physical
factor)
행동 체력
(fitness for
perfor-
mance)
형태
(structure)
체격(physique)
자세(posture)
기능
(function)
민첩성(agility)
근력(strength)
동력(power)
지구력(endurance)
평형성(balance)
협응성(coordination)
유연성(flexibility)
방위 체력
(fitness for
protection)
형태
(structure)
기관 조직의 구조
기능
(function)
온도 조절
(temperature
regulation)
면역(immunity)
적응(adaptation)
정신적 요소
(mental
pactor)
행동 체력
(fitness for
perfor-
mance)
의지(will)
판단(judgement)
의욕(wish)
방위 체력
(fitness for
protection)
정신적 스트레스에 대한 저항력
(resistance to stress)

3 체력의 요소

체력은 한두 가지의 요소로만 구성된 것이 아니다. 1990년대 초의 인자 분석적인 방법을 통해 체력의 구성 요소를 규명하기 위한 노력의 결과, 이들 요소들은 상호 간에 밀접한 관계를 가지고 있으며 약 70여 가지로 이루어졌다고 한다.

체력의 구성 요소별 분류는 고도의 전문적 체력 훈련을 실시하는 운동선수들을 대상으로 할 때에는 유용하게 사용되며 일반인을 대상으로 하는 생활 체력, 즉 생활에 필요한 체력을 증진시키고자 할 때에도 각 요소별 중요도를 고려하여 적절한 훈련을 통해 충분한 효과를 얻을 수 있다. 성인들이 큰 피로감 없이 적극적으로 직업 활동에 종사하면서 취미 생활이나 레크리에이션 활동에 참여하고 불의의 사고에 대처할 수 있는 생활 능력은 심폐 지구력을 핵심으로 하고 있다. 이는 호흡, 순환 기능의 향상과 성인병 예방과 비만 해소 그리고 생활에 활력을 불어넣는 정도의 체력 증진을 말한다.

이 장에서는 바로 전장에서 제시한 표에 있는 체력의 요소들과 그 외 몇 가지 체력의 요소들에 대해서 알아보도록 하자.

(1) 행동 체력(fitness for performance)

적극적으로 활동을 하는 의지 행동을 포함한 신체적 작업 능력이며 근육, 골격, 관절, 신경계를 주체로 한 기능으로 최종적으로 근육의 수축에 의한 행동을 유발하게 된다.

예 스포츠 현장에서 적극적으로 신체를 움직이는 것

(2) 방위 체력(fitness for protection)

외부 스트레스에 대해 적극적으로 신체 활동을 방어하며 유지하려고 하는 신체의 방위 능력으로, 질병에 견딜 수 있는 요소를 포함한 신체 능력이다. 주로 내장, 내분비, 자율신경계, 간 등이 관여한다.

(3) 신체적 요소의 행동 체력의 형태

① 체격(physique)

골격, 근육 및 피하지방 상태에 관해서 표시되는 신체의 외관적 형상이다.

② 자세(posture)

신체를 유지하는 모양으로 인간의 자세는 두부 · 척주 · 골반 · 하지 등에 부착하여 조절 역할을 하는 인대 근육의 협동 작용에 의하여 유지된다.

(4) 신체적 요소의 행동 체력의 기능

① 민첩성(agility)

빠른 동작으로 전신 동작이나 부분 동작의 형태나 방향을 빠르게 전환할 수 있는 능력을 의미한다. 운동에서 일어나는 자극에 대해 우선 중추신경계가 감지하고 통합하여 다시 말초 신경계에 의해 자극의 흥분을 효과기에 보내어 신체는 적절한 운동을 한다. 따라서 민첩성은 이러한 과정 속에서 신경 전달 속에 의해 좌우된다.

민첩성의 측정 방법으로는 전신 반응 테스트, 선택 반응 테스트, 손 반응 테스트, 발 반응 테스트, 사이드 스텝 테스트, 간이 왕복 달리기, 지그재그 런 테스트, 점프 스텝 테스트 등이 있다.

② 근력(strengty)

근력은 1회 최대 근수축을 통해 생산되는 힘으로서 근수축에 의해 발현되는 장력으로 근수축에 관련된 운동 단위이다. 또한 근섬유의 수와 근섬유에서 전도되는 자극의 빈도와 근단면적에 의해 영향을 받은 근력의 측정 방법으로는 악력, 배근력, 각근력, 완력 등이 있다.

③ 순발력(power)

최대한의 빠르고 순간적인 큰 수축에 의해 일어나는 파워를 의미한다. 따라서 동력을 순발력이라고도 하는데, Power=힘×속도=힘×거리/시간=작업량/시간으로 표시할 수 있다.

순발력의 측정 방법으로는 제자리 높이뛰기, 제자리 멀리뛰기, 계단 뛰기 테스트, 수직 점프 테스트 등이 있다.

④ 지구력(endurance)

일정한 작업을 장시간 계속할 수 있는 능력으로 지구력은 전신 지구력(general endurance)과 국소적 근지구력(muscular enduranc)으로 나눈다.

⑤ 평형성(balance)

평형성은 신체의 안정성을 유지하는 능력으로 관절 감각과 근육 감각에 의한 근육의 지각 반응과 시각 반응 등의 여러 가지 요소에 의해서 생기는 균형의 정도를 의미한다. 일반적으로 평형성은 정적 평형성과 동적 평형성으로 분리된다. 스포츠에서 평형성은 균형, 감각력, 안정성 등 중요한 역할을 하며 특히 체조, 스케이팅, 다이빙 등에서 매우 중요한 요인이다.

평형성의 측정 방법으로는 외발서기, 물구나무서기, 직선 보행 검사 등이 있다.

⑥ 협응성(cordination)

여러 다른 움직임을 종합하여 의도대로 어떤 특별한 움직임을 정확하고 원활하게 수행하는 능력이다.

⑦ 유연성(flexiblity)

유연성은 일반적으로 관절의 가동 범위에서 근육, 수축력, 관절과 인대의 발단 상태에 따라 좌우된다고 할 수 있다. 따라서 유연성은 운동 동작의 범위 또는 관절의 이완 정도를 의미하며 근육, 인대, 관절 사이의 상호 관계는 물론 성, 연령, 기온 등에 의해 크게 영향을 받는다.

유연성의 측정 방법으로는 체전굴, 체후굴, 몸통 유연성 검사, 발목 유연성 검사, 고관절 유연성 검사 등이 있다.

(5) 신체적 요소의 방위 체력의 구조

① 기관 조직의 구조

사람이 한 개체가 되기 위하여 인간의 신체에 분포하고 있는 신경계, 소화계 등의 기관과 그 기관 각각의 조직과 세포의 구조를 말한다.

② 온도 조절(temperature regulation)

뇌의 일부분인 시상 하부에서 인체의 자동 체온 조절기 구실을 하여 외부 온도의 높고 낮음에 상관없이 일정한 체온을 유지시키는 것이다.

③ 면역(immunity)

생체의 내부 환경이 외부 인자인 항원에 대하여 방어하는 현상으로 태어날 때부터 지니는 선천면역과 후천적으로 얻어지는 획득면역으로 구분된다.

④ 적응(adaptation)

생물의 형태나 기능이 환경 조건에 잘 적합하여 개체와 종족 유지에 도움이 되고 있는 것 또는 그와 같은 성질이 진화 과정에 의하여 성립되어 온 것을 말한다.

(6) 정신적 요소의 행동 체력과 방위 체력

① 의지(will)

특정한 목표를 달성하려는 인간의 의식적 노력을 가리킨다.

② 판단(judgement)

개개의 사실이나 의문에 대하여 단정하는 작용이다.

③ 의욕(wish)

무엇을 하고자 하는 적극적인 마음이나 욕망을 말한다.

④ 정신적 스트레스에 대한 저항력(resistance to stress)

생체에 가해지는 여러 상해(傷害) 및 자극에 대하여 체내에서 일어나는 비 특이적인 생물 반응인 스트레스로부터 우리 몸을 보호하고 견뎌내려는 힘을 말한다.

(7) 그 밖의 체력의 요소들

① 전신지구력(general endurance)

호흡 순환 계통에 영향을 주는 요인으로서 심장과 온몸에 혈액을 공급하는 혈관의 산소 운반 능력과 신체의 활동시 근력 활동을 뒷받침하는 에너지의 생산원이며 호흡 기능과 순환 기능의 상태이다.

② 근지구력(muscularendurance)

근지구력은 신체의 특정 근육의 일정 부화에 대한 근수축 지속 능력이나 동일한 운동 강도로 반복할 수 있는 능력을 의미한다.

근지구력 측정 방법으로는 턱걸이, 오래 매달리기, 팔굽혀펴기, 윗몸일으키기, 버피 테스트 등이 있다.

③ 근운동 감각 기능(kinesthetic perception)

후각, 미각, 촉각, 시각, 청각의 기본적인 다섯 가지 감각 이외에 신체가 인지하고 움직이는 데 관계되는 감각 능력을 말한다.

④ 심폐 지구력

심폐 지구력은 심폐 근육의 큰 부담을 느끼면서 극한적 상태하에서 운동을 지속하는 능력으로, 이런 극한적 상태를 잘 극복하고 작업 활동을 지속시킬 수 있는 것을 의미하는 것이다.

심폐 지구력의 측정 방법으로는 harvard-step 테스트, 트레드밀 등이 있다.

4 체력 측정 평가

(1) 유아 체력 측정 평가

체육 측정 평가란 체육 교육의 효과가 얼마나 나타났고, 또 어떤 점에 결정이 있는가, 그리고 학생들로 하여금 바람직한 변화를 가져올 수 있게 하기 위하여 어떠한 조건이 필요한 것인가 하는 것을 밝히는 수단이라고 할 수 있다. 따라서 체육 측정 평가는 학생들의 체육 학습 성과를 평정하는 일뿐만 아니라 그 결과에 영향을 미치고 있는 교사, 교육 과정, 교재, 지도 방법, 시설 및 용구 등 체육 교육과 관련된 모든 문제를 분석하고 반성하는 과정을 의미한다.

유아기의 신체 활동에 대한 사정과 평가가 이루어져 체력의 기준을 마련하여 유아를 지도하는 교사나 부모들에게 정보를 제공하여 유아들이 건강하고 즐겁게 생활할 수 있는 여건을 마련하여야 하기 때문에 유아들의 체력 검사를 통한 유아들의 연령에 맞는 체력의 기준치가 필요하다.

유아의 운동 능력과 체력에 대한 평가는 신체 활동을 실시하기 이전에 실시하여 유아의 상태를 계획에 반영함과 동시에, 학기의 중간과 마지막까지 주기적으로 실시되어야 한다. 그래서 단순히 유아의 현재 상태를 알아보는 데 그치는 것이 아니라, 유아의 운동 능력과 체력이 얼마나 향상되었는지 각각의 능력이 편중되지 않고 고루 발달하고 있는지를 세심하게 파악하여 신체 활동의 계획에 반영하여야 할 것이다. 또한 평가의 결과를 전체 유아에게 일반화하기보다는 개인차를 정확하게 인식하여 개인의 능력에 맞게 활동의 난이도를 적절히 제시하여 주고 충분한 칭찬과 격려로 자신감을 주며 부족한 운동 능력을 향상시키기 위한 활동의 기초 자료로 삼아야 할 것이다.

(2) 측정과 평가의 관계

우리는 흔히 평가 과정에 있어 검사, 측정, 평가의 용어를 혼용하여 사용하는 경우가 종종 있으므로 용어에 대한 개념을 확실히 할 필요가 있으며 각각 다른 의미를 가지고 있으므로 구분하여 사용하여야 한다.

- 측정(measurement) : 과학적 단위와 표준화된 척도로 관찰한 결과를 객관성 있게 수량화하는 것을 말한다.
- 검사(test) : 지식이나 어떠한 신체적 능력을 측정하기 위해 일정한 조건을 정한 후 그 조건하에서 대상을 관찰하고 판정하는 방법을 의미한다.

- 평가(evaluation) : 측정보다 폭넓은 개념으로서 양적, 질적 기술뿐만 아니라 그러한 기술에 대한 가치 판단까지도 포함한다.

체육 측정은 체육 평가를 위한 필수적인 과정이며 어디까지나 평가에 앞서 실시되는 준비과정이라고 할 수 있다. 또 체육 평가는 반드시 체육 측정이라는 과정을 통하여 이루어지게 되며, 여기에서 얻은 측정치는 과학적, 객관적인 수치로써, 이 객관적 수치를 주관적 목표치와 대비하여 결론을 내리는 것이 체육 평가이다.

(3) 유아 체력 측정 평가의 필요성

- 신체 활동의 효과 및 그 효과가 존재하는 모든 요인에 대한 측정을 통하여 체육 활동에 대한 정확한 자료를 제공한다.
- 같은 연령의 평균과 비교해서 수준을 파악, 매년 자료를 모아 변화 정도를 알 수 있다.
- 교사는 학습적인 영역에서 신체적으로 아동에 대한 이해의 폭을 넓힐 수 있다.
- 부모와 아동에게 건강 및 체력에 대한 바른 인식과 중요성을 심어줄 수 있다.
- 체력이 향상되어가는 것을 느끼는 유아는 좀 더 적극적으로 활동에 참여, 다른 영역에서도 열성적이 될 수 있다.
- 유아 상태에 대한 상세한 정보를 얻게 된다.

(4) 유아 체력 측정 평가시 교사가 고려할 점

- 체력 측정의 타당성, 신뢰성의 일관성에 관한 유아들은 측정 상황이나 조건에 따라 매우 다른 결과를 보이는 경우가 있다. 예로, 쉽게 싫증을 내는 유아도 좋아하는 것을 할 때는 오랜 시간 집중하는 경우도 있다. 그러므로 측정 그 당시의 기록만으로는 아이의 능력을 100% 대변하는 것은 아니다.
- 체력 측정 및 검사 결과는 절대적인 것이 아니며 체력의 우열이 유아의 건강이나 신체적 발달의 우수성을 증명하는 것은 아니다. 왜냐하면, 건강을 이루

는 요소는 체력뿐 아니라, 유전, 환경, 생활 습관, 식습관, 지역 등에 따라서 영향을 받기 때문이다.

- 간단한 측정이라도 어느 정도의 지식과 경험이 필요하다. 관심을 가지고 살펴보면, 주위에서 이용 가능한 자료를 얻을 수 있고 선배 교사나 다른 학급 교사와의 정보 교환도 중요하다.
- 원아의 개인 수치가 평균 수치보다 떨어질 경우가 있다.
- 원아의 개인 수치가 1학기보다 낮아지는 것은 측정하는 시간의 기후 조건, 생리적(환자) · 심리적 스트레스 등으로 불안정한 상태에서 측정할 경우이므로 고려해야 한다.
- 원아의 개인 수치가 1학기보다 낮아지는 것은 키가 자라는 것에 비해 체중이 훨씬 증가하는 것이다.
- 개인 수치만으로 원아의 신체 발달을 파악하기보다는 평상시 어린이들의 행동 발달 사항을 지켜보아야 하고 유치원과 가정에서 규칙적인 운동, 충분한 휴식, 다양한 영양 섭취를 하게 될 경우에 정신적 · 신체적으로 건강한 어린이가 될 것이다.

5 유아의 체력 측정

(1) 체력 측정 방법

① 근력 및 근지구력 측정

ㄱ. 턱걸이 오래 매달리기(초)

- 측정 도구

  철봉, 보조 의자, 초시계

- 측정 방법

  턱이 철봉 상당에 오도록 보조물 높이를 조절하고 어깨 넓이로 철봉을 바로 잡는다. 시작과 동시에 보조물을 치우고 최대한 오랫동안 철봉에 매달린다.

하체는 곧게 펴는 것을 원칙으로 하되 조금 굽히는 것을 허용하면서 안전에 유의한다.

- 기록

시작에서부터 턱이 철봉 상단을 내려왔을 때까지의 시간을 측정한다.

ㄴ. V자 앉기(초)

- 측정 도구

초시계

- 측정 방법

복근의 정적 지구력을 알아보기 위한 것으로 두 손을 복부에 얹은 후 앉은 다음 시작 구령과 함께 두 발을 40도 정도의 V자 모양이 되게 하여 공중에 머물러 있게 한 후, 중심을 잃지 않고 오래 앉아 있는다. 발이 땅에 닿거나 몸이 뒤로 넘어가면 종료한다.

- 기록

오래 앉아 있는 시간을 단위 0.1초까지 기록한다.

ㄷ. 몸 지탱하기(초)

- 준비 도구

책상 2개, 초시계

- 측정 방법

책상 사이에 선다. 준비 신호로 양팔을 굽히고 책상 위에 손을 얹어 놓는다. 시작 신호에 따라 양팔을 펴면서 발을 바닥에서 떼어 놓는다. 양팔로 체중을 지탱하면서 팔이 굽혀질 때가지 계속한다. 팔이 굽거나, 손바닥 이외의 신체 부분이 책상에 닿을 때에는 실패로 간주한다.

- 기록

책상 위에 올라갈 때부터 떨어질 때까지의 시간을 초단위로 기록한다. 지구력 테스트이므로 1회만 실시한다.

② 유연성 측정

ㄱ. 앉아서 몸 앞으로 굽히기

◦ 측정 도구

자, 매트

◦ 측정 방법

매트 위에 발을 뻗고 앉아 발꿈치를 20cm 간격으로 벌린다. 유아는 양손을 펴서 발 사이에 놓는다. 상체를 앞으로 굽히면서 양손을 매트 위에 스치며 될 수 있는 한 앞으로 뻗는다. 손가락 끝이 닿는 가장 먼 곳에 표시한 다음 양 팔꿈치를 연결한 일직선에서부터의 거리를 측정한다. 무릎이 굽지 않도록 할 것이며, 이를 방지하기 위하여 보조자가 뒤에서 무릎을 양손으로 눌러 주어도 된다.

◦ 기록

발꿈치의 선을 넘어서 굽힐 경우에는 기록 위에 (+), 미달일 경우에는 (−)를 표시하여 기록한다. 기록은 거리를 cm단위로 표시한다.

③ 순발력 측정

ㄱ. 제자리 멀리뛰기(cm)

◦ 측정 도구

줄자, 소형 매트, 유니바

◦ 측정 방법

유아는 발 구름시 10~20cm 정도 발을 벌리고 선다. 몸에 충분하게 반동을 넣어서 유니바를 뛰어 넘는다. 발 뒤꿈치를 다치지 않도록 하고 발 구름시 발을 움직이지 않도록 한다. 유니바는 적정량 놓아둔다.

◦ 기록

발 구름시 발끝 위치와 착지점의 발 뒤꿈치를 거리로 측정한다. 유니바 개수도 기록한다.

④ 민첩성 측정

ㄱ. 왕복달리기(초)

- 측정 도구

반환점 2개, 출발 신호기, 초시계, 호각

- 측정 방법

왕복 35m(3.3바퀴)로 한다. 출발점은 A반환점 우측 30cm로 하고, 결승점은 B반환점 우측 30cm로 한다. 한꺼번에 여러 명을 측정할 때는 각 코스별로 측정한다. 기록원은 초시계 작동을 정확히 한다. 반환점은 움직임이 없는 물체로 하고 반환점을 돌 때 무리한 각도로 돌지 않게 한다.

- 기록

기록원은 결승점 옆 60cm에 서서, 반환점을 돌고 들어오면 초 단위로 측정한다.

⑤ 평형성 측정

ㄱ. 양팔 들고 외발 서기(초)

- 측정 도구

초시계, 스틱(5×10cm)

- 측정 방법

양 팔을 옆으로 수평이 되도록 든다. 서서히 체중을 한쪽 발로 옮겨 시작 신호에 맞춰 다른 쪽 발의 무릎이 앞으로 90도가 되도록 한다. 서 있는 발이 움직였을 때는 그때까지의 시간을 기록한다.

- 기록

최대 유지 시간을 초 단위로 기록한다.

ㄴ. 평균대 위에서 외발 서기

- 측정 도구

평균대, 초시계

○ 측정 방법

평균대를 안전하게 고정시킨다. 유아는 서는 발을 뻗어 평균대 위에 올린 다음 다른 발을 가볍게 지면에서 뗀다. 서 있는 발의 발바닥 전면이 평균대에 닿도록 한다. 뒷발이 바닥이나 평균대에 닿았을 때, 서 있는 발이 굽었을 때, 신체의 어느 부분이든지 바닥이나 평균대에 닿았을 때, 서 있는 발이 이동하거나 평균대에서 떨어졌을 때에는 무효임을 시범을 통하여 알려준다.

○ 기록

좌우 2회씩 바꾸어 실시한다. 뒷발이 바닥에서 떨어지면서 실패하기까지의 시간을 0.1초 단위로 측정한다. 좌우 어느 쪽이든지 좋은 기록을 택한다.

6 협응성 측정

1. 모둠발 뛰어넘기

○ 측정 도구

줄자, 각목, 초시계

○ 측정 방법

4.5m 거리에 50cm씩 표시하여 그 표시가 각목의 중앙이 되게 하여 각목 10개를 나란히 나열한다. 출발 신호와 함께 양발을 모아 10개의 각목을 하나씩 정확하게 뛰면서 될 수 있는 한 빠르게 뛴다. 양발을 모아 뛰지 않거나 각목을 2개 이상 한 번에 뛰어넘었을 때에는 무효이다.

○ 기록

실패하지 않고 각목을 10개 뛰어넘을 때까지의 시간을 0.1초 단위로 기록한다. 2회 실시하여 좋은 기록을 택한다.

(2) 체력 측정 평가표

① 남아의 체력 측정표

종목	등급	3세	4세	5세
지구력 – 몸 지탱하기(초)	5	107 이상	155 이상	194 이상
	4	68~106	106~154	131~193
	3	28~67	56~106	68~130
	2	8~27	15~55	30~67
	1	7 이하	14 이하	29 이하
민첩성 – 25m 달리기(초)	5	6.2 이하	5.7 이하	5.2 이하
	4	7.0~6.3	6.3~5.8	5.9~5.3
	3	7.9~7.1	7.1~6.4	6.6~6.0
	2	8.8~8.0	7.7~7.2	7.3~6.7
	1	8.9 이상	7.8 이상	7.4 이상
유연성 – 앉아서 몸 앞으로 굽히기(cm)	5	15 이상	14 이상	14 이상
	4	10~14	9~13	9~13
	3	3~9	2~8	3~8
	2	−1~2	−3~1	−2~2
	1	−2 이하	−4 이하	−2 이하
평형성 – 평균대 위에서 외발 서기(초)	5	8.1 이상	11.9 이상	13.6 이상
	4	5.5~8.0	7.7~11.8	8.9~13.5
	3	2.6~5.4	3.4~7.6	4.1~8.8
	2	1.1~2.5	2.0~3.3	3.0~4.0
	1	1.0 이하	1.9 이하	2.9 이하
협응력 – 모둠발 뛰어넘기(초)	5	6.0 이하	3.9 이하	3.6 이하
	4	6.8~6.1	5.0~4.0	4.8~3.7
	3	7.7~6.9	7.0~5.1	5.8~4.9
	2	8.5~7.8	7.9~7.1	6.9~5.9
	1	8.6 이상	8.0 이상	7.0 이상
순발력 – 제자리 멀리뛰기(cm)	5	115 이상	130 이상	147 이상
	4	97~114	113~129	127~146
	3	78~96	96~112	105~126
	2	60~77	79~95	85~104
	1	59 이하	78 이하	84 이하

② 여아의 체력 측정표

종목	등급	3세	4세	5세
지구력 – 몸 지탱하기(초)	5	98 이상	139 이상	176 이상
	4	64~97	94~138	119~175
	3	29~63	48~93	62~118
	2	8~28	15~47	30~61
	1	7 이하	14 이하	29 이하
민첩성 – 25m 달리기(초)	5	6.5 이하	5.9 이하	5.6 이하
	4	7.4~6.6	6.6~6.0	6.3~5.7
	3	8.4~7.5	7.5~6.7	7.0~6.4
	2	9.3~8.5	8.2~7.6	7.7~6.9
	1	9.4 이상	8.3 이상	7.8 이상
유연성 – 앉아서 몸 앞으로 굽히기(cm)	5	16 이상	15 이상	16 이상
	4	10~15	10~14	11~15
	3	5~9	5~9	5~10
	2	0~4	−1~4	0~4
	1	−1 이하	−2 이하	−1 이하
평형성 – 평균대 위에서 외발 서기(초)	5	9.8 이상	13.0 이상	15.8 이상
	4	6.4~9.7	8.5~12.9	10.3~15.7
	3	3.0~6.5	3.9~8.4	4.7~10.2
	2	1.5~2.9	2.5~3.8	3.5~4.6
	1	1.4 이하	2.4 이하	3.4 이하
협응력 – 모둠발 뛰어넘기(초)	5	4.4 이하	3.9 이하	3.7 이하
	4	5.8~4.5	5.1~4.0	4.8~3.8
	3	7.7~5.9	6.6~5.2	5.8~4.9
	2	9.5~7.8	7.8~6.7	7.1~6.0
	1	9.6 이상	7.9 이상	7.2 이상
순발력 – 제자리 멀리뛰기(cm)	5	102 이상	117 이상	127 이상
	4	87~101	101~116	111~126
	3	69~86	85~100	94~110
	2	54~68	69~84	78~93
	1	53 이하	68 이하	77 이하

6 체력 측정 평가의 활용

(1) 측정 대상

서울 어린이회관 유아체능교실에 참가하고 있는 만 5세에서 7세까지의 유아들로 남자 93명, 여자 95명, 계 188명을 대상으로 측정하였다.

[표 4-1] 측정 대상

성별 / 나이	남아	여아	총합
5세	12	19	31
6세	57	64	121
7세	24	12	36
총합	93	95	188

(2) 측정 종목

① 50m 달리기 : 전신의 파워와 스피드 능력을 측정하는 종목이다.
② 엎드려 윗몸 들기 : 척추의 뒤쪽 유연성을 측정하는 종목이다.
③ 윗몸일으키기 : 복근군의 지구력을 측정하려는 종목이다.
④ 제자리 멀리뛰기 : 몸 전체의 순발력을 측정하는 종목이다.
⑤ 왕복 달리기 : 민첩성을 측정하는 종목이다.
⑥ 팔 펴서 매달리기 : 지구력을 측정하는 종목이다.

(3) 측정 결과 및 분석

[표 4-2] 체력 검사의 연령별 평균과 표준편차(남자)

측정 종목 \ 나이		50m 달리기 (초)	엎드려 윗몸 들기 (cm)	윗몸 일으키기 (개)	제자리 멀리뛰기 (cm)	왕복 달리기 (초)	팔 펴서 매달리기 (초)
5	평균	15.98	28.83	5.33	76.08	16.80	20.92
	표준편차	1.88	4.55	4.23	8.61	1.80	10.22
6	평균	14.81	30.60	7.39	88.08	15.45	22.11
	표준편차	1.42	6.01	5.09	11.39	1.62	8.57
7	평균	13.45	32.29	9.50	103.12	14.27	20.71
	표준편차	1.03	5.51	5.85	17.99	1.05	9.00

[표 4-3] 체력 검사의 연령별 평균과 표준편차(여자)

측정 종목 \ 나이		50m 달리기 (초)	엎드려 윗몸 들기 (cm)	윗몸 일으키기 (개)	제자리 멀리뛰기 (cm)	왕복 달리기 (초)	팔 펴서 매달리기 (초)
5	평균	16.59	29.58	5.53	75.05	16.34	18.84
	표준편차	1.49	4.60	3.86	11.64	1.73	8.21
6	평균	15.96	33.14	6.09	81.00	16.08	24.94
	표준편차	1.76	5.77	5.66	11.87	1.87	7.44
7	평균	13.81	38.00	7.08	94.50	14.78	22.17
	표준편차	1.12	6.16	4.54	12.72	1.03	9.08

측정 결과를 바탕으로 평가해 보면 50m 달리기, 윗몸일으키기, 제자리 멀리뛰기, 왕복달리기에서 남아가 여아보다 우세하였고, 여아는 엎드려 윗몸 들기와 팔 펴서 매달리기에서 남아보다 우세하였다. 따라서 남아는 순발력, 민첩성 등 주로

동적인 운동에서 우세하였고 여아는 유연성, 지구력 등 정적인 운동에서 우세하였다.

연령 증가에 따라 직선형에 가까운 발달 경향을 나타내었으나 팔 펴서 매달리기 종목은 7세보다 6세가 더 우세하였다.

이와 같은 결과를 바탕으로 유아 체육을 지도할 때 남아에게는 유연성과 같은 정적인 운동을 강화하고 여아에게는 민첩성, 순발력과 같은 동적인 운동을 강화하여 지도하면 남녀의 고른 체력 발달이 이루어질 수 있을 것이다.

유아 체육 지도 전에 정확하고 다양한 체력 측정과 평가가 바탕이 되어야만 개개인에게 고른 발달이 이루어질 수 있는 체육 수업이 가능할 것이라는 것 또한 알 수 있다.

이같이 체력의 측정과 결과 그리고 평가를 통하여 올바른 체육 지도뿐만 아니라 유아 개개인의 고른 발달 지도도 함께 이루어질 수 있다. 체력의 측정과 평가를 통해서 체육의 필수적인 요소인 균형 잡힌 체력이 길러진다면 체육의 궁극적 목적인 전인 발달 또한 달성할 수 있을 것이다. 그렇기 때문에 체력 측정 후에 평가는 면밀하게 이루어져야 한다.

7 유아 체력 증진 프로그램

(1) 근력 및 근지구력 향상 프로그램

유아의 운동 신경 등은 상당히 발달되어 있지만, 근육의 힘이나 뼈, 호흡 순환계(심장과 폐)의 발달은 미숙한 편이다. 따라서 몸의 일부분(팔이나 머리)으로 몸 전체를 지탱한다든지, 높은 곳에서 뛰어내린다든지, 장거리 달리기와 같이 심장과 폐에 큰 부담을 주는 운동은 4세 이전에는 적합하지 못하다.

그리고 신체 활동이 미숙하므로 격렬한 장시간의 운동은 피하는 것이 좋다. 몸의 발육에는 휴식과 영양도 필요한 것임을 잊지 말아야 한다. 피로해 보이면 반드시 쉬게 하고 영양을 충분히 공급하면 빠르게 회복할 수 있을 것이다.

근력 및 지구력을 향상시키는 운동의 예는 걷기, 던지기, 누워서 윗몸일으키기, 계단 오르내리기, 높이뛰기, 껑충 뛰기, 당기기, 소파에 오르내리기, 장애물 넘기, 놀이 기구 조립하기, 멀리뛰기, 밀기, 무릎 들어올리기, 달리기, 매달리기, 기어오르기 · 내리기, 뛰어내리기, 집단 놀이 활동, 줄에 매달려 흔들기 등이 있다.

① 발뒤꿈치로 걷기

- 운동 내용

똑바로 선다. 처음부터 끝까지 다리를 편 채로 계속해서 뒤꿈치로 걷는다.

- 지도 방법

유아에게 근력과 근지구력의 유사성과 차이점을 가르쳐 주어야 한다. 10회나 10초 정도를 좋은 자세로 완벽하게 실시할 수 있도록 한다. 반복 횟수를 3일에 한 번씩 증가시킬 필요는 있지만, 개인의 능력에 따라 운동 부하를 결정하는 것이 이상적이다. 어린이가 끝까지 최선을 다하도록 격려해 준다. 처음에는 10m를 2회 실시하며, 점차적으로 거리와 반복 횟수를 늘려간다.

② 돌려지는 줄넘기

- 운동 내용

한 사람이 3~4m 정도의 줄 끝을 잡고 무릎 높이로 빙글빙글 돌린다. 돌려지는 줄을 한발 또는 양발 모으고 뛰어넘기를 한다.

- 지도 방법

10회나 10초 정도를 좋은 자세로 완벽하게 실시할 수 있도록 한다. 반복 횟수를 3일에 한 번씩 증가시킬 필요는 있지만 개인의 능력에 따라 운동 부하를 결정하는 것이 이상적이다. 어린이가 끝까지 최선을 다하도록 격려해 준다. 줄을 돌리는 어린이와 뛰어넘는 어린이의 임무를 교대시킨다. 한발로 뛸 때에는 왼발, 오른발로 각각 뛰도록 한다.

(2) 유연성 향상 프로그램

유연성이란, 단지 몸을 부드럽게 하는 것만을 의미하지는 않는다. 유연성은 몸의 균형을 잡는 데 중요한 역할을 하며 바른 자세를 취하고 가장 능률적으로 운동을 하는 데 도움을 준다. 몸을 구부린다든지 하는 운동은 유연성을 기르는 데 도움을 주지만, 이것은 체조에 가까워 유아들이 싫증을 내기가 쉽다. 또한 유아는 관절부위가 약하기 때문에 무리하게 구부리거나 펴는 동작은 조심해야 한다.

유연성을 기르는 운동의 예를 들면 몸을 앞, 뒤, 옆으로 굽히기, 비틀기, 철봉놀이, 매트에서 뒤집기, 흔들기, 재주넘기와 구르기, 장애물 넘기, 동작 따라 하기, 친구들 놀이 관찰하기, 짝지어 놀이하기 등이 있다.

① 다리의 유연성 향상 운동

- 운동 내용
  - 누워서 다리 뻗기 : 손으로 발끝을 잡고 무릎을 편다.
  - 엎드려 발당기기 : 양다리가 동시에 엉덩이에 닿도록 한다.
  - 다리 사이로 뒤보기 : 깍지를 끼고 몸을 굽혀 다리 사이를 본다.
- 지도 방법

유연성 운동은 항상 동작의 최대 가동 범위에 초점을 맞추어야 한다. 급격한 동작을 피하고 고통을 느낄 때까지 신전 운동을 하도록 하며 약간 강도를 낮춘 상태에서 동작이 유지되도록 한다. 처음에는 1~2회 정도 반복하여 실시하다가 점차로 각 동작을 과부하시켜 2~4회 반복하도록 한다. 운동은 몸통에서 먼 부위에서 가까운 부위로 실시한다.

② 몸통의 유연성 향상 운동

- 운동 내용
  - 누워서 허리 들어올리기 : 숨을 들이마시면서 올리고 내쉬면서 내린다.
  - 다리 끌어당기기 : 가슴에 무릎이 닿도록 양손으로 다리를 잡아당긴다.
  - 장애물 빠져나가기 : 몸을 뒤로 젖혀 장애물을 빠져 나간다.
- 지도 방법

유연성 운동은 항상 동작의 최대 가동 범위에 초점을 맞추어야 한다. 급격한 동작을 피하고 고통을 느낄 때까지 신전 운동을 하도록 하며 약간 강도를 낮춘 상태에서 동작이 유지되도록 한다. 처음에는 1~2회 정도 반복하여 실시하다가 점차로 각 동작을 과부하시켜 2~4회 반복하도록 한다. 운동은 몸통에서 먼 부위에서 가까운 부위로 실시한다.

(3) 균형성 향상 프로그램

균형성은 움직이는 상태에서 균형을 유지하는 정도인데, 신체의 안전을 지키는 기본으로서 사고를 예방하고 위험을 방지하는 데 중요한 역할을 한다. 어린이는 균형 감각을 발달시킴으로써 좋은 자세를 유지하고 안정된 동작을 수행해 낼 수 있다. 균형을 잡는 것은 협응력, 즉 신체 혹은 근육을 조정하고 통제시킬 수 있는 근육에 의해 좌우된다.

균형 감각은 무엇보다도 많은 연습을 통해서 발달시킬 수 있으며 압박이나 지탱, 접촉 등의 느낌을 통하여 더욱 크게 향상시킬 수 있다. 균형성을 증가시키기 위해서는 맨발로 연습시키는 것이 필수적이다. 어린이가 초기에 혼자 걷기는 시작하거나 후에 타인의 도움 없이 계단을 오르는 것은 그들이 이미 균형 감각을 발달시킬 수 있는 기회를 비교적 많이 가지고 있기 때문이다. 따라서 균형성을 증가시킬 수 있는 프로그램에는 어린이들이 비교적 익숙해 있는 자전거 타기, 롤러스케이트 타기, 한발로 서기, 평균대 위 걷기 등을 포함시키는 것이 좋다. 그 밖의 균형성을 강화시키는 운동의 예로는 머리 위에 물건 얹고 걷기, 트램펄린에서 점프하기, 정확하게 뛰어내리기, 원형 판에서 균형 잡기, 회전 원통에서 걷기, 고정된 용기구에서 균형 잡기 등이 있다.

① 뛰어내리기

- 운동 내용

뜀틀, 테이블 또는 의자를 준비한다. 위에 올라가 발을 모으고 끝에 서서 뛰어내릴 준비를 한다. 양발을 모아서 매트에 뛰어내린다.

- 지도 방법

매트에 후프를 놓고 후프 안으로 착지하게 한다. 공중에 매달려 있는 탬버린을 치고 착지하게 한다. 뒤로 돌아서서 반 바퀴 회전하면서 착지하게 한다. 뛰어내리는 운동을 통해서 탄력을 받은 자기 몸의 균형을 유지할 수 있도록 한다. 관절 운동을 이용해서 몸의 움직임을 원활히 하는 방법을 익히게 된다. 안전을 고려해서 너무 높은 위치에서 실시하는 것은 피한다. 처음에는 가볍게 1~2회 정도 반복 실시하다가, 점차로 각 동작을 2~4회 반복시킨다. 운동을 실시할 때에는 먼 부위에서 가까운 부위로 한다.

② 공놀이

- 운동 내용

여러 가지 방법으로 공놀이를 한다. 공을 튀겨서 손바닥 위에 얹고, 양손으로 공을 위로 던진 후 몸을 360° 회전시키고 볼을 받으면서 '안녕하세요' 라고 인사한다.

- 지도 방법

한손 또는 양손을 사용하여 연속으로 공을 튀기도록 한다. 두 명씩 짝지어서 볼링처럼 굴리고 받도록 한다. 가까운 거리에서 던지고 받기를 시킨다. 평평한 지면이나 넓은 마루에서 실시한다. 처음에는 가볍게 1~2회 정도 반복 실시하다가, 점차로 각 동작을 2~4회 반복시킨다. 운동을 실시할 때에는 먼 부위에서 가까운 부위로 한다.

(4) 협응력 향상 프로그램

협응력은 몸 전체를 신속하고 능률적으로 조정 · 통제할 수 있는 능력을 말한다. 협응력은 신체의 동작을 민첩하게 수행할 수 있는 민첩성과 순발력 · 균형성 등이 조화가 되어 이루어지는 것이며 동작을 행할 때 최소한의 지적인 능력이 요구된다.

협응력을 길러 주는 운동의 예는 줄넘기, 차기, 자전거 타기, 풍선 놀이, 탁구공 놀이, 시소 타기, 미끄럼틀 타기, 그네 타기, 비치볼 놀이, 공잡기, 공 드리블하기, 훌라후프 하기, 벽면에 공 던져 받기 등이 있다.

① 자전거 경주

- 운동 내용

지그재그로 장애물을 설치한다. 자전거를 타고 장애물을 통과하여 돌아온다. 여러 명이 팀을 나누어 릴레이 경주를 한다.

- 지도 방법

2명이 함께 자전거에 타고 경주를 하게 한다. 경사로를 만들어 오르고 내리기를 한다. 속도 감각을 익히고 기구를 다루는 능력을 향상시킨다. 30m 정도에 장애물을 두고 통과하게 한다. 처음에는 가볍게 1~2회 정도 실시하고 익숙해짐에 따라 3~4회 반복 실시한다.

② 동물 흉내 내기

- 운동 내용

어린이들에게 호랑이, 코끼리, 고양이 등 네발 동물의 움직임을 흉내 내게 한다. 도마뱀, 악어, 뱀과 같이 기어 다니는 동물의 움직임을 흉내 내게 한다.

- 지도 방법

참새, 기러기, 독수리 등과 같이 날아다니는 동물의 움직임을 흉내 내게 한다. 음악에 맞추어 율동적으로 움직이도록 한다. 토끼는 뜀뛰기, 코끼리는 손을 코처럼 흔들고 쿵쿵거리며 걷기, 고양이는 발끝으로 걷기, 새는 팔을 위 · 아래로 흔들면서 움직이는 모양으로 한다. 여러 동물의 특징에 대하여 설명해 주고 이해하기 힘든 부분은 시범을 보여준다. 처음에는 가볍게 1~2회 정도 실시하고 익숙해짐에 따라 3~4회 반복 실시한다.

(5) 그 밖의 유아 체력증진 프로그램

활동명	활동 목표	활동 방법
제자리 뛰기	• 다리의 근력을 기른다 • 순발력과 심폐지구력을 기른다 • 여러 가지 모양을 만들어 제자리 뛰기를 할 수 있다	• 서로 부딪히지 않게 간격을 넓혀 선다. • 제자리에서 뛴다 • 교사의 신호에 따라서 재미있는 모양을 만들면서 위로 뛰었다가 한발, 두발로 착지한다
팔 흔들기	• 팔의 근력을 기른다 • 심폐지구력과 평형성을 기른다 • 신체를 즐겁게 움직인다 • 팔을 위, 아래로, 넓게, 높게 움직일 수 있다	• 두 팔을 내리고 바로 선다 • 다리를 붙이고 무릎을 굽혔다 폈다 하면서 팔을 위, 아래로 크게 움직인다

활동명	활동 목표	활동 방법
거북이 걷기	• 다리의 근력을 높일 수 있다 • 몸의 균형성과 유연성을 높일 수 있다	• 두 손으로 양쪽 무릎을 잡고 쪼그려 앉은 상태에서 매트 위를 걸어간다. • 양 발목을 잡고 위를 걸어간다 • 양손과 양발을 매트에 대고 네 발로 걷는다(이때 무릎을 굽히지 않고 같은 쪽 손과 발이 동시에 움직이게 한다) • 네 발로 걷기를 할 때 무릎을 굽히지 않고 할수록 유연성 효과가 크다
허리 돌리기	• 신체의 유연성을 기른다 • 근지구력과 평형성을 기른다 • 신체의 각 부분을 돌릴 수 있다	• 적당한 간격으로 자유 대형으로 선다. • 우리의 신체 부분에서 돌릴 수 있는 부분을 찾아본다 • 어떤 방법으로 돌릴 수 있는지 알아보고 여러 가지 방법으로 돌린다 • 신체의 말단에서 시작하여 중심으로 돌린다
지그재그 달리기	• 민첩성을 기른다 • 심폐지구력, 평형성, 유연성을 기른다	• 블록 등을 일정한 간격으로 놓고 그 사이를 지그재그로 몸을 이동하며 달린다 • 블록을 건드리지 않고 달린다
뛰면서 고개 흔들기	• 유연성을 기른다.	• 자유자재로 두 발로 뛰면서 고개를 흔든다 • 좌, 우, 아래, 위로 방향에 맞추어 고개를 흔들어 본다
팔 굽혀 펴기	• 팔의 근력을 기른다 • 유연성과 순발력을 기른다 • 벽 짚고 팔 굽혀 펴기를 할 수 있다	• 바닥에 두 손을 대고 팔 펴서 있기를 5~10초 정도 한다 • 팔을 구부리면서 바닥에 얼굴 닿기(5~10초)를 서서히 반복해서 실시한다
잡아 당기기	• 팔과 다리의 근력과 근지구력을 기른다 • 유연성과 평형성, 순발력을 기른다 • 여러 방법으로 당겨 볼 수 있다	• 두 명이 한조가 된다 • 선을 사이에 두고 두 명이 두 손을 서로 꼭 잡고 신호에 맞추어서 잡아당긴다 • 선 안으로 잡아당겨 오면 멈춘다
앉았다 일어나기	• 근지구력을 기를 수 있다	• 신호에 따라 앉았다가 서기를 반복한다
발로 가위바위보	• 협응력을 기를 수 있다.	• 둘씩 짝을 지어 발로 가위 바위 보를 한다
평균대 걷기	• 신체의 평형성을 기른다. • 거리 감각을 기른다. • 공간 지각 능력을 기른다 • 평균대에서 걷기를 할 수 있다	• 평균대를 벽에 닿게 붙인다 • 벽에 두 손을 잡고 옆으로 걷기, 앞으로 걷기를 하며 균형을 잡고 끝에서 한 발씩 천천히 내려온다

활동명	활동 목표	활동 방법
매트 구르기	• 신체의 유연성과 평형성, 순발력을 기른다 • 신체의 각 부분을 조절하면서 회전한다	• 매트 위에 팔과 다리를 쭉 펴고 엎드린다 • 팔은 위로 뻗고 무릎은 구부리지 않으면서 반대편 끝쪽으로 굴러서 간다 • 익숙해지면 매트 2장을 연결하여 끝까지 구르고 구르는 방향을 바꾸거나 천천히 또는 빠르게 등으로 변화를 준다.
훌라후프 뛰어넘기	• 순발력과 민첩성을 기른다 • 여러 가지 방법으로 후프를 뛰어 넘을 수 있다	• 바닥에 5~6개의 후프를 일직선으로 연결하여 놓는다 • 두 발을 번갈아 뛰거나 두 발을 모아서 뛴다. • 후프의 간격을 벌려 놓고 활동한다 • 바닥에 놓은 후프의 연결 부분마다 밑에 블록을 놓아 후프가 바닥으로부터 뜨게 하여 건넌다
발 밟기	• 신체의 민첩성과 평형성을 기른다	• 발바닥 모양을 시트지로 오린 후 무작위로 붙여 놓는다 • 자기가 원하는 색깔별로 발바닥을 밟고 보폭을 조정하며 걷는다
장애물 통과게임	• 민첩성을 기른다 • 다양한 기구를 이용하여 연속적으로 신체 활동을 함으로써 여러 가지 체력 요소를 기른다 • 규칙을 지키면서 친구와 즐겁게 놀이한다	• 두 팀으로 나누고 팀별로 출발선에 한 줄로 선다 • 신호에 따라 팀별로 한 명씩 출발한다 • 뜀틀을 한 개씩 놓은 후 그 위에 매트를 길게 걸쳐 놓는다 • 우레탄 블록을 네 개씩 놓는다
게 걸음 걷기	• 근력을 기른다	• 바닥에 앉아 양손을 바닥에 짚고 두 손과 두 발을 옆으로 걷게 한다
공 높이 던져 주고받기	• 신체의 협응력을 기를 수 있다	• 공을 손바닥 위에 올려놓고 양팔을 반만 펴서 앞으로 뻗는다 • 다리를 약간 구부렸다 일어서며 팔에 힘을 주어 공을 위로 던진다 • 내려오는 공을 양팔로 잡아 가슴에 안는다 • 손을 뻗어 공을 위로 던지고 손으로 공을 받는다
림보놀이	• 신체의 순발력을 기른다 • 근력과 유연성, 평형성, 민첩성을 기른다	• 손을 허리에 얹고 상체를 뒤로 젖힌 후 장대를 건드리지 않으면서 천천히 밑으로 빠져 나간다
발 모아 뛰기 한 발로 뛰기	• 순발력을 기른다	• 두 팀으로 나눈다 • 두 발을 모아 뛰어서 반환점을 빨리 돌아온다 • 한 발로 뛰어서 반환점을 돌아오는 게임이다

활동명	활동 목표	활동 방법
훌라후프 허리에 걸고 돌리기	• 근지구력과 순발력, 유연성, 평형성, 심폐지구력을 기른다 • 신체의 여러 부분으로 후프를 돌린다	• 후프 안으로 들어가 선다 • 허리 위치에 오도록 하여 양손으로 잡는다 • 손으로 한 번 돌려준 후 허리의 반동을 이용하여 돌린다
엎드렸다 일어서기 (버피 테스트)	• 신체의 민첩성을 기른다 • 평형성과 유연성, 순발력을 기른다	• 엎드리기, 바로 서기, 눕기의 동작을 따로 한다 • 편안한 방법으로 엎드리고 눕도록 한다
제자리 높이뛰기	• 순발력, 심폐지구력, 유연성, 평형성, 민첩성을 기른다	• 차렷 자세로 제자리에서 높이뛰기 활동을 한다 • 위로 높이 뛰면서 양손을 위로 높이 뻗었다가 착지하면서 내린다.

8 가족과 함께 하는 유아 체력 증진 프로그램(교육과학기술부)

(1) 가족과 함께 하는 체조

가족과 함께 체조를 매일매일 10분씩 하면서 유아의 체력을 증진시키고, 어려워하는 부분이나 잘 안 되는 부분을 도와주면서 함께 한다.

① 기본체조

		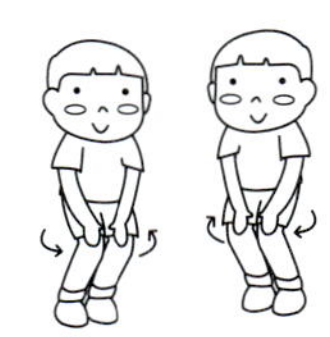	
무릎 굽혀 펴기 1. 하나, 둘, 구령에 허리를 굽히고 무릎을 편다 2. 셋, 넷 구령에 쪼그리고 앉아 무릎을 굽혀 준다 3. 1, 2 활동을 연속으로 2회 반복한다	**무릎 펴 주기** 1. 무릎을 펴고 좌우로 4번씩 누른다 2. 좌우로 각 2회를 반복한다	**무릎 돌리기** 1. 살짝 구부린 무릎 위에 양손을 올리고 양 무릎을 바깥 방향으로 돌린다 2. 양 무릎을 안쪽 방향으로 돌린다 3. 좌우로 각 4회를 반복한다	**허리 돌리기** 1. 다리를 어깨 넓이로 벌리고 양손을 허리에 짚는다 2. 하나, 둘, 셋, 넷 구령에 왼쪽으로 허리를 돌린다 3. 좌우로 각 4회를 반복한다

어깨 돌리기 1. 양손을 어깨에 올리고 앞으로 4회 돌린다. 2. 앞 · 뒤로 돌리기를 각 4회 반복한다.	**손목 돌리기** 1. 두 팔을 쫙 펴고 손목을 안에서 밖으로 4회 돌리고, 밖에서 안으로 4회 돌린다.	**무릎 눌러주기** 1. 한쪽 다리를 굽혀 지탱하고 다른 쪽 다리를 쭉 뻗어 최대한 몸을 낮춘다 2. 양손으로 쭉 뻗은 다리의 무릎을 4회 눌러준다 3. 좌 · 우로 각 2회 반복한다	**한 발로 균형 잡기** 1. 양손을 벌리고 한쪽 다리만으로 5초간 균형을 잡는다. 2. 좌우로 발을 바꾸며 각 5초간 버틴다.

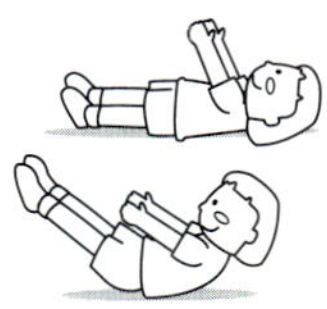	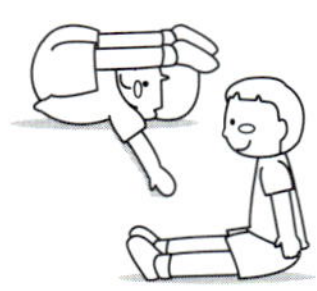		
배 힘으로 지탱하기 1. 반듯이 누운 자세에서 양팔을 앞으로 쭉 뻗고 머리와 다리를 위로 든다 2. 배 힘으로 10초 동안 자세를 유지한다	**누웠다 앉기** 1. 양팔을 벌리고 반듯이 눕는다 2. 양 다리를 들어 반동을 일으키면서 튕기듯 일어나 앉는다 3. 1, 2 활동을 반복한다	**발로 이름 쓰기** 1. 양팔을 뒤로 뻗어 몸을 지탱하고 두 다리를 모아서 위로 올린다 2. 위로 올린 두 다리로 자신의 이름을 쓴다 3. 이름을 쓸 동안은 발이 바닥에 닿지 않도록 한다.	**V자 앉기** 1. 양팔을 뒤로 뻗어 몸을 지탱하며 두 손을 배 위에 올리고 두 다리를 모아 위로 올린다 2. 15초 동안 발이 바닥에 닿지 않도록 하며 자세를 유지한다

		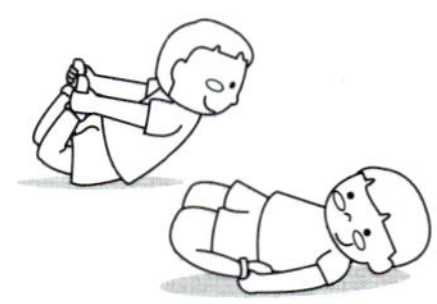	
손으로 발끝 잡기 1. 무릎을 펴고 앉은 후 상체를 굽혀 양손으로 끝을 잡는다 2. 동작을 10초간 지속하며 3회 반복한다	**머리 뒤에 발끝 대기** 1. 두 발을 머리 뒤에 닿게 하고 양손은 내 몸 가까이 놓고 눈은 위를 바라본다 2. 동작을 5초간 지속하며 3회 반복한다	**뒤로 발목잡기** 1. 발목을 잡고 왼쪽으로 4번, 오른쪽으로 4번을 구른다	**한 발로 뛰어가기** 1. 양팔을 벌리고 한 발로만 5m 정도 뛰어 본다 2. 왼쪽 발과 오른쪽 발을 번갈아 실시한다

② 짝 체조

		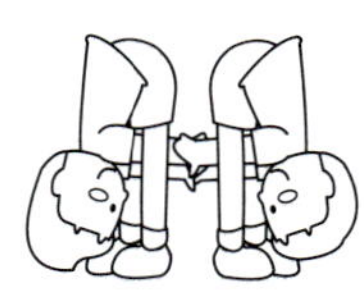	
두 사람이 짝이 되어 마주 서서 어깨 넓이 정도로 다리를 벌린다. 양손으로 짝의 어깨를 잡고 허리를 굽히며 어깨를 눌러준다	어깨를 누르며 허리를 들어 두 사람이 같은 방향을 보고 반대편으로도 들어준다 (반동을 주며 5회 반복)	두 사람이 짝이 되어 등을 대고 선다. 다리는 어깨 넓이로 벌리고 허리를 굽혀 자기 다리 사이로 두 손을 깊숙이 넣어 짝의 손을 잡고 당겨준다. 일어나서 양 손을 위로 올리고 허리를 뒤로 젖히면서 손을 잡고 자기 쪽으로 당긴다 (5회 반복)	

			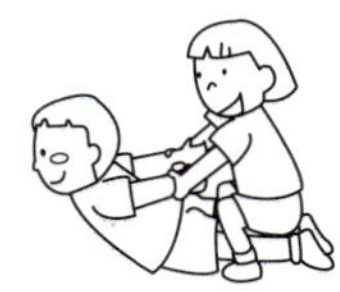
두 사람이 짝이 되어 뒤돌아 등을 대고 선다. 간격을 두고 오른쪽, 왼쪽으로 허리를 틀며 짝의 손뼉을 친다 (5회 반복)	성인이 다리를 넓게 벌리고 유아는 기어서 성인 다리 사이로 빠져 나간다. 역할을 바꿔서 해본다	두 사람이 마주 보고 앉아서 두 발을 모아 발바닥을 대고 손을 잡는다. 시소처럼 번갈아 가며 당긴다. 무릎을 펴고 손과 발을 떨어지지 않게 하고 해본다	두 사람이 짝이 되어 한 사람은 엎드리고 다른 사람이 엉덩이로 다리를 누르고 앉는다. 누운 사람의 팔을 뒤로 하고 팔을 잡고 뒤쪽에서 살살 당겨준다

(2) 가족과 함께 하는 주말 프로그램

① 주말 아침 산으로 가볼까요 (등산)

ㄱ. 산을 오르기 전에

각 관절을 풀어주는 체조로 관절을 유연하게 하여 안전한 등산을 준비한다.

ㄴ. 산을 오르면서

등산을 하면서 가장 무리가 가는 부분은 무릎과 발목 관절이므로, 발을 보호할 수 있도록 발에 잘 맞는 신발을 선택한다. 오르막에서는 몸을 약간 숙이고 내리막에서는 앞발 끝부터 내딛도록 도와준다. 갑자기 뛰어 올라가는 것보다는 일정한 속도를 유지하면서 리듬 있게 걷는 것이 좋다. 휴식은 피로가 쌓이기 전, 짧게 (5~10분) 하는 것이 효과적이다.

ㄷ. 산을 내려와서

마무리 체조를 함께 한다. 마무리 체조는 등산을 하며 긴장한 근육들의 피로를 풀어 주어 운동의 효과를 증가시킨다.

② 학교 운동장에서 신나게 놀아요

ㄱ. 운동장에서 놀이하기 전

가볍게 목을 돌리거나, 손목, 발목을 털어 주는 등의 관절 운동을 해준다. 처음에 천천히 걷기 시작하여 점차 어려운 방법으로 걸어본다.

ㄴ. 운동장에서 여러 가지 방법으로 걷기

- 앞, 옆, 뒤로 걷기를 번갈아 하며 운동장 한 바퀴 돌기
- 보폭을 크게 하여 성큼성큼 걷기
- 종종걸음으로 걷기
- 무릎을 가슴까지 올리며 걷기
- 발꿈치로 엉덩이를 차며 걷기
- 양손으로 배치며 걷기
- 양팔을 벌려 돌리며 걷기
- 양팔을 머리 위로 올려 번갈아 굽혔다 폈다 하며 걷기
- 양손으로 양 발목을 잡고 걷기
- 양손으로 무릎 잡고 걷기
- 두 사람이 마주 보고 서로의 팔꿈치를 잡고 옆으로 걷기
- 두 사람이 서로 등을 대고 옆으로 걷기
- 부모님과 마주 보고 양발을 부모님 발등 위에 놓고 함께 걷기
- 부모님이 유아를 업거나 안고 걷기
- 모든 가족이 손을 잡고 한 줄로 발 맞추어 걷기
- 가족이 편을 나누어 경보로 릴레이 게임하기
- 학교 운동장의 다양한 길을 빠르게, 느리게 걸어보기

ㄷ. 운동장에서 할 수 있는 여러 가지 활동

- 몸이나 줄을 이용하여 당기기
- 몸을 이용하여 밀어보기
- 제자리에서 달리기
- 무릎 높여 달리기

- 100m, 50m 처럼 정해진 거리를 시간 내에 달리기
- 옆으로 달리기
- 철봉에 매달리기
- 모래밭에서 제자리 멀리뛰기
- 잔디에서 달리다 멀리뛰기
- 동그라미 여러 개 그린 후 연속 건너기
- 고무줄 뛰어넘기

ㄹ. 운동장에서 놀이한 후

천천히 심호흡하며 목, 어깨, 허리, 손목, 발목, 무릎 등의 관절을 풀어 주는 체조를 함께 한다.

체격, 체력 측정표

이 름 ________ 반 명 ________

1. 체 격

신 장	cm	체 중	kg
앉은 키	cm	가슴 둘레	cm

2. 체 력

구 분	종 목	단 위	1차	2차
순발력	25m 달리기	초		
민첩성	왕복 달리기(6m)	초		
지구력	V자 앉기	초		
평형성	외발 서기	초		
유연성	체전굴	초		

3. 교사 평가

제5장

유아 체육 활동 지도시 유의점

1 유아 체육 놀이 지도 요령 및 유의점

(1) 지도 요령

① 내용

놀이를 어떻게 조화시켜 학습하는 것이 좋을까에 대한 검토와 필요한 교재를 선정하여 적절한 편성을 해야 한다.

교재는 집단의 70% 수준으로 학습하는 것이 적당하다.

30분 정도의 운동 시간이라면 팔, 몸통, 다리 등 신체 부위를 골고루 이용한 방법으로 지도해야 하며 전체적인 유연성과 근력 등 신체의 발달을 가져올 수 있는 게임도 함께 실시하면 좋다.

② 시간

지도 시간은 학습 내용에 따라 차이는 있으나, 일반적으로 30~40분 정도가 적당하다.

주당 몇 회를 실시할 것인가에 대해서도 학습 전체의 체력이나 심신의 발달 상태, 계절, 날씨 등에 따라서 달라질 수는 있으나, 한 가지 놀이에 10분 정도씩, 1주에 2~3회가 적당하다. 유아는 학습 진도율이 느리므로 이동이나 준비 · 대기 시간을 최대한 줄이고 주 활동 프로그램의 반복 횟수를 늘려주는 것이 좋으며 교사가 가르치고자 하는 신체 활동이나 움직임들을 충분히 경험할 수 있도록 시간을 적절히 분배해야 한다.

③ 시범

유아를 지도할 때에는 일방적인 지시보다는 지도자가 직접 행동으로 표현해 주는 것이 이해가 빠르다.

신체의 어느 부분을 어느 위치에 두는지, 어떤 방향으로 얼마나 움직여야 하는지, 무엇을 유의해야 하는지, 신체의 어느 부분에 힘을 주고 이동해야 하는지 등을 자세히 보여주고 이야기해 주어 유아가 활동을 정확하게 이해하도록 한다.

주의할 점은 이러한 시범 수업 방법은 틀에 박힌 교육이 되어 유아의 창조성을 길러 주지 못할 염려가 있으므로 유아의 이해와 창조성을 도울 수 있는 범위 안에서 행해져야 한다. 예를 들면 "이렇게 하세요" 보다는 "선생님을 따라하세요" "선생님이 이렇게 한 것보다 잘 할 수 있는 사람 누가 있을까?"라는 식으로 수업을 진행하는 것이 효과적이다.

2 유아 체육 놀이의 지도법

(1) 지도 원칙

숙달시키기 위한 운동 놀이보다는 스스로 놀이를 즐겨할 수 있도록 해서 건강의 증진, 신체적 활동 능력의 신장과 정신적 활동 능력의 효과를 높일 수 있다는 기대, 이와 같은 목적을 달성하기 위해서는 다음의 사항을 충분히 이해하고 적절한 지도 방법을 강구하는 것이 중요하다.

① 가정과의 긴밀한 연락

가정과 교육기관의 교육이 서로 보조를 같이함으로써 교육의 효과가 증대되며 유아의 건강 상태를 자세히 파악할 수 있다.

② 발달 단계에 적합한 지도

유아의 발달 성장에 맞는 운동을 시키는 것이 좋다.

③ 다른 영역과의 관련

사이좋게 규칙을 지키며 놀게 하면서 신체적인 목표와 함께 사회성의 목표도 겸한 지도 방법이 되도록 한다. 단원에 맞게 프로그램을 구성하면 좋다.

④ 창의성의 촉진

여러 가지 형태나 양식을 경험시켜 스스로 발전시킬 수 있는 능력을 길러 주는 것이 바람직하다.

⑤ 건강 관리

개인차에 따라 적합한 운동 놀이의 부하량을 가감하는 지도 방법이 바람직하다.

(2) 지도 원리

[유아 체육의 10대 지도 원리]

① 의식성의 원리 : 자주적 활동에 기초를 두고 지도하는 원리

② 개별성의 원리 : 개별 지도, 집단 지도 등 어느 경우를 막론하고 학습자의 성별, 연령, 건강, 체력 및 심리적 특성을 고려하여 지도하는 원리

③ 흥미성의 원리 : 의욕적인 흥미를 존중하여 학습 능력을 높이도록 지도하는 원리

④ 자발성의 원리 : 지도자는 안내 및 상담 역할에 중점을 두고 학습자의 자발적인 활동을 기초로 하여 지도하는 원리

⑤ 사회화의 원리 : 집단 지도시 소규모 공동 집단을 구성하여 경쟁하도록 지도하는 원리

⑥ 전면성의 원리 : 학습 내용을 전면적으로 통일하여 지도하고 신체 발달 단계에 따른 지도 방법을 개발하여 지도하는 원리

⑦ 연속성의 원리 : 점진성의 원리, 반복성의 원리, 계속성의 원리로 나누고, 기술 지도는 쉬운 동작으로 시작하여 어려운 동작으로, 기본적인 도형으로

시작하여 응용적인 도형으로, 점진적으로 가르치고 반복 연습을 계속하여야 한다는 원리

⑧ 창조성의 원리 : 학습의 방법이나 요령을 설명하고 시범을 보인 후 기계적으로 반복시키는 방법보다는 학습자 스스로 학습 능력을 높이기 위하여 창의적으로 노력하도록 유도하고 지도하는 원리

⑨ 표현성의 원리 : 음악의 리듬에 맞추어 보다 효과적인 표현 방법을 지도하는 원리

⑩ 평가의 원리 : 학습 결과를 항상 평가하여 적극적인 학습 의욕과 능력을 올리도록 지도하는 원리

(3) 체육 놀이 지도법

① 체육 놀이의 목표

유아에게 필요한 각종 운동 놀이 경험을 넓히고 심화할 수 있도록 하며 규칙을 지켜 협력하면서 기초적 능력을 터득하게 하는 것이 교사의 역할이다.

- 연령에 따라 어떤 운동을 지도하는 것이 적절한가를 검토하고 필요한 교재를 선정하여 적절히 편성한다. 어떤 집단이건 간에 운동 능력의 우열은 반드시 나타나는데, 이 경우에는 집단의 70% 수준에 해당하는 교재를 선정한다. 운동 능력을 상위로부터 5단계로 평가할 때에 상위에서 1, 2, 3단계에 68.4%, 남은 4, 5단계에 31.6%로 평가할 때 정상 분포 곡선이 이루어지기 때문이다. 따라서 70%로 정하면 어떤 운동을 시킬 때에 그 집단의 70% 정도가 해낼 수 있고, 나머지 30% 정도는 하기 쉬운 낮은 수준의 교재를 선택한다. 유아들은 지도를 받음으로써 한층 정확한 방법을 익힐 수 있고 행하기 어려운 30%의 유아들도 지도를 받고 배우면 할 수 있게 될 것이다(교재의 선정).
- 자유 놀이에서 신체적으로나 운동 능력의 발달 면에 특히 불충분한 결함을 보충할 수 있는 놀이를 가미한다. 유아의 준비성에 적합하고 지적인 요구에

도 반영되는 것으로 한다.

- 다량의 에너지를 소비하는 주로 호흡 순환 대사의 자극을 도모하는 운동을 한다(생리적 기능 향상).
- 규칙을 지키고 서로 협력하는 태도를 기른다(사회적 적응).
- 유아의 흥미에 맞으며 운동 욕구를 만족시키는 운동놀이를 한다(정서적 안정).

(4) 지도 요령

① 지도 시간

30~40분 정도가 적당하며, 1주일 2~3회 실시한다.
(영아반 : 30분, 유아반 : 40분, 유치반 : 45분 이상)

② 목표를 향한 지도

신체 활동을 통하여 유아의 체력적 요인을 향상할 수 있도록 지도한다.

③ 의욕적인 지도

새로운 것에 대한 적극성을 유도하여 여러 가지 경험을 하거나 운동의 변화 있는 지도와 심리적 특징을 고려하고 흥미와 의욕을 높일 수 있는 지도와 기술의 고안이 필요하다.

④ 변화 있는 지도

유아는 동일하거나 반복하는 활동에 싫증을 나타낸다.

ㄱ. 도구의 교체

한 가지 놀잇감을 가지고 놀이하는 시간은 10여 분 정도가 적합하다. 따라서 유아반 수업에는 세 가지, 유치반 수업에는 네 가지가 적당하다. 즉, 놀잇감은 교체해 주어야 한다.

ㄴ. 운동의 대형을 변화

동일한 운동일 경우에도 둥근 모양, T자, S자, 소용돌이 모양 등으로 운동의 대형을 적절하게 창안하는 것은 체육 지도의 원칙이다.

ㄷ. 반대 동작의 운동을 가한다.

ㄹ. 복합적, 연속적인 운동을 가한다.

(5) 심리적인 특징을 고려한 지도

- 순서를 오래 기다리지 않도록 한다.
- 정적 운동에 편중되지 않도록 한다.
- 추상적인 맨손 체조를 피한다.
  - 예 구령에 의해서 실시되는 신체 운동은 유아에게는 부적당하다. 동물이나 탈 것을 흉내 낸다든지, 놀이 기구를 활용하여 교사가 의도하는 필연적 신체 활동으로 유도하는 것이 바람직한 일이다.
- 경쟁 의식을 지나치게 강조하지 않는다. 자기의 발달에 만족하는 '기록의 도전' 에 중점을 두는 것이 바람직하다.
- 개인차에 유의 : 처음에는 쉬운 것부터 시작하고 개인 동작이나 표정을 관찰하면서 다음 단계로 이행하는 것이 바람직한 지도 방법이다.
- 규칙과 약속을 지킨다. 이것은 체육 놀이 지도에 있어서의 커다란 목적이다. 심술궂은 유아, 친구를 학대하는 유아, 놀이 기구를 독점하는 유아, 제지하는 것을 강행하는 유아 등이 나타날 경우에는 엄격하게 지도해야 할 필요가 있다.

(6) 유아 놀이의 지도법

유아의 계획은 교육 요령이나 교사의 마음만으로 만들어지는 것이 아니다.

교사는 유아의 참모습을 놀이에서 포착하여, 놀이의 상황을 자세히 관찰하고 지도의 착안점을 포착하는 일이 중요하다.

① 자유 놀이의 관찰 요령

ㄱ. 내용적 측면

- 유아가 즐겨하는 운동 놀이의 종류와 참가하는 인원 수
- 한 가지의 운동의 소요 시간

• 일정 시간에 한 명의 유아가 스스로 선택하여 행하는 운동 종목 수

ㄴ. 신체적 측면

• 건강과 체력이 뒤떨어지는 유아의 활동은 어떠한가?
• 평상시에 부상을 자주 입는 유아의 활동은 어떠한가?
• 발달이 연령에 맞게 정상인가 아닌가, 신경과 조정력이 자유자재로 움직일 수 있는 정도의 발달을 하고 있는가?

ㄷ. 정신적 측면

• 운동 놀이시 적극적으로 참가하고 있는가, 소극적이어서 이탈하는 경우는 없는가?
• 규칙을 지키며 누구와도 사이좋게 지내는가?
• 집단 놀이시 심술궂거나 시설, 기구를 독점하는 일은 없는가?
• 상상력을 발휘하여 창조적인 놀이 활동을 하고 있는가?
• 사용한 기구의 뒤처리를 하는가?
• 적극적으로 노력하는가?

ㄹ. 관리상 측면

• 각종 시설이나 놀잇감의 수량이 유아들의 필요와 비교하여 적당한가?
• 고정 시설이나 운동 기구들이 안전하게 정비되어 있는가?
• 새로운 시설이나 기구를 보완할 필요는 없는가?

② 자유 놀이의 지도 요령

ㄱ. 유아에 대한 조언

• 기구의 사용법에 대하여 알려준다.
• 안전 사고에 대하여 알려준다.

ㄴ. 자유 놀이의 한계

유아의 자발적 행동을 더욱 촉진하는 방법

ㄷ. 동작의 보조

유아가 의지하도록 하는 완전한 도움보다는 격려의 말이나, 전적인 보조보

다는 옷을 가볍게 잡아주는 정도의 지도가 바람직하다.

ㄹ. 위험의 방지

- 예측되는 위험성에 대해서는 그것을 방지하는 규칙이나 약속을 만든다.
- 자유 놀이의 경우에는 높은 곳에서 뛰어내리지 않도록 한다.
- 그네, 시소, 회전탑 등의 접근하면 위험한 것에는 푯말이나 줄을 그어 주의를 표시한다.
- 평상시에 부상이 잦은 유아에 대해서는 특히 조심하여 놀고 있는지를 확인한다.

(7) 유아 체육 놀이시 고려해야 할 점

- 유아 체육 지도자는 심신의 메커니즘(mechanism)을 분명하게 알고 있어야 한다.
- 유아 체육 지도자는 확실한 목표를 갖고 있어야 하며 운동의 특성을 정확히 알고 있어야 한다.
- 유아 체육 지도자는 담당하고 있는 유아의 성장과 발달의 정도를 자세하게 알고 있어야 한다.
- 유아 체육 활동시에는 자유로움을 느끼고, 잠재적인 능력을 유아가 발휘할 수 있도록 편안하고 개방적인 학습 분위기를 조성해야 한다.
- 유아 체육 활동 시간은 개인차가 있으나, 너무 장시간 운동을 하는 것은 신체적으로 부담을 줄 수 있으므로 피하는 것이 바람직하다.
- 유아 체육 시간에는 모든 공간을 이용하고 유아가 사용해야 할 시설이나 기구는 유아의 안전을 위해 모서리를 감싸주거나 사방의 벽을 보호막으로 처리하여 위험한 사고를 예방해야 한다.
- 유아 체육 활동시에는 유아들이 스스로 경험을 통해서 동작을 수행할 수 있도록 유도해야 하고 동작 수행을 완수할 때까지 지도자는 끈기 있게 기다려 주어야 한다.
- 처음 신체 활동을 하게 된 유아는 쉽게 움직이려고 하지 않는다. 그러므로

지도자는 유아가 되도록 가까운 곳에서 바라볼 수 있도록 하고, 두세 번 정도의 기회를 주면서 스스로 신체 활동에 참여할 때까지 끈기 있게 기다려 주는 것이 중요하다.

3 유아 체육 지도자 역할 및 기본 요건과 조건

(1) 우리나라 유아교육기관의 실정에 적합한 구체적인 교사의 역할

- 유아 체육 지도자는 주어진 시간 내에 유아가 직접 참여할 수 있는 기회를 최대한 제공하여 시간 내에 유아의 활동량이 최대가 되도록 한다.
- 유아 체육 지도자는 의도적으로 유아가 신체 활동에 규칙적으로 참여하도록 하고, 그 결과에 대해 유아가 만족과 기쁨을 느끼고 경험하도록 도와준다.
- 유아 체육 지도자는 규칙이 많은 스포츠 게임은 유아의 능력에 맞게 쉽고 단순하게 변화시켜 실시한다.
- 유아 체육 지도자는 유아가 비경쟁적 상황에서 자신들의 능력과 자신감을 발달시키도록 격려해 주어야 한다.
- 유아 체육 지도자는 체육 활동을 위한 도구와 설비를 충분히 준비하여 각 유아의 참여를 극대화해야 한다.
- 유아 체육 지도자는 체육 활동시에는 남아, 여아에게 성 차별을 느끼게 하는 요구나 말을 하지 않아야 한다.
- 유아 체육 지도자는 체력이 미래의 삶에 얼마나 중요한 개념인지를 이해할 뿐만 아니라 가치있게 생각할 수 있는 활동을 계획해야 한다.
- 유아 체육 지도자는 벌을 줄 경우 토끼뜀이나 오리걸음 등은 피한다. 유아가 체육 활동에 부정적인 태도를 갖을 수 있기 때문이다. 따라서 체육 활동은 삶을 즐기고 자극하고 발전시키는 계기가 된다는 것을 유아가 이해할 수 있도록 해야 한다.

(2) 유아 체육 지도자의 기본 요건

- 유아를 진정으로 좋아하고 깊이 사랑하는 사람이어야 한다.
- 유아에 대한 교육 동기와 목표가 확실해야 한다.
- 다양하고 융통성 있는 지도로 유아의 호기심과 흥미를 유발할 수 있어야 한다.
- 유아 체육 지도자는 유아 교육 과정의 전반에 대한 풍부한 지식을 갖추고 있어야 한다.
- 신체적 기술을 교육 현장에서 유아에게 적합한 방법으로 연구하여 효과적인 지도를 한다.
- 체육 분야의 오랜 경력을 통해 정확하고 책임 있는 시범을 보일 수 있는 사람이어야 한다.
- 유아의 인격을 존중해야 한다. 언어는 표준어를 사용하고 은어는 사용하지 말아야 한다.

4 유아 체육 지도자의 위치

- 교사 자신이 적극적으로 참여한다.
- 즐거움과 재미를 준다.
- 유아를 부드럽고 다정하게 대한다.
- 보조자의 역할을 한다.
- 계획의 입안자가 되어야 한다.
- 창의적인 교육을 위해 융통성을 갖추어야 한다.

5 유아 체육 지도자의 역할

- 활발한 신체의 움직임을 수반하는 놀이를 여러 가지 형태로 경험하도록 지도한다.
- 신체적인 건전한 발달을 촉진하고자 노력한다. 근력이 요구될 때에는 강한 힘을 발휘하거나 지구력이 필요할 때에는 인내력을 발휘할 수 있도록 자신의 의사에 따라 자유로이 움직일 수 있는 능력을 확대시킬 수 있도록 유도한다.
- 지적 발달과 정신적 건전성, 정서적 안전성을 기를 수 있도록 한다. 놀이에 대한 욕구를 충족시킴으로써 정서의 안정성을 도모하며 지적인 면에서 창의성을 육성시키고 의지적인 면에서 자발성이나 독립성을 기르도록 한다.
- 사회성이 발달할 수 있도록 한다. 친구 사귀기를 촉진함으로써 친구와 사이좋게 놀도록 한다. 친구들과 잘 어울리지 않을 경우에는 놀이를 통해 협동심, 경쟁심, 예절, 준법 정신과 같은 사회적 성격을 교육함으로써 민주적 태도의 기초를 배울 수 있도록 한다.

6 체육 수업 진행시 유의점

- 안전 사고에 대한 사전 준비 또는 예방책이 마련되어야 한다.
- 유아의 생리적, 심리적, 사회적 측면을 충분히 고려해야 한다.
- 정해져 있는 질문은 피하고 설명은 간단 명료해야 한다.
- 유아의 발달 수준에 따른 적절한 내용을 단계적으로 계획하여 지도해야 한다.
- 수업에 임하는 집단의 크기를 고려해야 한다.
- 체육 활동은 과정을 중시해야 한다.

- 유아의 흥미나 능력에 맞는 활동이나 자료들을 다양하게 제공해야 한다.
- 올바른 언행으로 모범이 되어야 한다.
- 준비와 마무리 체조를 정확히 한다.
- 정리 정돈 및 간단한 위생 생활을 지도한다.

[신입생 원아 조사서]

1. 건강

① 유아가 주로 다니는 병원은 어디입니까?

병원 이름 전화번호

② 급한 연락이 있다면 집 이외의 어디로 하면 좋겠습니까?

③ 특별히 아픈 곳이 있습니까?

④ 있다면, 그때는 어떤 응급 조치를 취해야 할까요?

2. 생활 습관

잠자는 습관

① 취침 시간 :

② 기상 시간 :

③ 누구와 자나요?

④ 아침에 일어나는 것을 힘들어합니까?

생활 태도

① 혼자 옷을 입고 벗을 수 있습니까?

② 혼자 세수하고 닦을 수 있습니까?

③ 혼자 대, 소변을 조절할 수 있습니까?

④ 양치질은 하루에 몇 회 하나요?

식사 습관

① 유아가 좋아하는 음식은 무엇입니까?

② 유아가 싫어하는 음식은 무엇입니까?

③ 식사 태도는?
(예 먹여준다, 혼자 먹는다, 돌아다니면서 먹는다 등)

놀이 형태

① 어떤 놀이를 즐겨 합니까?

② 즐겨 사용하는 장난감은 어떤 것이 있습니까?

③ 어떤 책을 즐겨 봅니까?

④ 주로 노는 장소는 어디입니까? (예 집, 놀이터, 친구 집 등)

가정에서의 생활

① 형제가 있습니까?

② 형제가 있다면 사이는 어떻습니까?

③ 유아가 하루 중 누구와 가장 오랜 시간을 보냅니까?

④ 유아가 가족 중에서 가장 좋아하는 사람은 누구입니까?

⑤ 집으로 놀러오는 친구는 몇 명 정도입니까?

⑥ 친구와 놀 때 리더십은 어느 정도 있습니까?

⑦ 어떤 성격의 친구를 좋아합니까?

⑧ 어떤 성격의 친구를 싫어합니까?

⑨ 친구와 다투었을 때 주로 어떻게 끝을 맺습니까?
(예 운다, 뒤로 물러선다, 먼저 사과한다, 마음에 새긴다 등)

3. 유치원에 오기 전의 경험

① 유치원에 입학하기 전에 다닌 곳과 기간을 구체적으로 적어 주세요.
다닌 곳 : 기간 :

② 현재 유치원 이외의 과외 활동을 하고 있습니까?
(예 학원, 개인 지도, 그룹 지도, 학습지 등)

4. 부모의 교육 방법

① 부모가 생각하는 유아의 성격은 어떻습니까?

② 가정 교육에서는 어떠한 면에 가장 중점을 두고 있습니까?

③ 유아가 잘못했다고 판단했을 때 어떻게 하십니까? 또 그때 유아의 반응은 어떻습니까?

④ 유아가 특별히 고쳐야 할 점이 있다면 무엇이라고 생각하십니까?

⑤ 그동안 자녀를 기르면서 어려웠던 점이 있습니까?

⑥ 교사에게 부탁하고 싶은 사항이 있다면 적어주세요.

5. 유치원에 대하여

① 유치원은 어떤 곳이라고 생각하십니까?

② 본 유치원을 택하게 된 동기는 무엇입니까?

③ 본 유치원에 대한 교육적 희망 사항이 있다면 적어 주세요.

6. 가족 관계

① 유아의 이름 한글 :
한자 :
영어 :

② 주민등록번호

③ 주소

④ 전화번호

⑤ 혈액형

⑥ 가족관계

유아와의 관계	이름	생년월일	학력	종교	직업	근무처 (전화)

기록자 성명 : 유아와의 관계 :

년 월 일

○○ 유치원

[진급생 원아 조사서]

유아의 이름　　　한글　　　한자　　　영어
주민등록번호
주소　　　　　　　　전화번호

가족 관계

유아와의 관계	이름	생년월일	학력	종교	직업	근무처 (전화)

1. 급한 연락이 있다면 집 이외의 어디로 하면 좋겠습니까?
2. 유아가 주로 다니는 병원은 어디입니까?
   병원 이름　　　　　　전화번호
3. 그동안 유치원을 보내며 어려웠던 점이 있었습니까?
   있었다면 자세히 적어 주십시오.
4. 부모님께서 생각하는 유아의 성격은 어떻습니까?
5. 집으로 놀러오는 유치원 친구들은 몇 명 정도입니까?
   친구의 이름은 무엇입니까?
6. 현재 유치원 이외의 과외 활동을 하거나, 할 계획이 있으십니까?
   있으시다면 자세히 적어 주십시오.
7. 교사에게 부탁하고 싶은 사항이 있으시면 자세히 적어 주세요.

기록자 성명 :　　　　　　유아와의 관계 :

년　　월　　일

제 2 부

유아 체육과 행사 프로그램

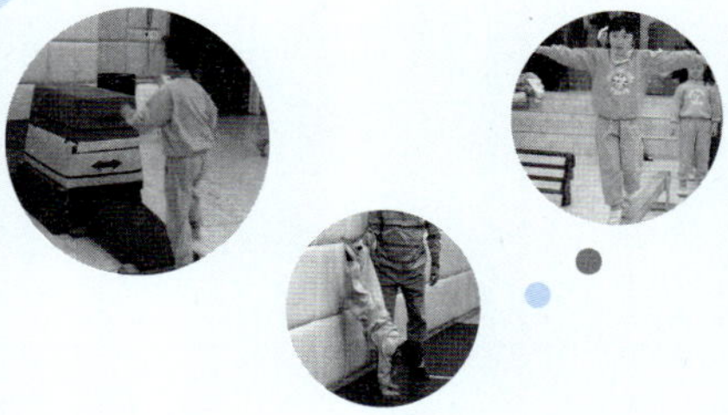

제1장

체 조

1 체조

(1) 체조의 역사

고대 중국과 그리스 시대부터 체조는 건강 증진과 자세를 교정하기 위해 실시하였다.

문헌에 의하면 기원전 2500년경 고대 중국에서는 의료적 보건 체조가 행하여졌다고 한다. 이 체조는 신체 활동이 적으면 병이 난다고 믿었기 때문에 만들어진 운동이다. 고대 이집트에서는 오늘날의 체조에 가까운 공중 회전 동작이나 덤블링 등의 동작이 그려진 그림이 많이 발견되고 있다. 또한 고대 인도에서는 우리가 잘 알고 있는 요가를 비롯한 안마십팔수, 도인십이세, 호흡법 등의 건강을 위한 의료 체조가 행해졌다. 한편, 고대 그리스에서는 모든 신체 운동을 체조라고 칭하여 5종 경기, 수영, 권투, 마술 등을 행하였다.

오늘날과 같은 과학적인 체조는 18세기 말에

독일의 Guts Muths에 의해 체계적으로 발전하기 시작하였다. 독일 체조의 주류였던 '기계 운동주의'에서 탈피하여 건강과 보건을 위해서 누구나 쉽게 할 수 있는 체조가 필요하다는 인식에서 비롯되었다.

19세기 초에 Ling이 체계화한 스웨덴의 체조가 대표적이다. 체조 경기에 맨손 체조가 포함되는데, 이 경우에는 맨손 체조와 구별하여 마루 운동이라고 한다.

- 독일 체조 : 창시자는 Basedow이며, Jahn이 체계적으로 확립하였다.
- 스웨덴 체조 : 창시자는 Ling이며, 해부학 · 생리학 · 생물학을 기초로 분석하고 단련하였다.
- 덴마크 체조 : 창시자는 Nachtegal이고 Nelson이 확립 · 발전시켰으며 맨손 체조를 통한 교정에 목적을 두었다.

우리나라에서는 조선 시대 이황이 '활인심방'이라는 의료적 형태의 맨손 체조를 실시했으며, 현대적인 체조는 갑오개혁 이후에 도입되었다.

우리나라에서는 고대에 체조가 성행하였다는 기록이 발견되지 않고 있다. 그러나 조선 시대 세종 때에서는 '바라문안마법'이라는 체조 형태의 운동이 행하여졌고, 16세기에 이황은 13가지 방법의 체조를 '활인심방법'에 수록하였고 이것은 실내에서 할 수 있다. 근대 체조가 들어온 연대는 정확히 알 수 없으나 1895년 학교에서 체조를 가르치면서 널리 보급되고 있다.

- 해방 전 : 학교 체조로 시작하여 군대(병식) 체조의 한 분야로 훈련에 이용함
- 해방 후
  - 1931년 전 조선 기계 체조 대회 1회 개최 : 철봉, 뜀틀, 평행봉
  - 1960년 제17회 로마 올림픽의 체조 경기에 처음 출전

(2) 체조의 어원

체조는 고대 그리스의 Gymnos를 어원으로 하고 있지만, 체육 · 체조 · 운동의 의미에 따라 계속적으로 변천해 오고 있어 그 의미를 한 마디로 규정하기란 어렵다.

(3) 체조의 특성 및 효과

① 특성

- 시간과 장소에 구애를 받지 않고 기구가 필요없다.
- 각종 운동의 준비 · 정리 · 보강 운동시에 많이 사용된다.
- 남녀노소 누구나 능력에 따라 즐길 수 있다.
- 자신이 새로운 동작을 창안하여 즐길 수 있다.
- 생리학과 해부학 원리를 바탕으로 한 운동이다.

② 효과

- 바른 자세와 균형 잡힌 몸매를 가꾸어 준다.
- 건강을 유지 · 증진시키고 체력 향상에 도움이 된다.
- 피로를 해소시키고 작업 능률을 향상시킨다.
- 유연성을 기르고 퇴화를 예방할 수 있다.
- 근육의 유연성과 관절의 가동성을 높이며 내장 기관의 기능을 높인다.

(4) 체조의 원리와 방법

맨손 체조의 효과를 높이려면 반복성, 전면성, 점진성, 개별성, 의식성의 원리에 따라야 한다. 체조를 할 때에는 심장으로부터 먼 부위의 운동에서 가까운 부위의 운동으로, 가볍고 단순한 운동에서 강하고 복잡한 운동의 순서로 실시하여야 한다. 마지막에는 정리 운동을 실시하고, 또 모든 신체 부위의 운동이 골고루 될 수 있도록 구성하며, 가능한 한 동작을 크고 부드럽게 연결시킨다.

(5) 맨손 체조의 종류

맨손 체조의 실시 목적이나 방법에 따라 일련 체조, 스트레칭 체조, 짝 체조, 꾸미기 체조, 보건 체조, 교정 체조 등으로 구분된다. 체조를 효과적으로 실행하려면 체력이나 생활 방식의 특징을 알고 목적에 맞도록 체조를 선택하고 구성한다.

① 일련 체조

일련 체조는 부위별 운동을 결합하여 전신의 유기적인 작용을 촉진하기 위한 운동이다. 간단한 운동에서 복잡한 운동으로 구성해야 하고, 약한 운동에서 힘든 운동으로 진행되어야 효과적이다. 또, 심장에서 먼 신체 부위에서 가까운 부위로 실시해야 생리적인 부담을 줄일 수 있다. 이러한 원칙에 따라 다리 → 팔 → 목 → 가슴 → 온몸 → 숨쉬기 → 운동의 순서로 실시하는 것이 바람직하다.

[구성 원리]

- 운동 부하의 원칙 : 운동량이 적은 동작에서 많은 동작으로 진행하여야 한다.
- 종합성 : 신체의 일부만이 아닌 전신을 골고루 사용해야 한다.
- 리듬성 : 근육의 수축과 이완, 정지와 움직임 등으로 생기는 동작의 흐름과 리듬을 효과적으로 사용하여 원활한 동작이 이루어져야 한다.

② 스트레칭 체조

스트레칭(stretching)은 신전, 신장이라는 의미로서 우리말로 유연 체조라고도 한다. 이는 근육과 관절의 신전 운동 범위를 확대시키고 유연성을 증진시키는 운동으로 관절과 근육의 탄력성을 좋게 하여 운동을 무리없이 부드럽게 할 수 있도록 한다. 스트레칭 체조에는 정적, 동적, 수동적, 능동적 스트레칭 등이 있으며 운동에 따라 적절한 질과 양을 적용하여 신체 상해의 예방 또는 재활의 목적으로 이용한다. 일반적으로는 근육, 건, 인대에 좀 더 안전한 정적 스트레칭을 많이 하고 있다.

스트레칭은 유산소 운동으로 체온을 약 1도 정도 상승시켜 심신을 안정시키고 즐거운 기분으로 운동을 준비한다. 정적 스트레칭을 할 때에는 호흡을 자연스럽게 하면서 조금 통증을 느낄 때까지 근육을 천천히 당겨 주고 신전 지속 시간은 약 10~30초 정도로 유지하여 지속하고 반복하는 것이 좋으며 동적 스트레칭의 경우 10회씩 3회 정도를 행하여 신체 각 부위의 근육과 건, 인대를 여러 방향으로 진전시킨다.

③ 짝 체조

짝 체조는 2명이 한 조가 되어 상대편의 힘이나 몸무게를 이용하거나 짝을 보조하여 운동 효과를 높이는 운동이다. 짝 체조는 체력 향상과 자세 교정에 효과가 있으며 사회성도 함께 길러 줄 수 있다.

④ 꾸미기 체조

꾸미기 체조는 3인 이상의 집단이 여러 가지 모양을 만들어, 균형 잡힌 조형미를 나타내는 운동이다. 꾸미기 체조를 할 때에는 서로 협조하여 각자가 맡은 역할을 하여야 하며 큰 부하를 견딜 수 있는 강인한 체력과 정신력을 길러 준다.

(6) 준비 체조의 개념

준비 체조를 하지 않고 강력한 운동을 하게 되면 근육을 다치거나 근육이 수축되어 끊어지는 사고가 발생한다. 스포츠의 종류에 따라 알맞은 준비 운동이 필요한데, 주로 가벼운 달리기나 유연 체조 등을 한다. 그 강약이나 종류는 각자의 경험 · 몸의 컨디션 · 연령 · 체력 · 기온 등에 따라 가감하거나 시간 조절도 해야 한다. 준비 운동은 몸을 따뜻하게 하고 체온을 높여주며, 이 운동이 끝난 후에는 몸이 식지 않도록 주의해야 한다.

육상 · 수영 경기 전에 팔 흔들기나 제자리걸음, 가벼운 제자리뛰기, 복싱 전에 줄넘기, 등산 전에 다리의 굽힘과 펴는 운동 등은 상식적인 일이다. 준비 운동의 효과는 다음과 같다. 첫째, 관절이 부드러워지고 근육도 움직이기 쉬워지므로 몸의 유연도가 증가된다. 둘째, 준비 운동을 하는 동안에 대뇌의 흥분 수준이 높아져서 경기의 격렬한 움직임이나 정신적인 압박에도 대비하게 된다. 셋째, 호흡 순환 기능이 개선되어 격렬한 스포츠 직후에 나타나는 괴로운 상태, 즉 데드 포인트(dead point)를 가볍게 하는 데 도움이 되는 등의 효과가 있다.

- 준비 체조 : 심한 운동이나 힘든 작업을 하기 전에, 전신에 적당량의 자극을 줌으로써 작업에 효율적으로 임할 수 있는 신체 조건이 되도록 하는 체조
- 정리 체조 : 운동이나 작업에 의하여 흥분된 내장 기관과 피로해진 신경계를

진정시키며 근육의 피로가 회복되도록 하는 체조

(7) 맨손 체조의 구성 원리

맨손 체조는 신체 각 부위의 운동과 이를 결합한 운동으로 구분할 수 있다. 실시하고자 하는 본 운동에 적합하도록 구성하고, 다음의 몇 가지 원칙을 따른다.

- 심장에서 먼 부위인 팔과 다리 운동부터 시작한다.
- 가벼운 운동으로 시작하여 점차 운동의 강도를 높인다.
- 연령, 성별, 체력 등에 따라 운동의 강도를 조절하고, 운동량이 적은 동작에서 많은 동작 순으로 한다.
- 동작은 크고 정확하게 하며 동작의 강약, 속도, 횟수를 변화시켜 리듬을 맞춘다.
- 하나하나의 움직임을 정확하고 리듬감 있게 하며, 조금 지칠 때까지 한다.
- 숨쉬기 운동을 마지막에 반드시 실시하여 호흡을 조절한다.

(8) 맨손 체조의 활용

맨손 체조는 신체의 균형있는 발달을 돕는 운동으로, 운동의 준비 · 정리, 교정, 미용 등에 다양하게 활용된다.

(9) 체조와 태도

체조 운동은 사고 위험이 높으므로 안전이 크게 요구되는 운동이다. 체조 운동 시에는 운동 장소와 기구를 점검하고, 쉬운 동작부터 단계적으로 연습을 하여 불의의 사고에 대비할 수 있는 태도를 기르도록 한다.

(10) 체조 구성상의 유의점

단순히 신체를 움직이는 것만으로는 체조라고 할 수 없다. 피로 회복을 위해서라든지, 격렬한 작업 · 스포츠 전의 준비, 근력 증강, 유연성 기르기 등을 고려한다. 또한 연령, 성별, 건강도 등으로 대상을 파악한다.

2 단계별 유아 체조

유아를 건강하게 기르기 위해서는 유아에게 적합한 운동을 시켜서 온몸의 여러 근육과 관절에 힘을 넣어준다. 건강한 아이로 기르려면 어릴 때부터 온몸 운동을 시키는 것이 중요하다. 따뜻한 방 안에서 목욕시킨 후 옷을 벗긴 채로 체조를 시킨다. 시간은 5분 이내로 한다.

운동력이 있는 유아로 기르려면 어릴 때부터 몸을 움직이도록 하는 것이 중요하다. 아이는 2~3개월이면 근육이 굳어지므로 이 시기부터 시작해야 한다.

(1) 생후 2~3개월의 아기 체조

- 옷을 갈아입힐 때 팔을 위로 좌우로 펴주고 손가락을 펴주며 주물러 준다.
- 기저귀를 갈아줄 때마다 가볍게 다리를 한두 번 폈다 굽혔다 하며, 두 다리를 가지런히 펴고 엄마의 양손으로 다리를 위에서 아래로 여러 번 쓰다듬어 준다.
- 배를 쓰다듬어 준다. 배꼽 둘레를 시곗바늘 방향으로 3번 쓰다듬어 주고 한 손으로 배를 들었다 놓았다 한다.
- 등뼈를 두 손가락으로 5~6회 쓸어내린다.
- 손바닥과 발바닥에는 여러 기관의 자극점이 모여 있어서, 손과 발에 자극을 주면 온몸의 기관 작용이 활발해지고 두뇌에도 좋은 자극이 된다.
- 아기를 바닥에 똑바로 눕히고 엄마의 엄지손가락을 잡게 한다. 한쪽 팔을 번갈아가며 굽혔다 펴주기를 반복한다.
- 아기를 눕히고 아기의 엄지손가락으로 어깨쪽 잡는 자세를 한다. 아기의 몸을 펴면서 팔을 구부렸다가 부드럽게 돌려준다.
- 똑바로 눕힌 자세에서 아기의 한쪽 발목을 잡고 다리가 가슴까지 오도록 무릎을 굽혔다 펴준다. 다른쪽도 같은 방법으로 실시한다.
- 아기를 엎드리게 한다. 오른손으로는 등을, 왼손으로는 양 발목을 쥔 다음 등을 곧게 펴서 비스듬하게 들어올린다.

- 아기를 바닥에 눕힌 후에 다리를 잡고 몸을 좌우로 돌려준다.
- 엄마의 무릎 위에 아기를 앉히고 손으로 옆구리와 등을 받친 후 아기의 얼굴에 입김을 불어 엄마를 보게 한다.

(2) 생후 5~6개월의 아기 체조

- 엄마의 두 엄지손가락을 아기에게 쥐게 하고, 남은 네 손가락으로 아기 손을 쥐고 앉아 있는 아기를 일으켜 세우면서 매달리게 하고 1분 후에 내려놓는다.
- 아기를 바로 눕히고 아기의 두 다리를 위로 올려 무릎 아래쪽을 두 손으로 쥔다. 엄마는 허리를 들고 일어나며 아기를 거꾸로 1분쯤 올린다. 건강에 아주 좋은 운동이다.
- 아기를 엎드리게 한 후 두 팔을 좌우로 편다. 손목을 잡고 아래쪽에서 위로 올려 비행기 모양을 한다.
- 아기를 바로 눕히고 양팔의 팔꿈치 아래 부분을 잡고 오므렸다 폈다를 5~6회 반복한다. 다리도 발쪽에 앉아 폈다 오므렸다를 5~6회 반복한다.
- 아기의 두 엄지손가락을 잡고 세웠다 앉혔다 2~3회를 반복하면 팔과 내장이 튼튼해진다.
- 아기를 눕히고 엄마의 두 엄지손가락을 잡게 한 다음 팔을 머리 위까지 올렸다가 옆으로 원을 그리며 내려준다.
- 아기를 눕히고 아기의 엄지손가락을 잡아 양팔을 가슴 위로 교차시킨다.
- 바닥에 눕히고 양손을 잡은 뒤 앉은 자세가 될 때까지 천천히 일으켜 세웠다가 다시 천천히 눕힌다.
- 아기를 엎드리게 한 상태에서 아기의 배를 안아들고 손과 발을 이용해 기어가도록 한다.
- 엄마는 무릎을 굽혀 세우고 누워 아기를 발등 위에 앉힌다. 아기의 손을 잡고 무릎을 굽혔다 폈다 하면서 아기를 들어올린다.
- 아기를 눕히고 양 발바닥에 손을 대고 가볍게 눌러주면 스스로 발차기를 한다.

(3) 1~2세의 아기 체조

- 아이를 엎드리게 한 후에 두 손을 뒤로 올리게 한다.
- 식탁 사이를 빠져나가게 한다. 머리가 부딪히지 않도록 주의시키고 몸을 굽히고 빠져나가게 한다.
- 집짓기 놀이를 한 후에 방 안에 흩어진 것들을 정돈하게 한다.
- 가슴을 펴고 양손을 들게 하면 기분이 좋아진다.
- 공을 가지고 놀게 한다. 큰 것과 작은 것을 함께 주어 손가락과 손목의 관절을 발달시킨다. 엄마가 도와준다.
- 엎드린 자세에서 아기가 양팔로 몸을 지탱하도록 두 다리를 위로 들어올린다.
- 아기를 엎드리게 하고 양팔을 뒤로 올려 양손을 합쳤다가 내리면서 자연스럽게 등을 펴준다.
- 엄마가 다리를 쭉 뻗고 앉는다. 아기의 발바닥과 닿도록 마주 보고 앉은 다음 아기의 양손을 위로 당겨 일으켜 세운다.
- 엄마가 무릎을 꿇고 앉아서 아기를 앞에 눕힌 다음 아기의 발을 엄마의 허벅지 위에 올린다. 발목을 잡고 아기의 몸이 뜰 때까지 천천히 들어올렸다 내려놓는다.

(4) 2~3세의 아기 체조

- 이부자리를 펴고 갤 때 아이를 이불 위에 앉혀 놓고 갑자기 이불을 당겨서 넘어지게 한다. 스스로 다치지 않고 넘어지는 방법을 깨닫고 스스로 몸을 보호할 수 있는 지혜가 생긴다.
- 넘어진 아이를 좌우로 한 바퀴 그리면 아이는 좋아한다.
- 엄마의 두 엄지손가락을 아이에게 잡게 하고 매달리게 한 다음 옆으로 5회를 흔들어 준다.
- 밖에서 달리기를 시킨다. 거리를 정해 놓고 달리게 한다.

(5) 3~5세의 유아 체조

- 즐거운 음악에 맞추어 아이의 손을 잡고 깡충깡충 뛴다. 배와 발목에 탄력이 생기고 간장, 신장이 튼튼해진다. 한 발로 뛰어 보도록 한다.
- 기둥에 끈을 매어 끈 아래로 빠져나가게 한다. 높이를 점점 낮춰서 겨우 빠져나갈 수 있을 정도로 한다. 등뼈가 유연해진다. 전신 운동에 대단히 좋다.
- 봉에 스스로 매달리게 한다. 양손으로 쥐게 한 후, 그 봉을 부모가 높이 쳐든다. 체력이 좋아지고 성장을 촉진한다.
- 엄마와 아이가 손을 마주 잡고 손 아래로 빠져나가게 한다. 왼쪽, 오른쪽 여러 번 반복해도 좋다. 옆구리를 펴게 하는 매우 좋은 운동이다.
- 매일 밖에서 달리게 한다.
- 30㎝의 높이에서 뛰어내리게 한다.

(6) 5~6세의 유아 체조

- 앉아서 두 다리를 앞으로 일직선이 되도록 편다. 앞으로 뻗은 양다리를 가능한 옆으로 일직선이 되도록 좌우로 넓게 벌린다.
- 서서 발을 앞뒤로 벌린다. 처음에는 오른쪽 발을 앞으로, 다음에 왼쪽 발을 앞으로 뻗는다.
- 무릎을 꿇고 앉아서 두 손을 바닥에 대고 무릎이 바닥에서 떨어지지 않도록 위로 눕는다.
- 두 다리를 가지런히 펴고 앉아 손으로 발목을 잡고 무릎이 굽혀지지 않도록 하며 얼굴을 다리에 댄다.
- 배를 방바닥에 대고 발목을 잡고 천장을 바라본다.
- 빨리 달리는 비결은 무릎을 높이 올리는 것, 팔을 예각으로 굽혀 빠르게 흔드는 것이다.
- 매일 일정한 거리를 전속력으로 달리게 하고 시간을 측정한다.
- 앞으로 머리를 숙여 발목을 잡고 아장아장 걷는다. 방 안을 1~2번 돈다.
- 수영하기 전에 서 있는 자세로 팔을 흔든다.

- 상반신을 뒤로 젖히고 팔을 아래서 위로 돌린다. 배영하는 방법과 비슷하다.
- 서서 물을 좌우로 가르듯 팔 운동을 한다. 가슴을 넓혀주는 운동이다.
- 이불 위에서 몸을 뒤집는 운동을 한다.
- 두 팔이 귀에 닿게 위아래로 편다.
- 30~40㎝ 높이에 고무줄을 팽팽하게 매고 뛰어넘기를 한다.

3 준비 운동과 정리 운동

일반적으로 준비 운동과 정리 운동에 주로 사용하는 것이 스트레칭 체조이다. 이것은 정적인 활동이어서 유아들이 때로는 지루해 하는 반응을 보이기도 한다. 그러나 스트레칭 동작들은 우리가 생각하는 것보다 다양하고 많은 종류가 있으며, 이 동작들을 적절히 혼용한다면 아주 좋은 운동이 될 것이다. 그 예로 걷기와 달리기가 있다.

(1) 걷 기

천천히 걷기, 점점 바르게 걷기, 팔을 흔들면서 걷기, 무릎을 높이 들면서 걷기, 방향 바꾸어 걷기 등이 있다.

(2) 달리기

걷기와 똑같은 형식으로 진행하면 되지만 거기에 팔 동작들에 변화를 주어가며 하는 것이 효과적이다. 이러한 동작들을 약 2~3분 정도의 시간을 두고 연속적으로 진행하는 것이 좋다..

4 유아 스트레칭 체조

스트레칭은 과학적으로 만들어진 것이다. 따라서 유연성 훈련에 아주 효과적이며, 특히 유아에게는 척추나 관절을 유연하게 하고 바른 자세를 유지시켜 준다.

① 어깨 뒤로 젖히기

- 시간 : 10초씩 3회
- 활동 방법 : 한 팔을 굽혀 목 뒤로 젖히고 다른 손으로 팔꿈치를 뒤로 밀어 어깨를 늘려준다.
- 호흡 : 호흡은 편안하게

② 팔을 당겨 누르기

- 시간 : 10초씩 3회
- 활동 방법 : 팔꿈치 윗부분을 손으로 잡고 팔이 가슴으로 밀착되도록 붙여준다. 천천히 최대한 붙여준다.

③ 좌우로 굽히기

- 시간 : 10초씩 양쪽으로 2회씩
- 활동 방법 : 팔을 귀 옆으로 뻗어 최대한 올린 후에 한쪽 옆으로 서서히 내린다. 눈을 감고 해도 좋으며 몸의 느낌을 느끼면서 최대한 숙여준다.
- 호흡 : 편안히 가볍게 숨을 쉰다.

④ 상체 앞으로 숙이기

- 시간 : 10초씩 3회
- 활동 방법 : 발목을 잡고 배가 허벅지에 닿도록 앞으로 천천히 숙여 10초간 버틴다.

⑤ 한쪽 다리 펴서 옆으로 숙이기

- 시간 : 10초씩 3회
- 활동 방법 : 다리를 펴고 한쪽으로 숙여준다. 골반의 유연성을 기르는 데 좋

은 자세이다.

⑥ 두 다리 펴 앞(옆)으로 숙이기

- 시간 : 10초씩 3회
- 활동 방법 : 양다리를 벌려 앞으로 숙인다. 이 동작은 골반의 유연성에 꼭 필요하다. 잘 벌어지지 않더라도 할 수 있는 만큼 꾸준히 하는 것이 중요하다.

⑦ 발바닥 붙이고 앞으로 숙이기

- 시간 : 10초씩 3회
- 활동 방법 : 발바닥을 붙여 몸쪽으로 최대한 당기고, 양쪽 무릎이 땅에 닿도록 하면서 몸을 앞으로 숙인다. ⑤, ⑥과 같이 유아에게 필수적인 골반 운동이다.

⑧ 다리 앞뒤로 벌리기

- 시간 : 양다리를 번갈아 10초씩 2회
- 활동 방법 1 : 발을 앞뒤로 최대한 벌리고 버틴다. 다리의 유연성뿐 아니라 근력도 강화한다.
- 활동 방법 2 : 더 많이 벌려 무릎 뒤쪽이 땅에 닿도록 하며 다리를 늘려도 좋다.

⑨ 무릎 접어 뒤로 젖히기

- 시간 : 양다리 번갈아 10초씩 2회
- 활동 방법 : 허벅지 앞쪽의 근육을 늘리는 동작이다. 다리를 뒤로 접어 다리가 뒤로 젖혀지도록 한다. 균형을 유지하면서 하는 운동이다. 한 손을 벽에 기대고 하면 쉽게 할 수 있다.

⑩ 다리 꼬아 앞으로 숙이기

- 시간 : 양다리를 번갈아 10초씩 2회
- 활동 방법 : 한쪽 다리를 앞에다 두고 두 발에 힘을 균등하게 하며 앞으로 숙인다. 손이 발 끝에 닿도록 한다.

⑪ 누워 몸 굴리기

- 횟수 : 10회
- 활동 방법 : 몸을 둥글게 하며 앞뒤로 몸을 굴린다. 등에 자극이 되며 내장 기관과 척추에도 자극이 된다.

[영아반 준비 체조]

대상 연령 : 만 3세
곡　　명 : 체조놀이

노랫말	동 작	설 명
통통통통통통 뛰어요		제자리 걸음을 한다.
하늘 높이 더 높이		손을 위로 뻗었다 내린다. (2회 반복)
팔랑 팔랑 팔랑 날아요		앉았다 일어난다.
구름 위를 날으는 새처럼		뒤꿈치를 올렸다 내렸다를 한다. (2회 반복)
구리구리 짝짝 도리도리 짝짝 싱글벙글 싱글벙글 짝짝짝		콩콩콩 뛰면서 박수를 친다.
오리처럼 꽥꽥 거위처럼 꽉꽉		제자리 걸음을 한다.
멋지게 말 타고 달려갑니다		숨쉬기 운동을 한다.

[유아반 준비 체조]

대상 연령 : 만 4세
곡 명 : 피노키오

노랫말	동 작	설 명
처음 간주		전주, 차렷 자세로 발 뒤꿈치를 올렸다 내렸다 한다.
꼭두각시 인형 (4박)		오른팔을 위로 든다.
피노키오 (4박)		왼팔도 위로 든다.
나는 네가 좋구나 (8박)		6박 동안 왼·오른팔을 하늘 향해 높이 올리고 2박에 한꺼번에 내린다(발도 세우고 양팔을 번갈아가며 하늘을 찌르듯 하며 높아지는 느낌을 낼 수 있다).
파란 머리 천사 (4박)		오른쪽으로 팔과 다리를 옆으로 옮기면 중심이 오른쪽으로 이동하게 된다.
만날 때는 (4박)		중심을 왼쪽으로 옮긴다(다리가 벌어져 있는 상태에서 중심만 옮기면 효과가 난다).
나도 데려가 주렴 (8박)		제자리 걸음으로 '차렷' 자세로 돌아온다.

노랫말	동 작	설 명
피아노 치고 미술도 하고 (8박)		두 발을 모아 앞뒤로 깡충 뛰기를 반복한다(4번이나 6번 반복).
영어도 하면 바쁜데 (8박)		제자리 걷기
너는 언제나 공부를 하니 (8박)		양 옆으로 뛴다.
말썽쟁이 피노키오야 (8박)		제자리에 쭈그리고 앉은 자세에서 다리를 앞으로 쭉 뻗는다.
우리 아빠 꿈 속에 오늘밤에 나타나(8박)		팔을 쭉 뻗으며 가슴이 무릎에 닿도록 한다(두 박자 동안 굽히고 두 박자 동안 세우고).
내 얘기 좀 잘 해 줄 수 없겠니 (8박)		다리를 다시 모아 일어설 준비를 한 후 일어선다.
먹고 싶은 것이랑 놀고 싶은 놀이랑 (8박)		허리에 손을 짚고 하늘을 바라보며 등배 운동을 한다.
모두 모두 할 수 있게 해줄래 (8박)		스키핑하며 제자리에서 한 바퀴 돌고 (4박) 손뼉을 친다.

[유치반 준비 체조]

대상 연령 : 만 5세
곡 명 : 우유송

노랫말	동 작	설 명
콜라 싫어 싫어		양손을 만세하면서 올리고 오른발을 앞으로 내밀며 몸을 앞으로 기울였다 뒤로 기울인다.
홍차 싫어 싫어		양손을 엇갈려 내리고 왼발을 앞으로 내밀며 몸을 앞으로 기울였다 뒤로 기울인다.
새까만 커피 오~노		오른손을 먼저 올리고 왼손도 올린 후 원을 그리며 한 바퀴 돈다.
핫초코 싫어 싫어		오른쪽을 향해 양팔을 엇갈려 쭉 뻗고 오른발을 앞으로 내밀며 몸을 앞으로 기울였다 뒤로 기울인다.
사이다 싫어 싫어		왼쪽을 향해 양팔을 엇갈려 쭉 뻗고 왼발을 앞으로 내밀며 몸을 앞으로 기울였다 뒤로 기울인다.
새하얀 우유 오~예		오른손을 먼저 올리고 왼손도 올린 후 원을 그리며 한 바퀴 돈다.
맛 좋고 색깔 좋고 영양도 최고		손을 허리에 올리고 고개를 앞뒤로 움직이고 손을 허리에 올리고 고개를 돌린다.

노랫말	동 작	설 명
깔끔한 내 입맛엔 우유가 딱이야		손을 어깨에 올리고 오른쪽으로 한 바퀴 돌린 후 왼쪽도 한 바퀴 돌린다. 손을 어깨에 올리고 양쪽 어깨를 한 바퀴 돌린다.
단백질 칼슘도 왕 비타민 가득		손을 허리에 올리고 허리를 앞뒤로 움직이고 손을 허리에 올리고 허리를 한 바퀴 돌린다.
건강한 내 입맛엔 우유가 딱이야		손을 허리에 올리고 오른쪽 발목을 두 번 돌리고 왼쪽 발목도 두 번 돌린다.
우유 좋아 우유 좋아		오른쪽으로 한 바퀴 돈 후에 박수를 치고 왼쪽으로 한 바퀴 돈 후에 박수를 친다.
우유 주세요 (더 주세요)		허리를 숙인 채 나비 날갯짓(오른손을 위로 다음 왼손을 위로)을 한다.
우유 좋아 우유가 좋아		손을 위로 올리고 제자리에서 폴짝폴짝 세 번 뛴다. 양팔을 벌리고 제자리에서 폴짝폴짝 세 번 뛴다.
세상에서 제일 좋아		오른손을 머리에 올린 후에 왼손도 올리며 하트 모양을 만들고 왼쪽으로 기울인다(최대한 귀엽게).
우유 없는 세상은 상상하기도 싫어 싫어		오른쪽으로 달려가 양손을 니은자 모양으로 한 다음 다리도 니은자 모양으로 만든다.

노랫말	동 작	설 명
우유가 제일 좋아 우유만 줘		왼쪽으로 달려가 양손을 니은자 모양으로 한 다음 다리도 니은자 모양으로 만든다.
우유 좋아 우유 좋아		오른쪽으로 한 바퀴 돈 후에 박수를 치고 왼쪽으로 한 바퀴 돈 후에 박수를 친다.
우유 주세요 (더 주세요)		허리를 숙인 채 나비 날갯짓(오른손을 위로 다음 왼손을 위로)을 한다.
우유 좋아 우유가 좋아		손을 위로 올리고 제자리에서 폴짝폴짝 세 번 뛴다. 양팔을 벌리고 제자리에서 폴짝폴짝 세 번 뛴다.
세상에서 제일 좋아		오른손을 머리에 올린 후에 왼손도 올리며 하트 모양을 만들고 왼쪽으로 기울인다(최대한 귀엽게).

5 준비 체조 부위별 기본 운동 및 효과

운 동	동 작	효 과
다 리	다리 흔들기, 굽혀 펴기, 들어 흔들기, 뜀뛰기, 돌리기 등	다리 운동은 다리의 여러 근육을 발달시키고 부드러움과 탄력성을 양성하는 데 목적이 있다. 다리는 인체의 전 근량의 56%나 차지함으로써 이 운동은 온몸의 혈액 순환을 촉진하고 내장 제 기관에도 많은 영향을 준다.
팔	팔 들기, 흔들기, 굽혀 펴기, 돌리기, 휘돌리기 등	팔 운동은 어깨의 제 근육을 발달시키고 각 관절에 가동성을 주며 가슴에 좋은 영향을 미친다. 신체의 자세를 바르게 하는 효과와 어깨에 가장 중요한 운동 효과를 미친다.
목	목 굽혀 펴기, 돌리기, 휘돌리기 등	목 운동은 목의 여러 근육을 발달시키며 경추의 가동성과 바른 자세를 형성하며 신체 각 부위의 자세를 바르게 하는 많은 효과가 있으며, 또한 혈액 순환을 조정한다.
가 슴	가슴 젖히기, 벌리기	가슴 운동은 척추와 흉곽을 발달시키고 자세를 바르게 한다. 또한 호흡 조정을 주목적으로 하는 숨쉬기 운동으로 가슴을 뒤로 제치거나 앞으로 굽히면서 하는 운동이다.
옆구리	굽히기, 돌리기	옆구리, 등, 배의 여러 근육을 발달시키며 가동성을 높여주고 바르지 못한 자세를 교정 또는 예방하는 데 효과가 크다. 또 이 운동은 등 부위의 내장 기능을 촉진하며 가슴의 탄력성을 주는 데 많은 효과가 있다.
등 배	굽히기, 눕히기	등과 배 부위의 발달을 꾀하며 바른 자세를 유지하고 가슴, 배 부위의 내장 기관의 제 기능을 촉진하는 데 있다.
몸 통	돌리기, 휘돌리기	옆구리, 등, 배 운동을 종합한 몸통 부위 운동
숨쉬기	숨쉬기	호흡근 발달에 도움이 될 뿐만 아니라, 혈액 순환이나 소화 기능에도 좋은 영향을 주며 전신의 활력을 높여준다. 이 운동은 서서, 앉아서, 누워서도 할 수 있으므로 누구나 할 수 있는 보건 운동이다.

6 준비 체조 창작

(1) 준비 체조 영아반 (만 3세)

[코코 친구]

순서 (명칭)	가사 (박자)	도 해	운동	동작 및 설명
1 (걷기)	(전주)		다 리	① 전주곡에 맞추어 제자리에서 걷는다. ② 양팔은 서로 반대 방향으로 흔든다.
2 (발목 돌리기)	저기 보인다 환상의 섬 코코 친구들 모이자		다 리	① 양발을 어깨 넓이만큼 벌린다. ② 허리에 양손을 얹는다. ③ 왼쪽 발목을 4박 동안 돌린다. ④ 오른쪽 발목을 4박 동안 돌린다.
3 (손목 털기)	아기 코끼리 마중 나와		팔	① 양발을 어깨 넓이만큼 벌린다. ② 오른손은 허리에 얹고 왼손은 4번을 턴다. ③ 반대 방향으로 한다.
4 (비행기 회전)	우리들을 반겨주네		팔	① 양발을 어깨 넓이만큼 벌린다. ② 팔을 좌우로 편다. ③ 팔을 원을 그리며 돌린다.
5 (목 돌리기)	애들아 어서와 여기는 코코 나라		목	① 양발을 어깨 넓이만큼 벌린다. ② 허리에 양손을 얹는다. ③ 고개를 앞으로 숙인다. ④ 고개를 천천히 왼쪽으로 돌리고 앞으로 숙인다.

순서 (명칭)	가사 (박자)	도 해	운동	동작 및 설명
6 (굽히기)	집도 짓고 성도 쌓고 모든 걸 다 만들자		옆구리	① 양발을 어깨 넓이만큼 벌린다. ② 오른팔을 위로 들고 몸은 왼쪽으로 굽힌다. ③ 팔을 내리며 몸을 바로 한다. ④ 반대 방향으로 한다.
7 (무릎 구부리기)	저기 보인다 환상의 섬 코코 친구들 모이자		무 릎	① 양발을 어깨 넓이만큼 벌린다. ② 뒤꿈치를 편평하게 땅에 닿게 한다. ③ 무릎을 반정도 구부린다. ④ 다시 처음 자세로 돌아온다. ⑤ 하나에 무릎을 아래로 구부리고 둘에 무릎을 제자리로 올린다.
8 (허리 돌리기)	아기 코끼리 마중 나와 우리들을 반겨주네		허 리	① 양발을 어깨 넓이만큼 벌린다. ② 허리에 양손을 얹는다. ③ 왼쪽부터 허리를 4박 동안 돌린다.
9 (가슴 펴기)	안녕 안녕 안녕하세요		가 슴	① 양발을 어깨 넓이만큼 벌린다. ② 허리에 양손을 얹는다. ③ 고개는 하늘을 보며 가슴을 젖힌다. ④ 손을 떼며 고개를 숙이고 가슴을 오므린다.
10 (숨 고르기)	안녕 안녕 안녕하세요		숨쉬기	① 양발을 어깨 넓이만큼 벌린다. ② 두 팔을 하늘을 향해 편다. ③ 팔을 옆으로 내리며 숨을 쉰다. ④ 4번을 반복한다.

(2) 준비 체조 유아반 (만 4세)

[깡깡충 체조] (작사 : 강신욱, 작곡 : 이수인)

순서 (명칭)	가사 (박자)	도 해	운동	동작 및 설명
1 (팔 들기)	손을 높이 (4)		팔	양팔을 위로 뻗는다.
2 (팔 들기, 발 굽혀 펴기)	손을 높이 (4)		팔 다 리	양팔을 위로 폈다 내렸다 하며 좌우로 발 찍기를 2회 실시한다.
3 (팔 들기, 다리 들어 흔들기)	쭉쭉쭉 쭉쭉 뻗어 봐요 (8)		팔 다 리	양팔을 들어 좌우로 흔들면서 좌우로 발 찍기를 2회 실시한다.
4 (팔 들기, 뜀뛰기)	요 ----		팔 다 리	양팔을 옆으로 펴고 제자리에서 두 발을 붙이고 지그재그로 뛴다.
5 (뜀뛰기)	발을 쿵쿵 발을 쿵쿵 (8)		다 리	왼발로 뛰면서 왼쪽으로 4회 전진하고, 이어서 오른발로 뛰면서 오른쪽으로 4회 전진한다.
6 (뜀뛰기)	쿵쿵쿵 쿵쿵 굴러 봐요 (8)		다 리	왼발부터 외발 뛰기로 시계 반대 방향으로 돌며 4회를 실시한다.
7 (뜀뛰기)	요 ----		다 리	오른발로 외발 뛰기를 하면서 시계 방향으로 돌며 4회를 실시한다.

순서 (명칭)	가사 (박자)	도 해	운동	동작 및 설명
8	엉덩이를 실룩샐룩 (8)		엉덩이	제자리에 서서 엉덩이를 좌우로 비틀기를 8회 실시한다.
9	이쪽 저쪽 실룩샐룩 (8)		엉덩이, 목	제자리에서 좌우로 고개를 돌리면서 엉덩이 비틀기를 4회 실시한다.
10	뱅글뱅글 빙글빙글 (8)		팔, 다리	양팔을 위로 폈다 내렸다 하며 제자리에서 시계 방향으로 돈다.
11	깡깡충 깡충깡충 (8)		뜀뛰기	제자리에서 토끼뜀을 뛰며 시계 반대 방향으로 돈다.
12	깡깡충 (8)		팔 다 리 쉼쉬기	양팔 위로 만세 자세로 뻗고, 다리 벌리기로 정리 자세를 취한다.

(3) 준비 체조 유치반 (만 5세)

[허클베리핀]

순서 (명칭)	가사 (박자)	도 해	운동	동작 및 설명
1 (손목 털기)	(32)		팔	① 8박자 동안 가슴 앞에서 손목 털기 ② 8박자 동안 팔을 쭉 펴고 손목 털기 ③ 8박자 동안 팔을 옆으로 쭉 펴고 손목 털기 ④ 8박자 동안 팔을 머리 위로 쭉 펴고 손목 털기
2 (발목 돌리기)	(16)		다 리	① 8박자 동안 왼쪽 발목 돌리기 ② 8박자 동안 오른쪽 발목 돌리기
3 (무릎 굽히기)	(16)		다 리	2박에 무릎 굽히고 2박에 무릎 펴기를 4번 반복
4 (무릎 돌리기)	(16)		다 리	① 왼쪽으로 무릎 돌리기를 2박에 한 번씩 4번 반복 ② 오른쪽으로 무릎 돌리기를 2박에 한 번씩 4번 반복
5 (어깨 돌리기)	(16)		팔	① 앞에서 뒤로 어깨 돌리기를 8번 반복 ② 뒤에서 앞으로 어깨 돌리기를 8번 반복
6 (목 운동)	(16)		목	① 2박에 앞으로 고개 숙이고 2박에 뒤로 고개 젖히고 왼쪽 방향으로 고개 돌리기 ② 2박에 앞으로 고개 숙이고 2박에 뒤로 고개 젖히고 오른쪽 방향으로 고개 돌리기

순서(명칭)	가사(박자)	도 해	운동	동작 및 설명
7 (허리 운동	(32)		등 배	① 4박 동안 허리 굽혀 땅 잡기, 4박 동안 손을 허리에 올리고 가슴을 펴 뒤로 젖히기, 전체 2번 반복 ② 2박 동안 손을 허리에 올리고 왼쪽으로 허리 돌리기 4번, 2박 동안 손을 허리에 올리고 오른쪽으로 허리 돌리기 4번
8 (몸통 운동)	(16)		옆구리	① 팔을 머리 위로 쭉 펴고 깍지를 낀 후에 왼쪽으로 몸통을 기울이고 7박 후에 차렷 ② 팔을 머리 위로 쭉 펴고 깍지를 낀 후에 오른쪽으로 몸통을 기울이고 7박 후 차렷
9 (몸통 돌리기)	(16)		몸 통	두 팔을 늘어트리고 몸통을 돌리기 2박에 왼쪽 한번, 2박에 오른쪽 한번 (4번 반복)
10 (제자리 뛰기)	(16)		다 리	1박에 한 번씩 16번 뛰기
11 (숨 고르기)	(16)		숨쉬기	두 팔을 천천히 앞으로 올려 위로 올리기, 옆으로 팔을 내리고, 제자리로 돌아오기

대상 연령 : 만 3세
곡 명 : 새싹들이다

노랫말	동 작	설 명
전주		제자리 걷기(16호) 전주곡에 맞추어 제자리 걷기를 한다. 제자리를 걸으며 체조 준비를 한다.
마음을 열어 하늘을 보라 넓고 높은 푸른 하늘 가슴을 펴고 소리쳐 보자 우리들은 새싹들이다		어깨 운동(16호) 팔을 구부리고 어깨를 돌린다. 앞뒤로 8호씩 동작
푸른 꿈이 자란다 곱고 고운 꿈 두리둥실 떠간다 구름이 되어 (랄라라라)		옆구리 운동(16호) 팔을 위로 펴고 허리를 옆으로 쭉 펴서 구부린다. 반대쪽 방향으로 반복한다.
너른 벌판을 달려 나가자 씩씩하게 나가자 어깨를 걸고 함께 나가자 발맞춰 나가자		허리 운동(16호) 허리를 구부려 손은 발에 닿게 하고 반대로 손을 허리에 짚고 허리를 편다.
간주		허리 운동(16호) 손을 허리에 대고 왼쪽으로 원을 그리며 돌려준다. 반대 방향으로 반복한다.
마음을 열어 하늘을 보라 넓고 높은 푸른 하늘 가슴을 펴고 소리쳐 보자 우리들은 새싹들이다		다리 운동(16호) 손을 무릎에 대고 두 번 굽히고, 일어나면서 무릎을 두 번 눌러준다.
해님 되자 달님 되자 별님이 되자 너른 세상 불 밝힐 큰 빛이 되자 (랄라라라)		다리 운동(16호) 앞으로 세 발짝 가서 다리를 모으며 박수를 치고 다시 세 발짝 들어오면서 박수를 친다.
무지개 빛깔 아름다운 꿈 모두 우리 차지다 너와 나 함께 우리가 되어 힘차게 나가자		숨쉬기 운동 팔을 옆으로 들며 숨을 들이쉰 후에 팔을 내리며 숨을 내쉰다.

대상 연령 : 만 4세
곡 명 : 피노키오

노랫말	동 작	설 명
전주		제자리 걷기(16호) 전주곡에 맞추어 제자리에 걷기를 한다. 제자리를 걸으며 체조 준비를 한다.
꼭두각시 인형 피노키오 나는 네가 좋구나		다리 운동(16호) 손을 무릎에 대고 두 번 굽히고 일어나면서 무릎을 두 번 눌러 준다.
파란 머리 천사 만날 때는 나도 데려가 주렴		팔 운동(16호) 두 팔을 귀 옆으로 쭉 펴 올리고 다시 손을 내려 어깨를 짚는 동작을 반복한다.
피아노 치고 미술도 하고 영어도 하면 바쁜데 너는 언제나 공부를 하니 말썽쟁이 피노키오야		팔 · 허리 운동(16호) 허리를 구부리고 한 팔을 위로 하고 다른 팔은 반대 발에 갖다댄다. 반대 방향으로 반복한다.
우리 아빠 꿈 속에 오늘 밤에 나타나 내 얘기 좀 잘 해 줄 수 없겠니. 먹고 싶은 것이랑 놀고 싶은 것이랑 모두 모두 할 수 있게 해 줄래		몸통 운동 / 노젓기(16호) 몸을 비켜 앞으로 숙이며 팔을 한 바퀴 휘돌린다. 반대쪽으로 반복한다.
꼭두각시 인형 피노키오 나는 네가 좋구나. 장난감의 나라 지날 때는 나도 데려가 주렴		발목 운동(16호) 왼쪽 발목을 돌려 준 후에 다시 오른쪽 발목을 돌려준다.
숙제도 많고 시험도 많고 할 일도 많아 바쁜데 너는 어째서 놀기만 하니 청개구리 피노키오야		어깨 운동(16호) 두 어깨를 잡고 앞으로 돌려준 후 다시 뒤로 돌려준다.
우리 엄마 꿈 속에 오늘 밤에나타나 내 얘기 좀 전해 줄 수 없겠니		손 운동(16호) 두 손을 들어 가슴 높이에서 왼쪽으로 털어준 후 다시 오른쪽에서 털어준다.

노랫말	동 작	설 명
먹지 마라 쌀찐다 하지마라 나쁘다 그런 말 좀 하지 않게 해줄래		허리 운동(16호) 두 손을 허리에 대고 왼쪽으로 8호간 돌려준 후 다시 오른쪽으로 8호간 돌려준다.
간주		목 운동(16호) 간주가 나오는 동안 오른쪽과 왼쪽으로 번갈아가며 목을 옆으로 늘리는 듯한 느낌으로 편다.
꼭두각시 인형 피노키오 나는 네가 좋구나 파란 머리 천사 만날 때면 나도 데려가 주렴		다리 운동 / 무릎 누르기(16호) 왼쪽 다리를 쭉 펴고 그 위를 한 손으로 눌러준 후 다시 반대쪽도 눌러준다.
학교 다니고 학원 다니고 독서실 가면 바쁜데		팔 운동(16호) 손은 깍지를 끼고 손바닥이 밖을 향하게 한 후 왼쪽에서 두 박자 뻗어주고 앞으로 와서 다시 두 박자 뻗어준다.
너는 어째서 게으름 피니 제페토네 피노키오야		손 운동(16호) 두 손을 들어 가슴 높이에서 왼쪽으로 털어준 후 다시 오른쪽에서 털어준다.
엄마 아빠 꿈 속에 오늘 밤에 나타나 내 얘기 좀 잘해 줄 수 없겠니		허리 운동(16호) 두 손을 허리에 대고 왼쪽으로 8호간 돌려준 후 다시 오른쪽으로 8호간 돌려준다.
피노키오 줄타기 꼭두각시 줄타기 그런 아이 되지 않게 해줄래 그런 아이 되지 않게 해줄래		숨쉬기(32호) 두 팔을 벌려 어깨 위로 올렸다 내렸다 하며 숨을 쉰다.

대상 연령 : 만 5세
곡　　명 : 아기 공룡 둘리

노랫말	동 작	설 명
전주		준비 동작 제자리에서 박자에 맞춰 뒤꿈치를 든다.
요리 보고 조리 봐도 음음 알 수 없는 둘리 둘리		목 운동(16호) 목을 왼쪽, 오른쪽, 앞, 뒤 순서로 한 박자씩 움직여 준다.
빙하 타고 내려와 음음 친구를 만났지만		옆구리 운동(16호) 팔을 쭉 펴서 머리 위로 올리고 허리를 옆으로 펴주면서 내려간다. 오른쪽, 왼쪽 8호씩 동작한다.
일억 년 전 옛날이 너무나 그리워 보고픈 엄마 찾아 모두 함께 나가자 아하아하		몸통 운동(16호) 양팔을 비껴 아래로 들어 흔들며 몸을 왼쪽으로 튼다. 반대로도 튼다. 몸을 바로 하고 허벅지를 친다. 오른쪽으로 몸을 틀고 반대로도 튼다.
외로운 둘리는 귀여운 아기 공룡 (호이 호이) 둘리는 초능력 내 친구		다리 운동(16호) 손은 깍지를 끼고 한 다리를 올리면서 깍지를 낀 손과 무릎을 마주 친다. 반대쪽 다리로도 반복한다.
외로운 둘리는 귀여운 아기 공룡 (호이 호이) 둘리는 초능력 재주꾼		온몸 운동 / 노젓기(16호) 몸을 비껴 앞으로 향하며 왼쪽 무릎을 굽혀 팔을 앞뒤로 흔들어 올린다. 왼쪽 무릎을 펴며 윗몸을 일으켜 팔을 굽히고 어깨에 주먹이 오도록 당기며 오른쪽 무릎을 굽혀 몸을 뒤로 눕힌다. 반대로도 반복한다.

노랫말	동 작	설 명
간주		가슴 운동(16호) 두 팔을 왼쪽으로 휘돌리며 왼발부터 옆으로 세 발짝 가며 몸을 왼쪽으로 돌린다. 팔을 비껴 위로 들어 왼쪽 무릎에 반동을 넣어 2회 굽혀 펴며 가슴을 뒤로 젖힌다.
기쁠 때도 슬플 때도 음음 우리 곁엔 둘리 둘리	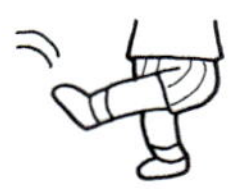	다리 운동(16호) 한쪽 다리는 무릎을 굽혔다가 앞으로 찬다. 반대쪽 다리도 반복한다.
오랜 세월 흘러온 음음 둘리와 친구 되어		온몸 운동 / 노젓기(16호) 몸을 비껴 앞으로 향하며 왼쪽 무릎을 굽혀 팔을 앞뒤로 흔들어 올린다. 왼쪽 무릎을 펴며 윗몸을 일으켜 팔을 굽히고 어깨에 주먹이 오도록 당기며 오른쪽 무릎을 굽혀 몸을 뒤로 눕힌다. 반대쪽 방향에서 반복한다.
고향은 다르지만 모두가 한마음 아득한 엄마 나라 우리 함께 나가자 아하아하		팔 · 허리 운동(16호) 다리를 벌리고 오른손은 왼발 끝에 대고 왼손은 위로 쭉 뻗는다. 반대로도 한다.
외로운 둘리는 귀여운 아기 공룡 (호이 호이) 둘리는 초능력 내친구		온몸 운동(16호) 팔을 쭉 펴면서 다리도 벌린다. 다리를 오므리면서 다시 팔은 제자리에 내렸다가 팔을 머리 위로 올리면서 다리를 벌린다. 다시 차렷 자세로 돌아온다.
외로운 둘리는 귀여운 아기 공룡 (호이 호이) 둘리는 초능력 재주꾼		어깨 운동(16호) 손을 어깨 위에 올리고 안쪽으로 돌려준다. 반대로도 반복한다.
호이 호이 호이 호이		숨쉬기 운동(16호) 두 팔을 벌려 올렸다 내렸다 하면서 숨을 쉰다.

제2장

스트레칭

1 스트레칭의 개념

(1) 스트레칭의 개념

스트레칭을 규칙적이고 지속적으로 수행하기 위해서는 이것의 개념은 물론 이와 관련된 여러 가지 원리를 이해하는 것이 중요하다. 스트레칭에 대한 기초 지식이 부족하든지 혹은 그 수행 방법을 정확히 습득하지 못함으로써 때로는 고통스러운 경험을 겪는다. 지도자나 유아가 스트레칭 운동의 효과를 상승시키기 위해서는 스트레칭을 통해 즐거움을 체험할 수 있고 여러 가지 이득을 얻을 수도 있으며, 더욱이 유연성을 결정하는 가장 중요한 사항은 스트레칭의 '양'이 아니라 '질'이라는 점을 인식하고 꾸준히 실천하도록 해야 한다.

① 항상성

항상성은 안정 상태의 유지라 정의할 수 있다. 모든 유기체는 외부 환경에 대하여 안정 상태를 유지하려는 능력이 있으며, 매우 자극적인 환경은 유기체의 안전 상태 유지 능력에 변화를 초래하기도 한다.

항상성이 붕괴되면 유기체는 심각한 손상을 받게 되며, 때로는 사망에 이르게 된다. 자극에 대한 반응은 새로운 환경에 적응하는 각 개인의 능력에 의해 결정되는데, 자극을 받아 항상성 기능이 변화되는 것을 자극에 의한 '적응'이라고 한다.

② 과신전의 원리

근력 향상을 위해 과부하(overload)가 필요하듯이 유연성 향상을 위해서는 과신전(overstretching)이 이루어져야 한다. 이 과신전의 원리는 유연성을 향상시키는 생리학적 원리라고 정의할 수 있는데, 이는 과신전 프로그램에 따라 강도를 점진적으로 증가시키고 규칙적으로 자극을 받게 되면 그에 대한 반응, 즉 적응이 일어나 근육이나 관절의 신장력이 증가한다는 의미이다.

유연성은 전적으로 스트레칭의 결과이며 스트레칭보다 유연성 향상에 더 큰 영향을 미칠 수 있는 운동은 없다.

③ 필수 조건

유연성 향상을 위한 스트레칭 방법이 어떠한 것이든 운동을 하는 수행자의 관절 구조와 기능, 운동의 범위와 조직의 한계 정도 등에 대해 충분한 지식을 갖추고 있을 경우에는 스트레칭의 효과는 한층 더 상승하게 된다.

④ 한계점의 대한 지식

유연성을 제한하는 4가지 주요 요소

- 근육, 혹은 관절에 있는 결체 조직의 탄성
- 근육의 긴장
- 능동적 운동에서 흔히 볼 수 있는 협응력과 근력의 부족
- 골격과 관절의 구조

⑤ 스트레칭의 원리

유연성을 향상시키기 위해서는 반드시 지켜야 할 몇 가지 원리가 있다.

- 안전성
- 건강 진단
- 실현 가능한 목표
- 개별성
- 정확한 기록 유지
- 점증성
- 비교와 경쟁
- 의복과 태도
- 이 완
- 준비 운동과 정리 운동

유아들에게 유익한 스트레칭

- 서키트처럼 비슷한 스트레칭 동작을 세트로 한 세트 스트레치
- 경쾌한 리듬에 맞춰 근육을 펴주는 리듬 스트레치
- 주위에 있는 물건을 사용해서 스트레칭에 변화를 준 스틱 스트레치

• 사물의 모양을 흉내 내는 스트레치

(2) 스트레칭 체조

① 필요성

준비 체조를 하지 않고 강력한 운동을 하게 되면 근육을 다치거나 근육이 수축되어 끊어지는 사고가 발생한다. 스포츠의 종류에 따라 알맞은 준비 운동이 필요한데, 주로 가벼운 달리기나 유연 체조 등을 한다. 그 강약이나 종류는 각자의 경험 · 몸의 컨디션 · 연령 · 계절 · 기온 등에 따라 가감하거나 시간 조절도 해야 한다.

또한 준비 운동은 몸을 따뜻하게 하고 체온을 높여주며, 이 운동이 끝난 후에는 몸이 식지 않도록 주의해야 한다.

준비 운동의 효과는 다음과 같다.

첫째, 관절이 부드러워지고 근육도 움직이기 쉬워지므로 몸의 유연도가 증가된다.

둘째, 준비 운동을 하는 동안에 대뇌의 흥분 수준이 높아져서 경기의 격렬한 움직임이나 정신적인 압박에도 대비하게 된다.

셋째, 호흡 순환 기능이 개선되어 격렬한 스포츠 직후에 나타나는 괴로운 상태, 즉 데드 포인트(dead point)를 가볍게 하는 데 도움이 되는 등의 효과가 있다.

② 스트레칭

준비 체조나 정리 체조에서 일반적으로 사용하는 것이 스트레칭 체조이다. 이것은 정적인 활동이어서 유아들이 때로는 지루해 하는 반응을 보이기도 한다. 그러나 스트레칭 동작들은 우리가 생각하는 것보다 다양하고 많은 종류가 있으며, 이 동작들을 적절히 혼용한다면 아주 좋은 운동이 될 것이다.

음악 테이프에 약 3~4분 정도의 잔잔한 음악과 2~3분 정도의 빠르고 경쾌한 곡을 녹음해 음악을 틀어놓고 스트레칭 체조에는 잔잔한 음악을, 걷기와 달리기에는 빠른 음악을 배경 음악으로 삼는다.

잔잔한 음악이 빠른 음악으로 바뀔 때를 숙지하고 있다가 음악이 바뀔 때쯤 스트레칭 체조를 멈추고 자연스럽게 유아들을 일으켜 세운다. 그리고 걷기와 달리기로 전환한다.

스트레칭에서 제일 발달하는 것은 유연성이며 유연성은 관절의 가동 범위로 정의된다. 관절의 가동 범위는 관절면의 가동성뿐만 아니라 관절에 연결되어 있는 근육, 건, 관절량, 인대 등의 신전성에 의해서 결정된다. 유연성이 강조되어야 할 부위는 목, 어깨, 허리, 그리고 다리를 넓게 벌리는 데 필요한 고관절 등이다.

유연성은 발달 과정에서 6세부터 향상되다가 청소년기의 시작인 9~12세경부터는 점차적으로 저하된다. 유아기와 청소년기의 유연성 발달은 신체 활동시에 발생할 수 있는 상해의 위험을 줄여준다는 점에서도 매우 중요하다.

유연성이 부족하면 일상생활 속의 여러 가지 신체적 활동을 효율적으로 수행할 수가 없다. 즉, 유연성이 나쁘면 신체 활동 범위가 제한되어 같은 일을 할 때에도 더 많은 노력이 필요하게 된다. 스트레칭은 유아에서 고령자에 이르기까지 누구나 용이하게 행할 수 있고 익힐 수가 있다. 스트레칭을 할 때에 중요한 점은 바른 방법으로 행해야 한다는 것이다.

언뜻 보기에 동일한 방법으로 행하고 있는 것 같이 보여도 스트레칭에는 바른 방법과 나쁜 방법이 있다. 예를 들면 당겨서 펴는 것이 아니라, 편안히 뻗으려고 이완된 근을 신전시키는 것이다. 아픔을 느끼는 신전이 아니고 근이 뻗어지는 상쾌함을 잠시 동안 유지하는 것이다. 기지개를 켜는 동작이 가장 기본적인 스트레칭의 한 형태이다.

Anderson은 '스트레칭으로 기분이 상쾌해지기 시작하면 시간 따위는 즉시 잊어지게 된다.' 라고 하며 마음의 이완 작용, 즉 'relaxation' 을 바른 스트레칭의 주요한 문제로 다루고 있다. 대부분의 사람들이 빠지기 쉬운 현상인데, 신전할 때 탄력을 붙인다든지 아픔이 느껴질 때까지 극단적으로 신전시키는 것이다. 이 방법에 관한 근의 신전 운동은 근래의 유연 체조라고 하는 것이 많은데, 스트레칭은 이러한 움직임이 동반된 신전과는 명백히 구별되며 스트레칭으로는 좋은 방법이 아니다.

물론 이러한 유연 체조도 체조로서 유연성 강화의 의미를 가지도 한다. 하지만 '강력이나 강제적인 급속한 타율적 힘을 이용하는 것' 을 강화하거나 극단적으로 행하는 것은 가끔 효과적일 수도 있지만 그것은 장애의 요인이 되기도 한다.

스트레칭은 100%의 안전성과 즐거움 및 유연성 획득을 그 내용으로 하고 있다. 바른 스트레칭의 방법, 유의점, 단계별 생리적 방법을 들면 다음과 같다.

스트레칭을 시작할 때는 '편안한 신전' 으로 10~30초간 유지시키고 탄력을 붙여서는 안 된다. 가벼운 긴장감이 느껴지는 포인트까지 신전시키고 그것을 유지시키면서 이완시킨다. 스트레칭할 때에 팽팽해진 근육은 일정한 자세를 유지시키고 있는 동안에 부드럽게 될 것이다. 만일 팽팽한 근육이 부드러워지지 않는다면 약간 신전을 되돌려 근육이 편안하게 느껴지도록 한다. 이 '편안한 신전' 은 근육의 딱딱함을 풀어주고 다음 단계의 '발전적 신전' 을 위한 근육 조직의 준비가 된다.

③ 스트레칭의 목표

- 관절 및 주변 조직을 정상 범위로 가동시키고 회복시키는 데 있다.
- 불가역적 수축을 예방하고 일반적인 유연성을 증진시키는 데 있다.
- 신체 운동에 관련된 근육 및 건의 상해를 예방하거나 상해 발생시에 그 손상을 최소화하는 데 있다.

④ 스트레칭의 효과

[유아 스트레칭의 효과]

스트레칭은 유아의 마음을 즐겁게 하여 정서를 순화시키고, 신체 활동의 욕구를 충족시킴으로써 신체의 발육 발달을 촉진시킬 뿐만 아니라, 건강한 생활에 필요한 기초 체력과 운동 기능을 향상시켜 준다. 또한 스트레칭은 스스로의 힘으로 새로운 환경에 적응하려는 능력과 집단 생활에서 필요로 하는 행동 규범과 협동 정신을 길러 준다. 연령에 따라 약간의 차이는 있으나 발육 촉진, 운동 기능 발달, 신체 기관 발달, 사회성 발달, 정서적 발달 등의 효과가 있다.

⑤ 스트레칭의 유의점

스트레칭은 심신을 이완하고 정신적 안정감을 갖고 행하도록 한다. 심신의 불필요한 긴장을 해소시키고 스트레칭해야 큰 효과를 얻을 수 있다.

체온을 유지하고 점진적인 강도로 행하도록 한다. 적정한 유산소 운동으로 체온을 유지하고 점진적인 강도로 스트레칭을 실시하지 않으면, 근육이나 건에 손상을 입힐 수 있다. 따라서 스트레칭을 하기 이전에 1도 정도의 체온이 상승하도록 유산소 운동을 하고 운동 강도에 알맞는 스트레칭을 실시해야 한다.

탄력의 이용은 특히 주의하여야 한다. 동적 스트레칭에서 탄력을 이용하지만 항상 주의를 요한다. 이는 개인차나 근육과 관절의 신전 범위의 한계점을 벗어나게 되면 오히려 더 큰 손상을 초래하기 때문이다. 따라서 서서히 탄력을 이용하고 신전 범위의 한계점을 유지해야 한다.

지속적인 호흡과 신전을 행하도록 한다. 지속적인 호흡은 신전시에 호흡을 내쉬고 다시 원래의 상태에서는 호흡을 들이마시는 형태로 약 10~30초 정도의 지속 시간을 갖고 행하면 보다 편안하고 효과 있는 스트레칭이 될 수 있을 것이다.

올바른 자세로 행하고 개인차에 유의해야 한다. 자세가 올바르지 못하면 스트레칭을 하려는 부위에 영향을 미칠 수 없으며, 각각 개인은 스트레칭의 준비 정도가 다르다는 의미이다. 따라서 올바른 자세로 개인의 신전 범위에 알맞는 강도로 행하라는 것이다.

운동 강도에 따라 스트레칭 강도를 정해야 한다. 신체 운동의 강도가 높아질수록 오히려 목표한 운동 강도에 도달하지 못하기도 한다.

(3) 유아 스트레칭 및 마사지

생후 2개월부터 6세의 유아에 이루어지는 정상적인 발육은 미래의 전인적 성장에 밑바탕이 되는 중요한 것이다. 이 시기에 실시하는 운동은 유아의 근육과 골격의 발달은 물론, 신경계, 심장, 폐, 소화 기관 등을 발달시켜 유아의 발육 발달을 촉진시킨다. 유아의 성장 발달을 위한 다양한 응용 체조와 마사지를 다음과 같이 실시할 수 있다.

ㄱ. 발가락 움직이기

양말을 벗어 놓고 양다리를 앞으로 쭉 펴고 앉는다. 엄지발가락과 검지발가락을 신호에 맞춰 서로 엇갈려 움직여 본다. 발가락의 움직임이 익숙해지면 속도를 빠르게 진행해 본다.

ㄴ. 등 눌러주기

두 명이 한 조가 되어 한 유아는 다리를 벌리고 앉고 다른 유아는 뒤에 서 있는다. 뒤에 있는 유아는 앞 친구의 등에 손을 얹고 구령에 맞춰 밀듯이 눌러준다. 앉은 유아는 팔을 펴고 발 끝을 향해 몸을 숙인다. 역할을 바꿔서 해보며 유연성을 기른다.

ㄷ. 땅 짚기

일어서서 다리를 벌려 양손을 아래로 내려 땅을 짚어본다. 다음에는 교대로 내리면서 발을 짚어본다.

① 어떻게 유아 스트레칭을 지도할 것인가?

일반적으로 유연 체조라 하면 강한 반동을 붙여야 한다든지 보조자의 도움을 받아 무리하게 근육을 신전시키는 것으로 인식하고 있다. 즉, 유연 체조를 하는 사람이나 보조해 주는 사람 모두 통증 없는 유연 체조는 몸을 부드럽게 할 수 없다고 생각하는 경향이 있다.

하지만 반동 없이 실시하는 스트레칭은 근육에 무리를 주지 않아 가장 안전하고 효과적인 '근신적' 운동 방법이다.

또한 유아기에는 무리한 운동으로 인한 근육통으로 고생하는 경우가 별로 없기 때문에, 유아에게는 준비 운동이나 정리 운동이 중요하지 않다고 생각한다. 그러나 어릴 때에 형성된 운동 습관은 성인의 신체 상태에 중대한 영향을 끼친다는 사실을 염두해야 한다.

일반적으로 유아는 유연성이 풍부하지만, 성장 속도가 현저한 시기에는 유연성이 오히려 감소하는 경향이 있다. 유아의 운동 상태 유형을 살펴보면 반수 이상이 유연성 부족에서 그 원인을 찾을 수 있다.

이와 같이 성장이 현저하게 촉진되는 시기에 일어나기 쉬운 통증과 상해를 성장가속 증후군이라 부르는데, 허리, 발목, 발 등에서 나타나며 스포츠를 활발하게 하는 유아에게 많이 일어난다. 올바른 스트레칭 방법을 실시함으로써 운동으로 인한 상해를 미리 방지하고 스포츠를 통해 신체를 발달시키고 즐거움을 찾는

데 도움을 준다.

유아의 운동 습관에 가장 큰 영향을 미치는 것은 함께 놀이하는 부모나 체육 시간에 지도하는 지도자들이다.

안전하고 즐겁게 놀이와 스포츠에 참여할 수 있도록 도와주고 올바른 습관을 길러 주는 것은 유아의 신체 발육과 정서 발달에 큰 도움을 준다. 유아의 놀이와 체육 시간, 그리고 일상생활 속에서 부모나 지도자들이 올바르게 유아의 스트레칭을 지도하여 상해가 없는 즐거운 생활을 할 수 있도록 이끌어야 한다.

② 피해야 할 스트레칭

- 몸 뒤집기 스트레칭 : 목과 척추 부분의 신경과 추간 연골에 무리를 줄 수 있다.
- 완전히 앉기 스트레칭 : 무릎 인대에 과도한 무리를 줄 위험이 있다.
- 목 돌리기 스트레칭 : 목의 신경을 자극해 척추의 연골에 무리를 줄 수 있다. 정면 · 측면으로 고개 돌리기, 대각선 방향으로 목 구부리기로 대신한다.
- 풍차 돌리기 스트레칭 : 아래 허리에 무리를 주고 척추 연골을 자극할 수 있다. 너무 팽팽하게 당길 위험이 있다.
- 스트레칭을 할 때에는 심장에서 가까운 곳부터 시작하는 것이 좋다.
  (손–가슴 부위–등–목–요추부 근육–대퇴부 근육–비복근(종아리) 근육–아킬레스건–다리 관절)

노랫말	동 작	설 명
슈퍼맨		양손을 머리 위로 맞대고 팔을 위로 쭉 뻗고 등은 편다. (등, 어깨, 팔 스트레칭)
피라미드		손으로 바닥을 짚고 엎드린 자세에서 발끝으로 서서 허리를 높이 들어 올린다. (등, 허리 스트레칭)
삼각형		양발을 벌리고 서서 양팔을 옆으로 수평으로 펴서 몸을 왼쪽 혹은 오른쪽으로 굽힌다. * 반대쪽으로 반복(허리 스트레칭)
의 자		발바닥으로 서로 붙이고 앉은 후에 두 팔로 각 다리의 무릎을 바닥을 향해 부드럽게 눌러준다. [허벅지(내정근) 스트레칭]
굼벵이		똑바로 누운 자세에서 무릎을 굽히며 상체로 당긴 후에 두 팔로 잡아서 누른다. * 허벅지가 가슴에 닿아야 한다. [허벅지(대퇴부) 스트레칭]
잠수함		엎드린 자세에서 왼손으로 왼쪽 발목을 잡아 엉덩이 쪽으로, 무릎은 바닥에서 뜰 정도로 당긴다. 오른손과 오른쪽 다리는 잘 편다. * 반대쪽으로 반복 [종아리(비복근) 스트레칭]
활		몸을 엎드린 상태에서 상체를 들어 올리고 팔과 다리는 곧게 편다. [가슴(대흉근) 스트레칭]
개구리		무릎을 굽히고 앉은 후 팔을 앞으로 뻗어 상체로 눌러준다. (어깨, 팔 스트레칭)

노랫말	동 작	설 명
닭		한쪽 발을 앞으로 내밀고 몸 뒤에서 양손을 깍지 낀다. (어깨, 팔, 다리 스트레칭)
작은 가지		오른쪽 다리를 뒤로 잡아 발등을 오른쪽으로 끌어 당기면서 오른쪽 무릎을 뒤로 옮긴다. 왼손은 위쪽으로 쭉 편다. * 반대쪽으로 반복(무릎 스트레칭)
똑딱이		똑바로 선 자세에서 양쪽 귀를 번갈아가며 어깨에 붙인다. 고개를 앞으로도 숙여 가슴에 닿게 한다. (목 스트레칭)
하늘 닿기		몸에 힘을 빼고 똑바로 서 있는 자세에서 가볍게 점프를 하며 팔을 하늘 높이 뻗어 준다. (전신 스트레칭)

제3장

소풍

1. 야유회 프로그램 I (유아+부모)

09:00~09:30 원에 집합(인원 파악 및 점검)
09:30~11:00 출발 및 야유회 장소 도착(자리 정리)
11:00~11:20 인사 및 소개
11:20~12:00 유아와 부모가 함께(재롱의 시간)
12:00~13:30 점심 시간
보물찾기 준비, 사진 촬영
13:30~14:00 분위기 조성을 위한 노래 부르기
14:00~14:30 짝짓기 게임
14:30~15:00 집단 무용(댄스)
15:00~16:00 야외 게임
반 대항 야외 게임 및 경기
16:00~16:20 보물찾기 시상 및 경기 시상
16:20~16:30 자연 보호 운동
16:30~18:00 출발 및 도착(귀가)

2. 야유회 프로그램 II (유아+부모)

09:00~09:30 원에 집합(인원 파악 및 점검)
09:30~11:00 출발 및 야유회 장소 도착(자리 정리)

11:00~11:20	인사 및 소개
11:20~12:00	재롱의 시간(율동, 무용) * 유아+부모
12:00~13:30	점심 시간 보물찾기 준비, 사진 촬영
13:30~15:30	13:00~14:00 노래와 율동, 짝짓기 게임, 넌센스 퀴즈(유아+부모) 14:00~14:40 유아 : 자연 관찰 및 주변 돌아보기, 유아와 부모 : 율동, 게임, 무용 14:40~15:30 유아+부모 : 야외 게임 및 경기
15:30~15:50	보물찾기 시상 및 경기 시상
15:50~16:10	자연 보호
16:10~17:30	출발 및 도착

3. 야유회 프로그램 III (아동)

09:00~09:30	원에 집합(인원 파악 및 점검)
09:30~11:00	출발 및 야유회 장소 도착(자리 정리)
11:00~12:00	자연 관찰 및 주변 돌아보기
12:00~13:00	점심 시간 보물찾기 준비, 사진 촬영
13:30~14:30	레크리에이션, 노래와 율동 게임, 무용, 야외 게임, 보물찾기
14:30~14:50	보물찾기 시상 및 경기 시상
14:50~15:00	자연 보호
15:00~16:30	출발 및 도착

4. 야유회 준비 사항

(1) 야유회 팀 편성

- 반별
- 청, 백
- 청, 백, 홍
- 청, 백, 홍, 황

(2) 야유회 준비물 및 준비 사항

- 휴지(두루마리)

- 구급약품(머큐로크롬, 암모니아수, 밴드, 붕대, 소화제, 소독약 등)
- 건건지
- 확성기 및 마이크, 스피커, 핸드 마이크
- 악기
- 녹음기(대)
- 담당자 선정
- 행운권
- 어깨띠(게임-오늘의 영광) 및 트로피
- 보물찾기(색지 사용)
- 마대 포대(2개 이상)
- 원 현수막
- 팀 피켓 또는 머리띠
- 의자(2~4개) 반환점

(3) 야유회 게임

① 분위기 조성 게임(1종목)

(게임 시작 전 분위기 조성 게임)

- 상하 좌우 동작
- 시계 박수
- 기차 박수
- 계단 박수
- 사이치기 박수
- 진행 박수
- 둥글게 코귀
- 빨래 박수
- 대문 박수
- 아기 박수
- 3박자 스테레오 박수
- 춘향이 박수

② 전체적이고 개인적 게임(2종목)

- 가라사대
- 땅, 따당(번데기, 산토끼)
- 큰박, 작은박
- 돼지코 대답하기
- 새다리, 돼지다리
- 수채길 게임

③ 팀별 게임

- 춘하추동 노래
- ○○ 나왔다 ×× 나와라
- 고자 빼고 부르기
- 방귀뽕
- 으샤샤 송아지 합창

④ 모션 송(1~2종목)

- 꼬마 신랑
- 어린 송아지
- 곰을 잡으러 갑시다
- 쎄쎄쎄 가위바위보
- 암탉을 잡으려다가
- 돌과 물
- 텔레비전
- 산중호걸

⑤ 짝짓기 게임

- 빙빙 돌아라
- 짹짹고레
- 돌로 나가자
- 몸풀이 체조
- 산토끼
- 정글숲

⑥ 포크 댄스

- 우리 모두 다같이
- 호키포키
- 어린이 폴카
- 훌랄라 폴카
- 팅케르크의 종
- 디스코 리듬 체조
- 빨래 디스코
- 탈춤 디스코

⑦ 야외 게임

- 풍선 터뜨리기 : 엉덩이로 터뜨리기(부모가 유아를 업고)
  (준비물-풍선, 참가 숫자 만큼)
- 캥거루 달리기 : 마대 포대 입고 반환점 돌아오기(10m)
- 터널 통과하기 : 비닐 자루 터널을 통과하기(비닐 3m짜리 2~4개)
- 스트레스 해소 게임
- 줄다리기, 과자 따먹기
- 큰 공 굴리기, 허수아비 꾸미기
- 비치볼 차며 달리기
- 퀴즈 릴레이
- 만리장성 쌓기(끝마무리 게임)
- 닭싸움
- 장애물 통과하기
- 양동이 물 나르기
- 돼지 몰이
- 수건 돌리기, 타이어 굴리기
- 청, 백 모자 뺏기

⑧ 오늘의 영광 선발 및 대관식

- 꼬리 풍선 터뜨리기
- 꼬리 밟기
- 콩콩콩 가위바위보
- 산토끼 가위바위보
- 정글숲 가위바위보
- 빨래집게 훈장
- 여왕 및 대왕선발
  - 장군
  - 메아리
  - 광채
  - 여왕벌
  - 갈비
  - 소음
  - 선장
  - 하늘
  - 두통
  - 코리아

⑨ 상 이름

- 대상
- 최우수상
- 우수상
- 최고상
- 그랑프리
- 으뜸상
- 재치상
- 아차상
- 애석상
- 분발상
- 모범상
- 사랑상
- 우애상
- 노력상
- 봉사상
- 응원상
- 파이팅상
- 겨우상
- 아쭈상
- 참가상
- 예쁜상
- 기분상
- 기어코상
- 팀워크상
- 미소상
- 율동상
- 야호상
- 반짝상
- 장원상
- 차석상

1 소풍(야외 학습)

소풍은 유아교육기관을 떠나 넓은 야외로 나가는 날이므로 즐겁고 유쾌한 현장 학습을 함으로써 계절의 변화와 여러 가지 동 · 식물을 관찰하고 탐색해 볼 수 있는 기회를 제공한다.

유아는 소풍에서의 직접적인 경험을 통해 교실에서 배운 내용들을 강화하고 확장시킬 수 있으며 소풍을 계획하는 활동에 능동적으로 참여함으로써 더욱 즐겁고 효과적인 학습 효과를 얻을 수 있다.

(1) 소풍의 목적

- 소풍은 유아교육기관을 떠나 현장 학습을 하는 시간이다.
- 자연 속에서 다 함께 즐겁게 뛰어놀며 공공 장소에서 지켜야 할 약속을 지키며 즐겁고 안전하게 보내는 것이다.

(2) 소풍의 의미

- 자연을 느끼고 사랑하는 마음을 기르는 교육의 장이다(지역에 대한 역사와 환경 보호의 마음을 길러 준다).
- 몸과 마음의 피로를 풀어주는 공간이다.
- 친구들과 함께 어우러지는 공동체 의식 함양의 장이다.

(3) 사전 준비

① 소풍 날짜와 장소를 정하기

소풍에서 가장 중요한 것은 장소 선정이며 충분히 넓은 공간이 있는 곳을 선택해야 한다. 소풍은 가능하면 자연을 관찰하고 경험할 수 있는 활동이 좋다. 여러 가지 동식물을 관찰하고 탐색해 볼 수 있는 기회를 제공하기 위해서 4월 셋째 주에서 5월 셋째 주가 가장 적당하다. 소풍 장소는 소요 시간을 고려하여 가까운 장소로 선정하며 놀이 시설물을 이용하는 것보다는 탐색 및 함께 모여 시간을 가질 수 있는 장소가 좋다.

② 소풍 장소를 답사

소풍을 가기 1주일 전쯤 소풍 장소를 답사하여 살펴보고 유아가 소풍 장소를 낯설어 하지 않도록 사진을 찍어 유아교육기관 내에 붙여놓거나 캠코더로 촬영하여 보여주는 것도 좋은 방법이다. 또한 화장실과 식수, 소풍 장소의 특성 및 유의점, 휴식 장소(나무 그늘), 이동 시간, 안전 상태, 주차 시설 등을 알아보아야 한다.

③ 소풍 프로그램을 계획

유아들이 좋아하는 것을 위주로 프로그램을 만들고 소풍 프로그램에서 필요한 소품들은 소풍을 가기 전에 유아교육기관에서 만들기 시간을 통하여 제작해 보는 것도 좋은 방법이다(예 어항엔 무엇이?).

④ 소풍 위한 준비물을 점검

- 구급 약품(각종 연고, 해열제, 소화제, 소독약, 일회용 밴드, 붕대, 핀셋, 거즈, 가위 등)
- 호루라기, 확성기 등
- 녹음기, 녹음 테이프(행진곡이나 동요, 점심 시간 또는 쉬는 시간에 들려줄 율동 노래 등)
- 각 반 유아들의 명단과 필기 도구
- 각종 게임 도구
- 이정표, 장소 안내 방향 표시판 등
- 상품 : 상품은 각 연령에 맞는 유아 용품으로 준비

⑤ 가정통신문을 보내기

가정통신문에는 소풍의 장소, 일시, 출발 및 도착 시간, 준비물, 우천시 예고 등을 알리며, 각자 소풍지에 모이는 경우에는 약도를 그려주는 것도 좋다.

⑥ 행사 진행을 위한 준비

(유아가 부모와 함께 소풍 장소로 각자 올 때)

- 교사들은 유아보다 약 1~2시간 정도 일찍 목적지에 도착하고, 모여서 놀이할 장소를 확인 · 점검하고 도착 장소를 알리는 이정표 등을 입구부터 곳곳에 붙여 길을 안내한다.

- 준비물(약품, 게임 도구, 상품, 녹음기 등)을 점검하고 사용하기 편리하도록 배열한다.
- 소풍 일정 및 각 교사가 분담해서 맡은 일을 확인한다.
- 유아와 함께 견학할 장소를 다시 한번 둘러본다.

2 가상 일정표 및 유의 사항

몇 시에	무엇을 할까?
10:00~10:30	**OO 친구들 모여라** 유의 사항 : 교사들은 최소한 1시간 전에 도착해서 장소 안내, 방향 표시 이정표를 입구부터 붙여 둔다. 교사 2~3명은 입구에서 이름표를 달아주고 집결지로 장소로 안내한다. 도착한 유아와 부모는 집결지의 가장자리에 각자 자리를 잡고, 집결지에는 신나는 동요를 틀어준다.
10:30~10:45	**오늘 일정은요** 유의 사항 : 반별로 집결하고 원장이 인사말을 하고 다 함께 원가를 부르며 소풍의 일정 및 주의 사항을 이야기한다.
10:45~12:00	**동물과 식물과 친해져요** 유의 사항 : 연령별 또는 반별로 동 · 식물을 관찰한다. 사진 촬영을 할 경우 적당한 장소에서 각 학급별로 단체 사진을 찍는다. 제일 끝의 유아가 처지지 않도록 간격 유지에 주의한다. 교사가 호루라기로 '하나, 둘' 하면 유아들이 '셋, 넷' 하면서 질서를 유지하는 태도는 바람직하지 않다. 유아들이 새로운 곳에 와서 많은 것을 보고 즐기며 서로 나눌 수 있도록 자연스러운 분위기를 마련해 주는 것이 중요하다.
12:00~13:00	**맛있는 점심 시간** 유의 사항 : 음악을 틀어주고, 식사 후에는 자기가 앉았던 자리 주변을 깨끗이 정리한다.
13:00~15:00	**함께 뛰어요** 유의 사항 : 율동 체조(부모와 같이 할 수 있는 것)와 다양한 게임(유아 게임, 부모 게임, 유아+부모 게임)을 통해 함께 즐길 수 있게 한다.
15:00~15:30	**행운권 추첨 및 자연 보호** 유의 사항 : 집에서 가져온 집게와 봉투로 소풍지 주변의 쓰레기를 주워 모은다.
15:30~15:30	집으로

3 소풍 프로그램(Ⅰ)

(1) 인원 및 팀 구성

- 인 원 : 유아반 30명, 유치반 30명, 부모 60명(총 120명)
- 팀 구성 : 30명씩 4팀(노란팀, 초록팀, 분홍팀, 파란팀)

(2) 분위기 조성 게임

소풍지에서 각 연령에 맞는 프로그램을 진행하기 전에 넓은 공간에서 행동을 하는 유아를 유아교육기관에서처럼 집중을 시키는 것은 쉽지 않다. 이런 경우에는 간단한 박수 게임을 통해 분위기를 조성할 수 있다.

① 시계 박수

양손을 모으고 시계추가 좌우로 움직이는 모습과 똑딱 소리를 내며 교사가 2시하면 2번 손뼉을 치고, 10시 하면 10번의 박수를 친다.

② 계단 박수

손뼉을 차례로 1, 2, 3, 4, 5번 치기도 하며 5, 4, 3, 2, 1의 횟수로서 치기도 한다.

③ 찌개 박수

지글지글(양손 엄지와 검지를 밑으로 하여 붙였다 떼었다 하면서) 짝짝, 보글보글(양손 엄지와 검지를 위로 하여 붙였다 떼었다 하면서) 짝짝, 지글짝, 보글짝, 지글보글 짝짝, 처음에는 천천히 하다가 점점 빨리하고 지글과 보글을 반대로 하면 더욱 재미있다.

④ 짱구 박수

울퉁불퉁 짝짝, 불퉁불퉁 짝짝, 울퉁짝, 불퉁짝, 울퉁불퉁 짝짝을 치기도 한다.

(3) 유아 프로그램

① 게임 : 어항엔 무엇이?

- 인원 : 유아반 30명, 유치반 30명(노란팀, 초록팀, 분홍팀, 파란팀)
- 준비물 : 큰 상자 4개, 작은 상자 4개, 클립이 꽂혀 있는 모형 물고기, 자석이 붙은 낚싯대 4개
- 소요 시간 : 15~20분
- 활동 방법

① 네 편으로 나누어 각 팀끼리 순번을 정한다.

② 자석이 붙은 낚싯대와 작은 상자를 각 팀에 한 개씩 준다.

③ 출발 신호가 나면 유아가 낚싯대를 들고 가서 큰 상자에 있는 모형 물고기를 잡는다.

④ 잡은 모형 물고기를 작은 상자에 넣어둔다.

⑤ 다음 유아가 낚싯대를 가지고 출발한다.

(승부 결정 방법 : 주어진 시간 내에 많은 물고기를 잡은 팀이 우승한다.)

② 게임 : 뽀뽀뽀 게임

- 인원 : 유아반 30명, 유치반 30명, 교사 4명(노란팀, 초록팀, 분홍팀, 파란팀)
- 준비물 : 립스틱
- 소요 시간 : 10~15분
- 활동 방법

① 각 팀의 교사는 반환점에 앉아 있다.

② 유아 15명은 각각 입술에 립스틱을 바르고 준비한다.

③ 릴레이 형식으로 반환점에 달려가 앉아 있는 교사 얼굴에 뽀뽀를 하고 돌아 온다(승부 결정 방법 : 먼저 끝나는 팀이 승리하나 뽀뽀를 받은 교사의 얼굴을 보고 멋있게 한 팀에는 보너스 점수를 준다).

(4) 부모 프로그램

1 게임 : 캥거루 뛰기

- 인원 : 부모 60명(노란팀, 초록팀, 분홍팀, 파란팀)
- 준비물 : 배구공 4개, 반환점 상자 4개
- 소요 시간 : 15~20분
- 활동 방법

① 부모들을 네 편으로 나누어서 순서를 정한다.

② 부모들 중 한 명을 나오게 하여 공을 다리 사이에 끼우고 뛰어보게 한다.

③ 출발 신호가 나면 공을 다리 사이에 끼우고 반환점까지 간다.

④ 돌아올 때에는 공을 팔에 들고 달려와서 다른 차례에게 공을 전한다.

(승부 결정 방법 : 릴레이 형식으로 먼저 들어온 팀이 우승한다.)

(5) 유아+부모 프로그램

1 게임 : 신문지 속 엄마와 나

- 인 원 : 유아반 30명, 유치반 30명, 부모 60명(노란팀, 초록팀, 분홍팀, 파란팀)
- 준비물 : 구멍 뚫린 신문지
- 소요 시간 : 15~20분
- 활동 방법

① 뚫린 구멍이 있는 신문지에 두 명의 얼굴을 넣고 달린다.

② 달려가 반환점을 돈다.

③ 다시 출발선으로 들어오면 된다.

(승부 결정 방법 : 릴레이 형식으로 먼저 들어온 팀이 우승한다. 단, 신문지가 찢어져서도 안 되고 중간에 벗겨져서도 안 된다. 두 사람의 호흡이 잘 맞아야 한다.)

② 게임 : 장애물 달리기

- 인원 : 유아반 30명, 유치반 30명, 부모 60명(노란팀, 초록팀, 분홍팀, 파란팀)
- 준비물 : 풍선, 위아래 뚫린 검정 봉투 4개, 배구공 4개, 분유, 접시 1개, 사탕
- 소요 시간 : 15~20분
- 활동 방법 (교사들은 미리 장애물을 배치해 둔다.)

  ① 각 팀에서 선수로 유아반 2명, 유치반 2명, 부모 2명씩을 선발한다.

  ② 순서는 유아 → 유치 → 부모 → 유아 → 유치 → 부모 순으로 정한다.

  ③ 달리다가 풍선을 터뜨린 후(장애물 1), 검정 봉투 터널(장애물 2)을 지난다.

  ④ 배구공을 다리 사리에 낀 후(장애물 3), 뛰다가 밀가루 속 사탕을 먹는다(장애물 4).

  (승부 결정 방법 : 네 팀 중 가장 먼저 들어오는 팀이 우승이다.)

③ 게임 : 보물찾기

- 인원 : 유아반 30명, 유치반 30명, 부모 60명
- 준비물 : 보물이 적힌 쪽지
- 소요 시간 : 10분
- 활동 방법 : 교사들이 미리 숨겨둔 보물 쪽지를 찾으면, 행운권 추첨 시간에 상품을 준다.

④ 게임 : 행운권 추첨

- 인 원 : 유아반 30명, 유치반 30명, 부모 60명
- 준비물 : 번호표 상자, 상품
- 소요 시간 : 20명의 행운의 주인공이 나올 때까지
- 활동 방법

  ① 원장 선생님이 처음 번호표를 뽑는다.

  ② 뽑힌 사람이 선물을 받고 추첨을 할 수 있다.

  ③ 20명의 행운의 주인공이 나오면 보물 찾은 사람을 앞으로 나오게 한다.

  ④ 상품을 준다.

4 소풍시 유의 사항

(1) 소풍의 안전 생활 주의점

유아들에게는 특별한 행사라고 할 수 있는 소풍의 경험을 통하여 주위의 환경에 관심을 가지게 하고 다른 사람과의 관계를 인식하는 기회를 갖고자 하였다.

따라서 소풍을 통하여 주변의 자연 환경과 사람들의 생활 모습, 생명이 있는 것들의 특징을 관찰하여 발표하게 하고 여러 친구들과 잘 어울려 지내게 하며 교통 놀이 시설 등의 이용을 통하여 안전 생활의 필요성을 지도하도록 한다.

(2) 지도상의 유의점

자연 환경과 생활 환경을 관찰하고 그 특징을 찾아 이야기할 때에는 항상 우리 생활과의 관계에 중점을 두어 파악하게 한다. 소풍날, 동물원 구경 등 실제 경험을 토대로 지도해야 하므로 각 지역과 유아교육기관의 실정에 맞게 교재를 재구성하여 지도한다. 횡단보도, 지하도, 육교, 건널목 등의 교통 시설과 놀이 시설의 이용 방법과 안전 지도는 습관화될 수 있도록 철저히 지도한다.

(3) 단체 행동시 주의점

단체 행동에서의 개인 행동은 길을 잃거나 사고가 일어날 위험이 많으며 다른 친구에게도 피해를 준다는 사실을 깨닫도록 지도한다. 몸이 불편할 경우에는 교사에게 말하여 도움을 받도록 지도해야 한다. 공동 생활에서는 자기보다 서로를 위하는 것이 결국은 자기를 위하는 길임을 깨닫게 한다. 틀에 박힌 생활에서 벗어났을 때에는 안전 지도가 가장 큰 문제가 된다. 교통 질서를 지키고 안전하게 활동하며 공공 시설을 아끼고 보호하는 공중 도덕심을 기르는 데 힘쓰도록 한다.

5 소풍 평가표

소풍 평가표를 만들어 간단한 설문 조사를 통해 평가해 본다.

[평가 항목의 예]

- 소풍의 장소와 시간이 마음에 들었습니까?
- 다음 소풍의 희망 장소가 있습니까?
- 이번 소풍의 좋은 점과 나쁜 점은 무엇이었습니까?
- 이번 소풍의 문제점과 건의 사항이 있습니까? 있다면 무엇입니까?
- 이번 소풍에 대체적으로 만족하십니까?

가정 통신문

안녕하십니까?

곳곳에 활짝 핀 꽃들을 보며 봄을 만끽하시리라 생각합니다. 볕 좋은 봄을 맞이하여 우리들은 봄 소풍을 가기로 했습니다. 봄 동산을 돌아보며 지루했던 추운 겨울을 떨쳐 버리고 봄이 되어 변화한 이 세상의 아름다움을 듬뿍 담아 오려고 합니다. 즐거운 시간이 될 수 있도록 많은 격려를 부탁드립니다.

[봄 소풍 안내]

날 짜 :
장 소 :
시 간 :
준비물 :
복 장 :
기 타 :

[참고 사항]

1. 활동하기에 편리한 복장과 모자, 운동화를 착용하여 주십시오.
2. 유치원(어린이집) 이름표 뒷면에 집 주소, 전화번호를 적어 주신 후 달아 주십시오.
3. 집에서 떠나기 전에 반드시 용변을 보게 해 주십시오.
4. 음식물과 기타 소지품은 필요한 양만큼 마련해 주십시오.
5. 우천시에는 유치원(어린이집)에서 정상 수업을 하겠습니다.

OO유치원(어린이집 원장)

6 소풍 프로그램 (Ⅱ)

장 소	○○ 호수공원
목 표	자연 변화의 관찰과 세계의 꽃들을 알아보고 관찰을 통하여 자연에 대한 소중함을 알고 사랑하는 마음과 보호하는 마음을 기른다.
시행 일시	2○○○년 ○○월 ○○일 ○요일
사전 답사	모두 함께 참여하는 대그룹 현장 견학 및 활동 ① 일 시 : 소풍 일주일 전 ② 비디오 촬영 : 호수공원 입구 → 전시장 (1, 2관) → 놀이 장소 ③ 코 스 : 호수공원 미관광장 조형탑 → 꽃 전시장 (1, 2관) → 놀이 장소 → 개별 귀가 ④ 소요 시간 · 호수공원 미관광장 조형탑 → 꽃 전시장 (20분) · 꽃 전시장 견학 1, 2관 (1시간) · 꽃 전시장 → 놀이 장소 (20분) ⑤ 안전에 대한 유의 사항 · 장소가 매우 넓어서 길을 잃어버리지 않도록 지도한다. · 물가 주변에 가까이 접근하지 않도록 지도한다. · 유아들의 안전에 대한 지도를 한다. · 횡단보도, 지하도, 육교, 건널목 등의 교통 시설과 놀이 시설의 이용 방법과 안전에 대해 조사하고 지도한다. · 자연 환경과 생활 환경을 관찰하고 그 특징을 찾아, 유아를 지도할 수 있도록 한다.
사전 준비	1. 가정통신문 안내 2. 준비물 · 구급 약품 : 각종 연고, 해열제, 소화제, 지사제, 소독약, 일회용 밴드, 붕대, 핀셋, 거즈, 가위 등 · 호루라기, 확성기 · 녹음기, 녹음 테이프 : 행진곡이나 동요, 점심 시간 또는 쉬는 시간에 들려줄 율동 노래 등 · 각반 유아들의 명단 및 필기 도구 · 각종 게임 도구 · 상품 : 양말로 통일 · 이정표 및 유치원 장소 안내 방향 표시판 등 · 입장료 : 성인 1인당 10,000원, 어린이 단체 2,500원

<table>
<tr><td>사전 준비</td><td colspan="2">3. 일일 어머니 교사 사전 교육
① 사전 답사 동행
② 안전 지도에 관한 유의 사항
· 몸이 불편할 경우에는 교사에게 말하여 도움을 받도록 지도한다.
· 공공 생활은 자기보다 서로를 위하는 것임을 지도한다.
· 공공 질서를 지키고 안전하게 활동하며 공공 시설을 아끼고 보호하는 공중 도덕심을 기르도록 지도한다.
· 단체 행동에서의 개인 행동은 길을 잃어버리거나 사고가 일어날 위험이 많으며 다른 사람에게 피해를 준다는 사실을 지도한다.
③ 현장 학습 일정 소개
④ 준비물 확인</td></tr>
<tr><td rowspan="2">사전 활동</td><td>부 모</td><td>유 아</td></tr>
<tr><td>① 부모 교실 운영
· 호수공원 사전 답사
· 이야기 나누기
② 유아와 일대일 상호 작용에 대하여
· 공공 장소, 안전
· 꽃의 종류
· 꽃의 생김새
· 각 나라의 꽃 알아보기</td><td>① 현장 견학을 실시하기 전에 견학하는 곳에 대한 흥미와 기대의 동기 유발을 위하여 사전 활동을 실시한다.
② 견학 장소에 맞는 환경을 구성하고 사전 답사 때에 준비해 온 사진과 비디오 테이프를 이용하여 이야기 나누기 시간에 지켜야 할 약속, 보아야 할 것에 대하여 토의한다.</td></tr>
<tr><td>행사 일정</td><td colspan="2">09:30~10:00 현장 도착
· 반별로 모여서 출석 점검
· 각 반별로 소풍의 일정 및 유의 사항 이야기하기
10:10~10:30 전시관으로 이동
· 자연과 함께 걸어요
· 구호 및 출발 (엄마랑 함께)
10:30~11:30 꽃 전시장 견학 (1, 2관)
11:30~12:00 놀이 장소로 이동 및 화장실 다녀오기
12:00~13:00 점심 식사, 사진 촬영 및 휴식
· 음악을 틀어준다.
· 자기 주변을 깨끗이 정리한다.
13:00~15:00 레크리에이션
· 율동(엄마와 함께 : 둘이서 둘이서, 둘이 살짝)
· 게임
–동대문을 열어라(5세) –짝짓기 게임(6세)
–장애물 통과 릴레이(7세) –과자 따먹기(5세+부모)
–엄마하고 나하고(6세+부모) –캥거루 릴레이(7세+부모)
–공 샌드위치(부모) –보물 찾기(단체) –자연 보호(단체)</td></tr>
</table>

행사 일정	15:00~15:30 평가 및 선물 증정 끝인사 · 기념품 전달 및 시상 · 원장님 인사 · 귀가 지도
사후 활동	① 미술 · 그림 그리기 : 꽃에 대한 그림 및 소풍 때 모습 그리기 활동 ② 이야기 나누기 · 여러 사람과 함께 있을 때에는 어떻게 해야 할까? · 소풍 후에 잘못되었던 행동은 어떤 것이 있을까?

7 소풍 프로그램 (Ⅲ)

(1) ○○ 관광 농원 사전 답사

① 교 통

- 승용차편 : 경부 고속도로 하행선 목천 IC에서 T/G를 벗어나 우회전, 유관순 사우 방향(병천 방향)으로 (2km) 진행
- 중부고속도로－진천 T/G에서 21번 국도를 타고 천안(독립기념관) 방향으로 약 30분 거리인 병천을 지나 독립기념관 방향
- 현지 교통 : 천안 고속터미널과 천안역에서 시내버스 이용

② 이용 안내

- 시설 이용료 : 대인 5,000원, 소인 3,500원(만 3~12세)
- 문화 및 교육 시설 이용 : 입장료를 지불하거나 숙박하는 40인 이상의 단체 손님은 3시간 동안 무료로 사용할 수 있다.
- 식당 이용 : 식당 내에는 규정상 외부에서 주류나 음료수를 가지고 들어올 수 없다. 2시간 이상 식당 전부를 사용할 때에는 시간당 30,000원의 요금을 지불해야 한다.

③ 시 설

- 숙박 시설 : 별장식 민박 가옥 5동(20평형 4동, 33평형 1동, 독립 취사 가능), 가옥마다 잔디 정원이 있어 개별 가든 파티가 가능
- 단체 숙박 시설 : 여관 1동 10실(3평형 6실, 6평형 4실, 취사 가능, 캠프장 1동 3실(취사 가능)
- 체육 시설 : 운동장 3개소, 수영장, 축구장, 농구장, 배구장, 족구장, 배드민턴장, 줄다리기, 암벽 타기, 말굽 던지기, 산악 사이클링, 캠프 화이어장
- 교육장(12명 규모), 회의실(60평 규모)
- 식사 및 편의 시설 : 단체용 식당 60석, 바비큐장 60석, 가족 식당 40석 등 상설 운영
- 산채된장정식, 된장떡구이(된장에 야채를 넣어 구운 것), 버섯전골 정식, 더덕버섯구이, 산채비빔밥, 오리한방백숙, 청둥오리탕, 토종닭, 볶음탕, 바비큐
- 기타 : 옥외 취사장, 바비큐장 3개소, 약수터, 원두막, 저온 저창고, 일반 매점 등

(2) 소풍 가기 전 준비

① 2주 전

- 모둠 구성, 모둠 이름, 노래, 구호(율동 가미)
- 간단한 율동 교육(재미있는 것)
- 소풍 때 쓸 노래 가르치기
- ○○농장에 미리 예약하기
- 소풍에 필요한 비용(입장료, 차량 임대비 등)을 산정하고 계획을 세운다.

② 1주 전

- 소풍 준비 위원회 구성, 구체적인 진행 계획
  (사진 2인, 사회자 2인, 상품 및 시상 1인, 보조 요원, 기타 반주)
- 단체 곡 노랫말 준비(괘도류)
- 점수판, 돗자리(바닥 여건에 따라)

봄 소풍 안내

안녕하세요!
볕 좋은 봄을 맞이하여 우리 유치원에서는 봄 소풍을 가려고 합니다. 봄 바람 노랫소리 또 방실거리는 꽃님의 얼굴, 고운 노랫소리를 마음껏 느끼고 돌아오겠습니다.
즐거운 시간이 될 수 있도록 학부모님들의 많은 격려를 부탁드립니다.

· 준비물 : 씨앗
· 일 시 : 2○○○년 ○○월 ○○일
· 출발 및 도착 시간 : 10시에 함께 모여 출발하여 도착 시간은 4시경입니다.

준비 사항

① 도시락과 물 등의 간단한 음료, 과자 한두 봉지, 화장지, 씨앗 등을 가방에 챙겨주세요.
② 유아의 이름과 전화 번호, 주소가 적힌 이름표를 달아주세요.
③ 복장은 원복을 입혀 보내주시고 원복이 준비가 안 되었을 경우에는 활동이 편한 옷을 입혀주세요.
④ 소풍 당일에는 출발 전에 인원 점검이 모두 끝나야 하므로 늦지 않도록 신경써 주세요.
⑤ 소풍 후에는 소풍을 주제로 대화의 시간을 가져주세요.

[참가 동의서]

( )반 이름 ( ) 2○○○년 ○○월 ○○일 ○○유치원 원장

유 아 : 참가 ( ) 불참 ( )
보호자 : 참가 ( ) 불참 ( )

- 단체상, 개인상 준비(선물 : 크레파스, 스케치북, 색연필 등)
- 소풍 3~4일 전에 소풍에 관한 사진이나 그림을 제시하고 소풍 노래와 소풍에 관한 이야기 나누기 등을 진행한다.
- 소풍에서 무엇을 하고 어떤 놀이를 하면 좋을지 이야기를 나누고 소풍 가서 지켜야 할 규칙을 의논해 결정한다.
- 소풍은 야외에서 진행되므로 기상청에 전화해서 날씨를 확인한다.
- 소풍 날에 비가 올 경우 어떻게 해야 할지 미리 의논한다.
  (비가 올 경우 당일 9시까지 비가 그치지 않으면 집에서 머무르도록 조치한다.)
- 소풍 안내문을 통해 소풍 날짜와 장소를 알린다.
- 소풍 일주일 전에 가정통신문과 참가 동의서를 보내 함께 할 수 있는 유아들과 부모님의 인원을 확인하고 유치원에 모이는 시간, 준비 사항 등을 알려준다.

(3) 소풍날

① 소풍의 목표

계절의 변화와 관련된 식물을 관찰하고 묘목을 심고 씨앗을 뿌리며 자연을 느끼도록 한다. 소풍을 통해 풍부한 경험을 쌓고 부모와 함께 함으로써 사랑을 확인한다.

② 출발 전 해야 할 일

- 준비물(묘목, 차량 안내판, 유아 명단, 일정표, 비상 연락망, 약품, 여분의 옷, 카메라, 노래 테이프, 게임 도구, 게임에 필요한 선물 등)을 확인한다.
- 유아들의 인원을 확인한다.
- 멀미하는 유아들에게 멀미약을 먹이고 화장실 지도를 한다.
- 소풍 프로그램의 시간을 다시 한번 확인하고 시간 배분에 주의한다.
- 유아들이 다쳤을 경우를 대비해 비상 약품을 준비한다.
- 장소의 확보를 위하여 한 명의 교사와 2명 모두 온 부모 중 한 명의 부모가 함께 미리 출발한다.

③ 광 고

- 점심 시간 안내와 식사 후 다시 모이는 시간을 알려준다.
- 쓰레기는 꼭 휴지통에 버리도록 한다.
- 유아들이 멀리 가지 않도록 하며 이동시에는 부모나 교사에게 말하도록 한다.

④ 진행시 주의할 점

- 시작하기 전에 놀이에 대해 자세히 설명한다.
- 놀이하는 인원과 장소를 고려한다.
- 놀이에 참여하지 못하는 유아들은 없는지 신경 쓴다.
- 필요한 시간을 예상한다.
- 준비할 도구를 점검한다.
- 심판을 보는 사람은 엄정하고 재빠르게 해야 한다.
- 마무리에 신경을 써야 한다.
- 제일 끝에 오는 유아가 뒤처지지 않도록 간격 유지에 신경 쓴다.

시 간	내 용	비 고
9:00	선발대	장소 부지 확보를 위하여 한 명의 교사와 2명 모두 온 부모 중 한 명의 부모가 함께 미리 출발한다.
10:00	원 집합 준비물 점검 및 화장실 다녀오기 유아들에게 이름표 달아주며 인원 파악	
10:30	버스 승차 버스 출발	버스 안에서는 유치원에서 배웠던 간단한 노래와 율동을 한다.
11:30	소풍 장소 도착 일정 소개	
11:45	사진 촬영	사진 찍기에 적합한 장소를 찾아 개인 사진 및 단체 사진을 촬영한다.
12:00	묘목 심고 씨앗 뿌리기	부모와 함께 교사가 미리 준비해 간 묘목을 심고 씨앗을 뿌린다.

시 간	내 용	비 고
13:00	점 심	• 자리를 이동하고 싶을 때 선생님께 이야기하고 멀리 가지 않는다. • 탬버린으로 모이는 것을 알린다. • 쓰레기 봉지에 음식, 종이를 분리해서 버리도록 한다.
13:45	율 동	• 교사의 인솔하에 원형으로 둘러 선다. • 솜사탕 노래에 맞춰 부모와 함께 율동을 한다.
14:00	게 임	장미반과 백합반으로 나누어서 반별로 게임을 한다. 이긴 반이나 유아에게 100점을 준다. ① 볼 사용 연습 ② 누가 더 빨리 하나 ③ 사탕 빨리 먹기 게임 ④ 보물 찾기
15:00	정리 정돈 및 화장실 다녀오기	• 가장 많은 쓰레기를 주워온 유아반에게 200점을 준다. • 자기 물건 챙기기 • 화장실 다녀오기
15:15	상품 전달	• 각 게임에서 이긴 유아에게 상품을 전달한다. • 이긴 반에게 상품을 준다.
15:30	인원 점검 및 버스 승차	
16:30	원 도착	

(4) 율동이 함께 하는 소풍

1 율 동(솜사탕)

- 나뭇가지에 : 왼손을 안쪽으로 꺾고 오른손은 위를 향해 꺾고
- 실처럼 : 실타래 감듯이 양손을 굴린다.

- 날아든 솜사 : 나비처럼 사뿐사뿐 손을 위아래로
- 탕! : 두 손을 허리에 대고 입으로는 시계 소리 내듯 똑딱똑딱
- 하얀 눈처럼 : 엄지와 검지 손가락을 동그랗게 만들어서 오른손 한번 왼손 한번
- 희고도 : 만들어진 두 손가락을 앞가슴 쪽에서 둥글게 둥글게 굴린다.
- 깨끗한 솜사 : 양손을 별 반짝반짝 굴리며 큰 원을 그린다.
- 탕! : 두 손을 허리에 대고 입으로 시계 소리 내듯 똑딱똑딱
- 엄마 손 잡고 : 손 움켜잡는 흉내만 내며 오른손은 오른쪽 방향, 왼손은 왼쪽 방향으로 뻗는다.
- 나들이 갈 때 : 두 팔을 씩씩하게 앞뒤로 행진하듯이
- 먹어본 솜사 : 왼손 펴서 접시 만들고 오른손은 왼손에 있는 음식을 집어먹는 흉내를 낸다.
- 탕! : 두 손을 허리에 대고 입으로 시계 소리 내듯 똑딱똑딱
- 호호 불면은 : 두 손을 펴서 입쪽으로 가져와서 입으로 손바닥을 후후 부는 모양을 한다.
- 구멍이 뚫리는 : 두 손을 편 상태에서 검지만 남기고 나머지 손가락은 접어 검지손가락으로 앞쪽을 번갈아 찌른다.
- 커다란 솜사 : 양손을 별이 반짝 반짝거리는 동작으로 큰 원을 그린다.
- 탕! : 두 손을 허리에 대고 입으로 시계 소리 내듯 똑딱똑딱

(5) 소풍날 할 수 있는 게임들

① 공의 사용 연습

여러 가지 공을 사용해서 여러 가지 구법으로 즐길 수 있다.

- 준비 : 공을 그룹 수 만큼, 출발선을 긋는다.
- 진행 방법

  8~10명으로 그룹을 만들어서 각각 한 명씩 리더를 뽑는다. 각 그룹 모두 출발선에 일렬 종대로 서고 리더는 공을 가지고 출발선에서 약 5m 떨어진 위

치에 자신의 그룹과 마주 선다. 교사의 신호로 리더는 맨 앞의 유아에게 공을 던진다. 공을 받은 유아는 리더에게 되던지고 리더가 받은 것을 확인한 후 그 자리에 앉는다. 리더는 다음 유아에게 공을 던지고, 마찬가지로 진행해 간다. 이것을 반복해서 빨리 전원이 앉은 그룹이 우승을 한다.

② 누가 더 빨리 하나

유아들의 원 대열 주위를 둘이서 돈다. 빨리 돌지 못하면 귀신이 된다.

- 진행 방법

  귀신을 할 유아를 뽑고 다른 유아들은 큰 원 대열을 만든다. 귀신은 그 원 대열의 주위를 달리다가 도중에서 누군가의 등을 두드린다. 그 유아는 원 대열에서 나와 귀신과는 반대 방향으로 그 원 대열 주위를 달린다. 그 동안 귀신도 계속 달려서 그 유아가 있던 자리로 들어간다. 그 유아는 우선 원 대열을 돌고 다시 다른 유아의 등을 두드리고 반복한다.

③ 사탕 빨리 먹기

부모와 함께 하는 게임이다.

- 진행 방법

  부모와 유아들이 함께 하는 게임으로 출발선 10m 앞에 탁자를 놓고 쟁반 위에 사탕과 밀가루를 섞어 놓는다. 5명의 유아와 5명의 부모가 출발선 앞에 선다. 출발 신호가 떨어지면 부모는 유아를 업고 탁자가 있는 곳으로 달려간다. 도착하는 대로 밀가루 속의 사탕을 찾아 먹고 유아를 업은 상태에서 빨리 달려 들어온다.

④ 보물찾기

- 진행 방법

  교사는 유아들이 노는 동안 위험하지 않은 장소에 보물을 적은 종이를 숨겨 놓는다. 유아에게 지정된 장소 안에서 정해진 시간 동안 보물 쪽지를 찾도록 한 후에 다시 모이도록 한다. 이와 같이 해서 보물이 적혀 있는 종이를 찾은 유아들에게 해당하는 보물을 주고, 찾지 못한 유아에게는 참가 선물을 준다. 보물을 숨기는 장소는 돌 밑, 나뭇가지 사이 등 유아가 쉽게 찾을 수 있는 곳과 힘들게 찾을 수 있는 곳으로 구분해서 숨긴다.

(6) 소풍을 마치고

① 평 가

- 소풍에서 얻은 경험과 내용은 놀이와 활동을 통해 발전해 나가도록 한다.
- 소풍의 준비에서 마무리까지 잘 이루어졌는지 교사 자체의 평가도 필요하다.
- 도표를 참고하여 평가 내용을 기록하고 다음 소풍의 자료로 사용한다.

② 소풍 평가표

평가 내용	매우 좋음	좋 음	보 통	나 쁨	매우 나쁨
1. 소풍의 시기는 적절했는가? 2. 소풍의 목표가 무엇인지 확인했는가? 3. 실행이 가능한 프로그램을 계획했는가? 4. 소풍지까지 이동 시간 및 차량 운행은 잘 이루어졌는가? 5. 수시로 인원을 점검했는가? 6. 유아의 안전에 대하여 노력하였는가? 7. 유아들에게 필요한 소풍이었나? 8. 유아들이 봄의 자연 현상에 관심을 보였는가? 9. 부모의 협조는 잘 이루어졌는가? 10. 유아와 상호 작용은 잘 이루어졌는가? 11. 모두에게 즐거운 소풍이 되었는가?					
기타(다음 행사시 개선 사항, 참고 사항 등)					

③ 유아와 소풍에 대한 이야기 나누기

가정에서 소풍 날에 대한 일기나 느낀 점을 써보도록 한다.

8 소풍 프로그램 (Ⅳ)

봄 소풍 안내

안녕하세요? 저희를 기다리지 못하고 꽃들이 져버리지 않았을까 걱정이 됩니다만, 5월 9일에 우리 어린이들과 학부모님이 함께 봄 소풍을 갑니다. 어린이 대공원은 서울특별시 ○○구에 위치한 넓은 공간 속에 동물원, 식물원, 놀이동산 및 다양한 공연 시설과 체험 공간이 가득한 가족테마 공원입니다. 꽃과 나무 그리고 자연이 함께하는 휴식의 소풍은 자연이 주는 아름다운 환경에서 다양한 체험을 하며 즐거운 시간을 보내려고 합니다. 우리 친구들과 학부모님 모두 참여하여 즐거운 추억을 남길 수 있도록 해 주세요. 활동하는 장소가 잔디밭으로 되어 있어 어린이들과 함께 마음 놓고 뛰어 놀다 올 수 있는 곳입니다. 안전하게 다녀옵시다. 룰루랄라~

- 장 소 : 어린이 대공원(20~30분소요)
- 날 자 : ○○월 ○○일(○요일)
- 도착시간 : 17시 (하원 차량 운행은 안 되니 어린이집으로 마중나와 주세요. 종일반 저녁 차량 운행은 정상입니다.)
- 준비물 : 개인 돗자리, 간식, 점심 도시락, 물수건 (4, 5세 어린이-여벌옷)
- 복 장 : 하복 활동복, 운동화, 모자

* 대형 버스 차량 대여로 인해 인원 파악을 해야 하니 ○요일까지 신청바랍니다. 참가를 원하는 어린이만 참가하며 참가하지 않는 어린이는 가정 학습으로 이루어집니다.

------------------------------- **[참가 신청서]** -------------------------------

( )반 이름 ( ) 참여 여부 ( )

부모님 참여 여부 : 참가 ( ) 불참 ( )

○○유치원

(1) 소풍의 목적

봄 소풍의 목적은 추운 겨울이 가고 따뜻한 봄맞이를 하는 꽃과 나무 그리고 동물들이 함께 하는 봄날에 나무, 숲 사이에 마련된 넓은 아름다운 공간에서 마음껏 뛰어놀고 친구들과 함께 한 소중한 놀이와 경험을 하며 단체 행동에서 질서 의식을 기르고 야외 학습을 통해 창의력과 탐구심을 기른다. 다양한 활동들을 통해 운동 능력을 도와준다.

견학 신청서

본 ○○유치원에서는 다음과 같이 어린이 대공원에 견학을 하고자 합니다.

- 날 자 : 20○○년 ○○월 ○○일 ○요일
- 시 간 : 오전 10시 20분경
- 인 원 : 어린이 100명 , 어른 100명
- 연락처 : 02-000-0000
  000-0000-0000
- 주 소 : 서울시 ○○구 ○○동

○ ○유 치 원

(2) 일정

시간	활동
9 : 30	등원
10	인원 파악 후 출발~!
10 : 30	어린이 대공원 후문 도착
10 : 30~10 : 50	일정 소개 및 단체 사진 촬영
11 : 50~ 11 : 20	놀이 기구 타기
11 : 20~12	잔디밭 집합 & 인원 파악 및 점심 식사
12~12 : 20	준비 체조 & 레크리에이션 (노래에 맞춰 율동 배우기)
12 : 20~ 12 : 40	부모님과 함께 보물찾기
12 : 40~ 1 : 10	부모님과 함께 풍선 터트리기
1 : 10~ 1 : 40	연령별 게임 7세-장애물 달리기 (훌라후프 통과 후 사탕 먹기) 6세-수건 돌리기 5세-짝짓기 게임 4세-가위바위보
1 : 40~ 3	이동 & 동물 공연 관람
3~3 : 20	집합 및 인원 파악
3 : 20	귀가

제4장

운동회 프로그램

운동회 (미니 올림픽)

(1) 준비 사항

참가자를 청군, 백군, 홍군 등으로 나누든지 그렇지 않으면 각 국(미국, 한국, 사우디아라비아, 일본, 중국, 콩고, 스페인 등)으로 추첨하여 특색 있는 복장과 분장을 준비하도록 한다.

- 팀 분류
- 성화 주자 선정(남자)
- 팀별 복장 및 분장 준비
- 성화대 준비
- 팀의 특색 있는 선물 준비
- 각 경기의 심판 선정
- 각 경기장 및 경기 도구 준비
- 채점판 준비
- 채점지 준비
- 선수 선서문 작성 및 선서자 선정
- 각 팀별로 즉석 매스 게임에 필요한 내용을 연구하게 하여 준비
- 시상품 준비(동일 제품, 동일 포장, 동일 규격)
- 체육대회 진행표 작성
- 대회장 선정 및 대회사 준비
- 모의 우승기 및 우승컵 준비
- 응원석 마련
- 대회 표어 구호 선정
  (좀 더 빨리, 좀 더 힘차게, 좀 더 멀리), (더 빠르게, 더 높이, 더 멀리)
- 해설자 선정(재치와 유머가 풍부한 사람)

(2) 미니 올림픽 대회 순서

- 선수 입장
- 입장상 발표
- 성화 입장 및 점화
- 대회사 낭독(3분 이내)
- 모의 우승기 및 우승컵 반납
- 선수 대표 선서(마지막 부분 날짜를 한글로 표기)
- 경기장 안내 및 경기 순서 안내(시설 안내), 분실물 안내
- 즉석 매스 게임
  - 디스코 체조 또는 에어로빅 댄스
  - 글자 만들기 : 굳센 체력 영원한 전진
  - 부채춤(꽃 피는 모습) : 인화
  - 신체조(리본, 공, 곤봉, 줄넘기, 태극기, 글자, 원기, 막대기 등) : 슬기
  - 밧줄춤 : 단결
  - 파도 타기(도미노 게임) : 협동
  - 마크 만들기 : 원사랑
  - 민속 무용 : 우리 모두 다 같이, 호키포키 등
- 육상 경기(트랙) : 달리기 경주는 오전
  - 50m 달리기, 25m 달리기
  - 200m 계주, 10m 계주
  - 장애물 경주(사다리, 비닐 터널 등)
  - 큰 공 굴리기
  - 퀴즈 릴레이(유아와 부모)
  - 따개비 달리기(유아와 부모)
- 필드 경기(운동장)
  - 배구 경기(토너먼트) : 부모
  - 약식 농구(토너먼트) : 유아
  - 피구(토너먼트) : 부모, 유아
  - 발야구(토너먼트) : 부모
  - 축구(토너먼트) : 유아
  - 기차 달리기
  - 닭싸움
  - 줄다리기
  - 글자 만들기
  - 박 터뜨리기
  - 장난감 조립
  - 장대로 풍선 터뜨리기
  - 도깨비 잡기
  - 과자 따먹기
  - 청실홍실
- 포크 댄스
  - 우리 모두 다 같이
  - 호키포키

-훌랄라
- 오늘의 영광 선발
- 마라톤 또는 경보
- 경기 점수 발표 및 시상식
- 성화 소화
- 폐 회

1 운동회의 역사

운동회는 영국에서 18세기 말엽에 퍼블릭 스쿨에서 근대 스포츠에 포함될 수 있는 운동 경기회를 시작하였다. 1746년 웨스트민스터 학교에서 최초의 크리켓 교내 경기회, 1881년 동교에서 교내 보트레이스, 이튼교에서 교내 육상 경기회가 각각 처음으로 실시되었다.

우리나라 운동회는 미국의 플레이 데이(각 학교의 학생들 상호 간의 교류를 중심으로 하고 승부는 중요시하지 않는다)나 영국의 경기회와는 달리 독특한 형태를 가지며 승부나 기록을 위해 매진하는 학생 스포츠 경기회와도 성격을 달리한다.

2 운동회의 목적과 의의

운동회는 중요한 학교 행사로서 아동 · 학생은 물론, 가정이나 지역 사회를 포함하는 전체로서 중요한 행사가 되었다. 원래 아동 · 청소년들의 평소 운동 · 유희 등의 학습 결과를 가족이나 일반인의 앞에서 연출하여 자신들이 성장하는 모습을 보이고 활동의 실제를 이해하도록 하기 위한 것이다. 실행에 있어서 기획 ·

조직 · 운영 등을 통해 유아들의 자주성 · 협력 · 책임 등을 몸에 익히게 하는 교육의 현장으로서 중요한 의의를 지닌다.

연령이 높아짐에 따라 아동 · 학생들 자신이 수행하는 역할이 대폭 증대하고 있는 것이 오늘날의 특색이다. 무엇보다도 전원이 참가할 수 있는 경기회라는 점이 운동회의 기본이며 승리주의나 기록주의가 첫째 목표가 아니라는 것이 스포츠 경기회와의 차이점이다.

3 운동회의 방침

유아교육기관의 운동회는 유아들이 가족을 초대하여 유아와 가족들이 함께 놀이를 하며 지내는 가족 모임 행사 중 하나이다.

교사는 운동장에 다양한 운동 놀이 영역들을 설치하고 유아와 부모가 자유롭게 선택하여 각 놀이 영역에 참여할 수 있도록 운동회를 준비해야 한다. 유아와 유아의 가족들은 운동회에서 개별 운동과 단체 운동을 직접 경험하면서 활동에 참여하게 된다.

4 운동회의 계획

(1) 운동회 일정 및 장소 정하기

운동회의 일정은 5월경(어린이날 전후) 또는 9월경(추석 전후)의 금 · 토 · 일요일이나 공휴일이 적당하다. 미리 부모에게 알리고 적당한 날짜와 시간 등에 대한 부모의 요구도를 조사하도록 하고 날씨 변화를 고려하여 너무 춥거나 덥지 않은 날로 정한다.

운동회의 진행 시간은 부모가 참여할 수 있는 시간인지, 운동회의 준비와 진행 상황에 문제가 없는 시간인지를 고려하여 정한다.

교사는 운동회의 일정에 따라 적당한 장소를 섭외 · 결정한다. 운동회의 장소는 바닥이 잔디로 되어 있어 먼지가 많이 나지 않는 곳이 좋으며 운동회에 필요한 소품들을 이동시키기가 편리한 거리인지 등을 고려하여 정한다.

(2) 운동회 내용 계획하기

운동회의 일정과 장소가 정해지면 교사들은 교사 회의를 거쳐 어떤 내용으로 진행할지를 의논한다. 운동회의 내용은 유아의 연령에 맞는 단체 운동, 연령 및 발달 수준에 맞는 개별 운동 등이 적절하게 들어가도록 계획하고, 최대한 부모 · 형제 · 친구 · 조부모 등이 참여할 수 있는 운동들도 고려한다. 운동회에서 할 수 있는 놀이 영역의 수와 종류도 함께 의논하도록 한다.

운동회의 내용이 정해지면 각 내용별로 단체 운동 및 개별 운동에 필요한 소품들, 각 놀이 영역별로 필요한 소품의 구입 여부, 재사용 여부를 결정하여 운동 소품을 준비할 계획을 한다.

(3) 운동회의 진행 역할 분담과 행사 도우미 확보하기

운동회의 원활한 진행을 위하여 필요한 역할의 분담과 행사 도우미 확보는 중요하다.

교사는 운동회 진행자, 물품 구입 담당자, 소품 보수 담당자, 장소 사용 및 행사 준비자, 행사 도우미 섭외자의 역할을 나누어 운동회의 진행을 위한 준비를 한다. 행사 도우미는 운동회를 준비하고 진행하는 데 도움을 줄 수 있는 부모 자원 봉사자나 유치원 실습생을 섭외할 수 있다. 교사는 행사 도우미에게 운동회에서 도움을 받아야 하는 내용과 운동회 준비를 위하여 소요되는 기간과 시간을 미리 알려 양해를 구하도록 한다.

5 운동회 준비하기

(1) 운동회 초대장 준비하기

운동회의 일정과 장소, 내용이 정해지면 초대장을 만들어 각 가정에 보낼 준비를 한다.

(2) 운동회에 필요한 물품 구입하기

운동회에 필요한 도구, 소품 등의 물품을 구입하는 데 있어 좋은 물품의 물건을 저렴하게 살 수 있는 곳을 알아보고 구입한다.

(3) 운동회에 필요한 자료 제작 및 장소 점검하기

운동회의 놀이 영역 또는 개별 및 단체 운동에 필요한 소품 및 자료들은 적절한 제작 기간을 두고 제작하고 재활용할 수 있는 것들은 보수하여 사용하도록 한다. 교사들은 운동회 장소를 사전에 답사하여 본부석, 놀이 영역 등의 배치 장소와 공간을 정하고 장애물이나 보수할 부분을 점검하여 보수한다. 운동회를 위하여 제작할 물품은 다음과 같다.

- 운동회의 놀이 영역을 알려 줄 수 있는 피켓
- 운동회 놀이 영역을 위한 운동 소품과 놀잇감 제작
- 학부모와 조부모들을 위한 운동 및 게임의 소품 제작
- 장애물 운동 경기 용품

(4) 운동회 준비를 위한 전체 회의하기

운동회 준비의 최종 점검을 위한 전체 회의는 적어도 운동회 일주일 전에 운동회에 참여하는 모든 인원들과 함께 회의를 진행한다.

운동회를 위한 전체 회의시 진행을 맡은 교사는 각 활동의 진행 내용과 시간, 놀이 영역에서 필요한 인원 수와 소품 등을 소개하고 각 놀이의 활동 진행과 돕

는 방법을 알린다. 또한 원활한 운동회의 진행을 위하여 역할을 명확하게 나누어 진행에 착오가 없도록 한다.

6 운동회의 장식과 홍보

(1) 운동회 초대장 꾸미기

유아들은 놀이하는 시간을 이용하여 교사가 준비한 초대장에 그림이나 글씨로 꾸며 집으로 가져간다. 교사는 유아가 초대하고 싶은 사람을 정하여 초대장에 이름을 적을 수 있도록 돕는다.

(2) 운동회 행사자의 장식 소품 만들기

유아들과 운동회 행사장을 장식할 수 있는 방법을 의논하여 준비한다. 유아들은 운동회 장소를 장식하는 방법들, 즉 세계의 여러 나라 국기들, 리본 등을 만들 수 있다.

유아들이 조형 영역에서 여러 나라 국기를 만드는 데 도움이 되도록 교사는 세계 여러 나라의 국기에 대해 나와 있는 책 등을 준비하여 주고, 여러 나라 국기의 본을 인쇄하여 유아들이 쉽게 국기를 꾸밀 수 있도록 돕는다. 유아들이 만든 국기는 교실에 미리 달아 놓은 줄에 붙여 놓도록 한다. 교사는 유아들이 만들어 놓은 만국기를 운동회 행사장의 장식으로 사용한다.

7 운동회 상품과 용구 준비

(1) 운동회 상품

일반적으로 상품은 유아뿐만 아니라 학부형들에게 필요한 일상생활의 용품으로 준비한다. 상품의 준비는 개인 경기의 조 편성과 각 순위마다 줄 상품의 수를 정하여 확보한다. 준비한 상품은 순위별로 포장하고 순위를 표시해 둔다.

(2) 운동회 용구

종목이 선정되면 그 종목에 따른 기구와 전체 진행에 필요한 용구를 구입한다.

8 운동회 종목 선정

경기 종목은 대상의 주체인 유아의 능력 · 흥미 등을 고려하여 운동회의 목적을 충분히 달성할 수 있는 내용으로 잘 검토하여 결정해야 하며 운동 종목 선정이 운동회 성공 여부와 직결되므로 다음 사항을 고려한다.

- 연령, 성별, 심신 발달 고려
- 즐겁게 많은 아동이 참여
- 실제로 하기 쉬운 종목
- 경기 시간이 적합
- 자주적 · 협동적 · 활동적일 것
- 교사 · 유아 · 부모 모두 동참하는 종목
- 경비가 많이 안 드는 종목
- 유아교육기관의 시설 활용
- 보급이 가능한 일반 놀이
- 단체 종목은 소요 시간 조절

9 운동회 운영 및 당일 준비하기

- 행사를 시작하기 2시간 전쯤에 행사 장소에 천막을 치고 필요한 기구와 소품 등을 준비하고 설치한다.
- 유아들이 만든 만국기와 리본, 풍선과 운동회 현수막 등을 천막 위 또는 행

사장 주변 나무를 이용하여 매달아 놓는다. 또한 행사 장소를 사람들이 찾아오기 쉽도록 방향 표시, 주차장 표시, 화장실 표시 등의 안내판을 준비하여 표시해 둔다.

- 유아교육기관의 모든 가족들이 모이는 자리이므로 교사는 서로 다른 유아와 학부모, 가족들이 인사하도록 돕기 위하여 운동회 장소로 들어오는 입구에 '이름표 쓰는 곳'을 마련하여 유아와 어떤 관계인지를 스티커 이름표에 적어 가슴에 붙일 수 있도록 한다.
- 유아들과 학부모, 가족들이 운동회에서 놀이할 수 있도록 첫 번째 놀이 마당으로 계획한 놀이 영역을 준비한다. 운동회의 정해진 자리에 놀이 영역을 표시하는 피켓과 소품을 갖다 놓고 영역을 담당한 도우미는 영역을 점검하여 운동회 시작을 기다린다.

10 운동회 연습

운동회를 개최하기 1주일 전에 운동회 당일과 똑같은 총 예행 연습을 반드시 실시해야 한다. 총 연습은 각 경기 종목의 소요 시간, 종목의 검토, 입 · 퇴장 등 운동회의 진행이 원만하게 이루어질 수 있는지를 재검토해 보는 것이므로 교육 활동의 일환으로 실시하도록 한다.

11 운동회 평가와 반성하기

운동회가 끝나면 운동회 장소와 도구, 소품 등을 정리하고 교사 및 행사에 도움을 준 사람들과 평가하는 시간을 갖는다. 운동회 운영시에 좋았던 점, 수정 · 보완되어야 할 점을 평가한다. 운동회의 평가 내용은 다음 해의 운동회에 반영하기 위하여 기록 · 보관하도록 한다.

운동회 프로그램 A

09:00~09:30	준비 : 진행 요원과 관계자와의 행사장 준비 확인 ① 전기 ② 각종 도구 ③ 무대 세팅 및 만국기, 상품 확인
09:30~10:00	리허설 : 예행 연습을 간단히 함으로써 확인 ① 입장식 ② 개회식 ③ 선서식
10:00~10:30	개회식 ① 개회사 ② 입장식 ③ 국민 의례 ④ 축사 ⑤ 선서 ⑥ 광고 (축사는 되도록 짧게, 줄은 제일 어린 유아반부터 앞에서부터 차례로 선다.)
10:30~10:40	준비 체조 (노래 테이프 준비 : 지도자는 체조 동작을 크게 해준다.)
10:40~10:50	퇴장 및 운동회 준비 도구 설치 (이동시 경쾌한 음악을 틀어준다.)
10:50~11:20	달리기(영아반, 유아반, 유치반의 체력 수준에 맞게 실시) 장애물 달리기 대 상 : 전체 준비물 : 뜀틀, 매트, 터널, 호루라기, 타이어, 평균대(기다리기 지루하지 않도록 5~6명을 한꺼번에 뛰게 한다. 릴레이 게임은 불필요하다)
11:20~11:50	① 공 넣기 대상 : 유아반 , 준비물 : 미니 농구 골대, 미니 농구공 ② 매트 밀기 대상 : 영아반, 준비물 : 매트, 타이어 ③ 다리 묶어 달리기 대상 : 유치반, 부모, 준비물 : 줄, 바톤
11:50~01:00	점심 시간
01:00~02:00	레크리에이션 (장기 자랑, 디스코, 후프 돌리기, 공 많이 넣기) 대상 : 다함께, 준비물 : 후프, 미니 농구대, 미니 농구공, 댄스 테이프
02:00~02:30	박 터트리기 대상 : 전체, 준비물 : 박, 콩주머니
02:30~03:00	① 계주 달리기 대상 : 유치반, 부모, 준비물 : 바톤 ② 풍선 터트리기 대상 : 유아반, 부모, 준비물 : 풍선
03:00~03:30	줄다리기 대상 : 전체 , 준비물 : 신호용 총, 줄
03:30~04:00	폐회식 ① 유아 입장 ② 성적 발표 ③ 순위 상품 수여 ④ 폐회 ⑤ 광고
04:00~04:10	주변 정리

운동회 프로그램 B

시 간	일 정	내 용	담당 교사	준비물
9:30~9:40	강당으로 청팀 · 홍팀 선수 입장	• 교실에서 우유를 새참으로 먹기		
9:40~9:50	개회식	• 개회 선언 • 청팀 · 홍팀 선수 입장 • 원장님 말씀 • 선서 • 우리 체조 • 강사 소개		우리 체조 CD
9:50~10:50	명랑운동회 1부	1. 달리기(만 4세) • 1등, 2등, 3등 숫자도장을 찍어주는 교사 3명이 필요함 • 안전하게 완주한 유아들도 도장을 찍어줌 2. 장애물 달리기(만 5세) 3. 2인 3각(만 5세) • 릴레이 활동으로 진행함 4. 쿵쾅쿵쾅(만 4세) • 인원 수를 나누어서 3회 진행함 5. 빈대떡 뒤집기(만 3세) 6. 모세의 기적(만 3세) 7. 닭싸움(만 5세)	진행자 외 강사 4인	
10:50~11:00	쉬는 시간 및 만 3세 퇴장	• 화장실 다녀오기 • 만 3세 퇴장하기	각반 담임 교사 및 부담임 교사	
11:00~12:30	명랑운동회 2부	1. 줄다리기(만4세) • 사용한 줄을 바로 긴 줄넘기에 사용한다. 2. 긴 줄넘기(만5세) • 퇴장할 때 배경 음악으로 행진곡 제시 3. 계주 • 원에서 정한 각 팀 대표 유아 8명 출전	진행자 외 강사 4인	행진곡 CD
12:30~12:40	폐회식	• 정리 체조 • 성적 발표(동점 처리) • 원장님 말씀 • 퇴장 안내		점수용 블록
12:40~13:30	점심 및 바깥 놀이	• 점심 지도 및 바깥 놀이		
13:30~	귀가 지도			

• 만 3세, 4세, 5세 유아들이 활동한 후 원활한 입 · 퇴장이 이루어질 수 있도록 함
• 유치원에서 따로 준비한 기념품은 없음

결재	담당	원감	원장

20○○학년도 00유치원 명랑운동회 평가

〈활동 목표〉

- ○○교육지원청에서 인력 및 장비가 부족한 유치원으로 전문 집단을 지원해 주면서, 체육활동에 대한 유치원의 고충 해소 및 업무를 효율적으로 증대시켜 준다.
- 명랑운동회를 통해 친구들과 한 마음이 되어 정서적 유대감을 형성한다.
- 모두가 참여하는 즐거운 분위기 속에서 자연스럽게 유아들의 전인적인 신체 발달이 이루어진다.

▶ 좋았던 점

▶ 개선할 점

제 3 부

유아 체육 교육의 실제

제1장

공놀이

둥글고 탄력 있는 공은 유아와 친숙한 도구이다. 공을 이용하여 던지기(throwing), 굴리기(rolling), 패스하기(passing), 잡기(catching), 차기(kicking), 치기(hitting), 튕기기(bounding) 등의 다양한 동작을 할 수 있다.

온몸을 골고루 사용하여 공놀이를 하는 동안 유연성, 순발력, 판단력, 민첩성, 협응력을 기른다. 특히 공을 가지고 하는 집단놀이를 통하여 유아는 협동심과 준법성을 배운다.

- 공은 크기, 딱딱하기에 따라 다양하게 준비하며 공과 함께 성질이 유사한 비치볼, 풍선, 팥주머니를 병행하여 놀이할 수 있도록 활용한다.
- 공은 각 유아에게 1개 정도가 바람직하다.
- 공이 더럽거나 바람이 빠지면 활동에 지장을 주므로 잘 손질하여 보관한다.
- 릴레이식의 활동보다 동시에 소집단 활동을

하여 기다리는 시간이 없도록 한다.

놀이명	목 표	활동 방법	준비물	유의점
공 다루기	공을 다루면서 공의 성질 및 취급 방법을 익힌다.	• 음악에 맞춰 공을 가지고 몸의 여러 부분으로 굴리고, 튀기고, 올라타고 올려놓기를 하며 즐겁게 놀이한다. –손으로만 공을 움직여 보자. –발로만 공을 움직여 보자. • 특이한 동작을 한 유아나 교사가 공을 가지고 하는 여러 가지 동작을 시범 보인다.	각자 공 1개씩, 음악 테이프	교사가 여러 가지 공 다루기 시범을 보여 주어서 다양한 동작이 나오도록 유도한다.
옆으로 공 전달하기	규칙을 지키고 서로 협력하여 놀이할 수 있다.	• 팀끼리 옆으로 늘어선다. • 선두의 유아에서 시작하여 차례차례 옆으로 공을 전한다. • 순서를 지켜서 맨 마지막 유아에게 공이 먼저 전달된 팀이 이긴다.	공	질서를 지켜서 놀이한다.
머리 위로 공 전달하기	공을 사용하여 즐겁게 놀이할 수 있다.	• 4줄 정도 선다(팀끼리 1줄로 선다). • 머리 위로 손을 들고 공을 뒤쪽으로 전달한다. • 맨 뒤의 유아가 가장 빨리 정확하게 전달하는 팀이 이긴다. • 팀의 수는 유아의 수에 맞추어 오래 기다리지 않도록 배려하여 증감할 수 있다.	공 4개	공을 주고 받을 때는 앞 유아의 동작을 잘 살피고 움직이지 않도록 한다.
다리 사이로 공 전달하기	공을 바르게 다루고 규칙을 지켜 놀이할 수 있다.	• 팀끼리 1줄로 늘어 선다. • 허리를 구부리고 다리를 벌려서 터널을 만든 다음, 다리 사이로 공을 전달한다. • 마지막 유아가 공을 받으면 공을 가지고 교사에게 뛰어온다.	공	유아의 간격은 1m 내외로 하며 반드시 손으로 공을 전달하게 한다.
공을 허리 둘레로 돌리기	공을 민첩하게 허리 둘레로 돌릴 수 있다.	• 각자 공을 1개씩 나누어 가진다. • 신호에 의하여 민첩하게 허리 둘레로 공을 돌린다. –빨리빨리 돌려보자. –오른쪽으로 다섯 바퀴만 돌려보자. –왼쪽으로 다섯 바퀴만 돌려보자.	각자 1개씩	공을 떨어뜨리지 않고 몸통에 꼭 붙여 돌리게 한다.

놀이명	목 표	활동 방법	준비물	유의점
앉아서 두 발로 공 집어 올리기	앉은 채로 두 다리를 이용하여 공을 집어 올릴 수 있다.	• 바닥에 앉아 공을 1개씩 나누어 가진다. • 바닥에 앉아 팔로 몸을 지탱하고 두 발을 뻗어 발 사이에 공을 끼운다. • 공을 떨어뜨리지 않고 천천히 다리를 위로 든다. –공을 더 높이 들어 올려보자. –공을 든 채로 다섯까지 세어보자.	각자 1개씩	공은 발로 잡기 쉽도록 큰 것으로 준비한다.
공 굴리기	공을 굴리고 굴러온 공을 잡는 기능을 익힌다.	• 짝과 2~3m의 간격을 둔 채로 마주 보고 편안히 앉는다. • 짝끼리 공을 굴려서 서로 주고 받는다. –공이 엉뚱한 곳으로 가지 않도록 침착하게 공을 굴린다. • 놀이 후에는 공을 한 곳에 모아 정돈한다. –멀리까지 공을 굴려보자. –공을 빨리 굴려보자.	공 20개 정도	활동이 미숙한 유아는 서로 간격을 좁혀 앉도록 한다.
공 굴려 목표물 맞추기	정해진 위치에서 공을 굴려서 목표물을 맞출 수 있다.	• 인원이 같도록 팀을 나눈다. • 3~4m 앞에 후프를 놓고 그 안에 인형을 놓아 목표물을 만든다. • 차례로 2명씩 나와서 공을 굴려서 인형을 맞춘다. • 내 차례가 끝나면 다음 유아를 위하여 굴러 간 공을 주워다가 제자리에 놓는다.	공 인형 후프	실패하는 유아가 많을 때는 목표와의 거리를 좁힌다. 같은 방식으로 볼링 게임을 할 수 있다.
머리로 공을 굴리면서 기어가기	기어가면서 머리로 공을 굴릴 수 있다.	• 각자 공을 나누어 가진다. (4팀 정도로 나누어서 실시한다.) • 5~6m 앞에 의자를 놓아둔다. • 바닥의 공을 머리로 밀고 가서 의자 다리 사이로 골인시킨다.	공 4개 의자 4개	빨리 하기보다 공을 한 방향으로 천천히 몰고 가게 한다.
공 주고 받기	공을 던져서 서로 주고 받을 수 있다 (passing).	• 짝끼리 2~3m 간격으로 마주 보고 선다. • 짝에게 공을 던져주고 상대편 유아가 공을 받아서 다시 던져준다. • 반복하여 실시한다. 이때 한 손으로 던져주기, 두 손으로 던져주기, 손으로 잡기, 가슴으로 안아서 잡기 등으로 변화를 준다. • 혼자서 하는 '공 위로 던지고 받기' 활동은 익숙해진 후에 실시한다.	공 20개 정도	교사가 공을 던지고 받는 요령을 시범 보이고 난 후에 실시한다. 공을 받을 때는 손 끝으로 받기보다 몸 전체로 껴안듯이 받는다.

놀이명	목 표	활동 방법	준비물	유의점
공 튀겨서 주고 받기	공을 튀겨서 패스하는 방법과 튀어오른 공을 잡는다.	• 2명이 1조가 되어서 짝끼리 2~3m 간격으로 마주 선다. • 한번 튀겨서 주기, 두 번 튀겨서 주기, 세게 튀겨서 주기	공 20개 정도	자유 놀이 중에 교사가 유아의 상대가 되어 활동을 하고 난 후에 실시한다.
연속으로 공 튀기기	한 손 혹은 두 손으로 공을 계속해서 튀긴다.	• 각자 방해가 되지 않도록 간격을 넓게 하여 선다. • 한 손이나 두 손으로 튀어오른 공을 계속 쳐서 공을 튀어오르게 한다. • 일정한 횟수를 정하고 정해진 횟수가 지나면 교대한다. –5번을 계속해서 튀겨보자. –튀기면서 앞으로 걸어가 보자.	공 20개 정도	공이 어떤 방향으로 튀어 오르는지 잘 보고, 튀어 오른 공을 치도록 한다.
바구니에 공 던져 넣기	목표하는 곳에 공을 던져 넣을 수 있다.	• 유아들이 공을 들고 원형으로 선다. • 교사가 바구니를 머리에 이고 유아들은 중앙에 선다. • 신호에 의하여 각자 가진 공을 바구니 안에 던져 넣는다. • 빗나가 떨어진 공은 다시 주워서 던져 넣을 수 있다. • 놀이 후에는 공을 바구니에 모은다. • 골대가 있으면 놀이에 이용할 수 있다.	색색의 작은 공 각자 2개씩 바구니 큰 것 1개	유아들이 공을 넣을 수 있도록 바구니를 공이 오는 쪽으로 움직여 주고, 공을 넣지 못하면 다시 넣을 기회를 준다.
피구 놀이	공을 이용하여 질서있게 규칙을 지켜서 게임을 할 수 있다.	 • 각 팀에 10~15명 정도로 두 팀을 구성한다. • 그림대로 선을 긋고 B팀은 원 주위에 둥글게 선다. • B팀이 공을 던져 A팀의 유아를 맞힌다. • 공에 맞은 A팀의 유아는 원 밖으로 나온다. • 시간을 정해서 실시하고 끝까지 남아 있는 유아의 수로 승패를 가린다.	탱탱볼 1개	규칙을 정확히 정하고 난 후 질서 있게 놀이 하도록 한다.

놀이명	목 표	활동 방법	준비물	유의점
주고받기	주고받기를 할 수 있다. (bounce pass)	• 성급하게 서두르지 않고 상대에게 정확하게 공을 튀겨 준다. • 놀이 후에는 공을 정돈한다.	배구공 1개	유아끼리 하게 한다(2인 1조).
공차기	몸의 힘을 모아 공을 힘껏 찬다.	• 유아의 8~10m 정도 앞에 목표물을 놓아둔다. • 10명 정도의 유아가 한 줄로 선다. • 공을 힘껏 차서 목표물까지 보낸다. • 자기가 찬 공은 다음 유아를 위하여 주워다 놓는다. –굴러오는 공을 차보자. –공을 멀리 힘껏 차 보자. –살짝 발 끝으로만 차 보자.	공 10개 정도	함부로 공을 차지 않도록 하고 잘못 차는 유아에게 다시 기회를 준다.
공 튀기기	여러 가지 방법으로 공을 튀기고 튀어 오르는 공을 잡을 수 있다. (bouncing)	• 서로 방해가 되지 않게 간격을 넓게 하여 선다. • 자유로운 방법으로 공을 튀기고 받는다. • 놀이 후에는 공을 한 곳에 정돈한다. –한번 튀겨 보자. –두 번 튀겨 보자. –세게 튀겨 보자.	공 20개 정도	한 번에 전체 유아가 함께 하면 복잡하므로 팀을 나누어 실시하고 나머지는 관찰하게 한다.

'공놀이' 수업 계획안

주제 선정 이유

유아가 주변에서 쉽게 접할 수 있는 공을 탐색할 기회를 다양하게 제공함으로써 유아의 창의력과 신체적 표현 능력을 길러줄 수 있다. 또한 공을 이용하여 다른 유아들과의 상호 작용을 통해 사회성 발달을 이룰 수 있다.

따라서 공놀이는 건강 생활 영역의 기본 운동 능력뿐만 아니라 제6차 유치원 교육 과정의 5개 생활 영역을 골고루 포함한 통합 발달을 도모하기 위하여 선정하였다.

활동 목표

유아 신체의 협응력을 고취시키고 순발력과 조절력을 기른다.

지도 대상

만 5세 유아 30명, 약 45분

[만 5세 유아의 신체적 특징]

- 던지기 : 공을 든 손을 머리 뒤까지 젖히는 팔 동작을 할 수 있고 공을 던지는 팔과 반대 방향으로 몸통을 돌릴 수 있다. 그리고 공을 던지는 팔과 같은 방향의 다리를 앞으로 내딛으며 던질 수 있다.
- 받기 : 가슴에 의지해서 잡는 시기에서 벗어나 직접 손으로 공을 받을 수 있다.
- 차기 : 공을 차기 위한 준비 자세로 다리를 낮게 들어올리는 것에서 보다 무릎을 굽혀 높게 다리를 올리고 뒤로 가져갈 수 있다. 다리가 흔들리는 폭이 더욱 커지고 팔은 반대 방향으로 움직이며 균형을 잡는다.

1 도입

(1) 준비 체조

- 체조 이름 : 동그라미 체조(공놀이와 연계하여 몸을 공처럼 동그랗게 만들어 봄으로써 공에 대한 탐색 활동의 의미도 포함시킨다.)
- 체조 음악 : 별밤의 피아니스트(3분 30초)
- 음악에 맞춰 구령을 붙이면서 다음 동작을 미리 알려주어 유아가 바로 동작을 연계할 수 있도록 한다.

순서	운동	도 해	설명	유의점
1	(준비) 제자리 걷기		전주곡에 맞추어 제자리 걷기, 왼발부터 시작하여 16초간 걷고 바로 선다.	• 제자리 걸으며 간격을 맞추면서 체조 준비를 한다.
2	발목 돌리기		① 양손을 허리에 올리고 왼쪽 발꿈치를 세운다. ② 왼쪽 발목을 안팎으로 돌린다. ③ 오른쪽 발목을 안팎으로 돌린다.	• 몸의 힘을 빼고 가볍게 한다. • 동작을 정확하면서도 부드럽게 한다.
3	무릎 돌리기		① 양손으로 무릎을 잡는다. ② 무릎을 왼쪽으로 돌린다. ③ 양손을 무릎에 올린 채로 오른쪽으로 휘돌린다.	• 몸을 구부릴 때에 다리가 벌어지지 않도록 한다. • 고개를 약간 숙이고 한다.
4	허리 돌리기		① 허리에 손을 얹고 왼쪽 다리를 벌린다. ② 허리를 왼쪽으로 돌린다. ③ 양손을 허리에 얹은 채로 오른쪽으로 휘돌린다.	• 양다리 사이의 간격은 자신의 어깨 넓이 정도로 적당히 벌린다.
5	어깨 돌리기		① 어깨에 손을 올리고 잡는다. ② 어깨를 앞에서 뒤로 휘돌린다.	• 어깨를 안팎으로 천천히 돌린다.
6	팔 펴고 손목 돌리기		① 양팔을 어깨 높이로 들고 좌우로 든다. ② 양손을 앞에서 뒤로 반복해서 돌린다. ③ 양팔을 어깨 높이로 들고 반대로 휘돌린다.	• 손목을 안팎으로 천천히 돌린다.
7	팔 들어 제자리 돌리기		① 팔을 위로 든다. ② 팔을 뒤로 휘돌린다. ③ 팔을 앞으로 휘돌린다.	• 가까이 있는 유아와 닿지 않게 실시한다.

순서	운동	도 해	설명	유의점
8	목 돌리기		① 손을 허리에 올리고 왼쪽 다리를 옆으로 벌려 고개를 앞으로 숙인다. ② 천천히 왼쪽으로 돌린다. ③ 천천히 오른쪽으로 돌린다.	• 엄지를 뒤로 하여 허리에 댄다. • 부드럽게 천천히 크게 휘돌린다. • 어깨가 움직이지 않도록 한다. • 마지막 16에 팔을 바로 한다.
9	숨 고르기		① 팔을 옆으로 들어 숨을 들이쉰다. ② 팔을 내리며 숨을 내쉰다. ③ 위의 동작을 반복한다.	• 팔을 들 때 손 끝을 편다. • 팔을 비껴 위로 들 때 손바닥을 위로 한다. • 천천히 한다.

(2) 스트레칭

명칭	시간 (반복 횟수)	도 해	설명
쭈쭈바	10초 이상 유지 (3~4회)		① 발을 어깨 넓이로 벌리고 똑바로 선다. ② 양손을 배 아래에서 손바닥을 아래로 향하게 하고 양손 깍지를 낀다. ③ 팔꿈치를 쭉 편 채로 팔을 앞으로 지나 위로 쭉 뻗고 등을 편다. ④ 발꿈치를 들어서 몸을 최대한 길고 높게 편다.
비행기	20~30초 동안 실시	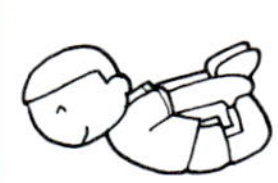	① 만세하고 바닥에 엎드린다. ② 두 다리를 구부린다. ③ 두 팔을 뒤로 하여 다리를 잡는다. ④ 머리를 들고 팔과 다리를 당겨 몸을 최대한 위로 올린다.
무지개	6초 이상 유지 (2회 이상)	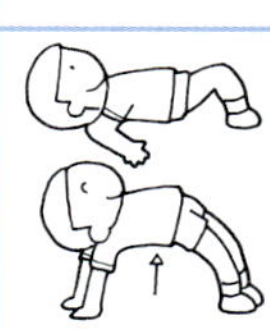	① 만세하고 뒤로 눕는다. ② 팔을 구부려 손을 바닥에 짚는다. ③ 무릎을 구부린다. ④ 팔과 다리를 펴며 배를 위로 들어 올린다.
새 우	동작 순으로 천천히 (4~5회)		① 발을 모으고 바르게 선다. ② 몸을 굽혀 두 손으로 두 발을 잡는다. ③ 그대로 무릎만 굽혀 쪼그리고 앉는다.

명칭	시간 (반복 횟수)	도 해	설명
물 개	20초 이상 유지 (2~3회)		① 배를 바닥에 대고 엎드린다. ② 손은 가슴 옆 바닥을 짚는다. ③ 팔을 펴며 상체를 위로 들어 올린다. ④ 머리를 뒤로 제친다.
달팽이	20초 이상 유지 (2~3회)		① 배를 바닥에 대고 엎드린다. ② 팔을 펴며 상체를 뒤로 제친다. ③ 다리를 구부려 발과 머리가 닿도록 한다.
전 갈	양다리를 번갈아 가며 20초씩 (2~3회)		① 손을 짚고 엎드린다. ② 한쪽 다리를 위로 올려 전갈 침을 만든다. ③ 머리를 든다. ④ 위로 올린 다리를 좌우로 움직인다.
독수리	20초 이상 유지 (2~3회)		① 양다리를 크게 벌리고 앉는다. ② 양손으로 발 끝을 잡는다. ③ 가슴을 바닥에 댄다.
고양이	20~30초 동안 실시		① 손을 짚고 엎드린다. ② 무릎을 구부려 바닥에 댄다. ③ 등을 오므려 동그랗게 만든다.
슈퍼맨	10초 이상 유지 (3~4회)		① 배를 바닥에 대고 엎드린다. ② 팔을 위로 만세 한다. ③ 팔과 다리를 위로 하고 하늘을 날으는 흉내를 낸다.
팽 이	20~30초 동안 실시		① 등을 바닥에 대고 눕는다. ② 다리를 구부려 머리에 댄다. ③ 양손으로 발을 잡고 얼굴을 감싼다. ④ 다른 친구가 팽이처럼 돌려준다.
교대로 발 끝 닿기	번갈아 가며 1~2회 실시 (10~20회)		① 양발을 벌린 상태에서 허리를 굽혀 오른손을 왼쪽 발가락에, 반대로 왼손을 오른쪽 발가락에 댄다. ② 무릎은 굽히지 않는다.

명칭	시간 (반복 횟수)	도 해	설명
일 출	각 동작 순으로 2~5초간 실시 (2~3회)		① 팔을 머리 위로 편 자세로 바닥에 눕는다. ② 손, 팔, 어깨, 상체를 일으킨다. ③ 무릎을 굽히고 팔과 허리의 반동력으로 일어선다.
넓적다리 부위 스트레치	10초 이상 유지 (3~4회)		① 발바닥을 맞대고 양다리 사이로 잡아끌어 넓적다리의 근육을 펴 준다. ② 양발 뒤꿈치로 넓적다리 근처를 눌러 무릎을 바닥 가까이에 닿도록 한다.

2 전개

스트레칭이 끝난 후에는 교사 앞으로 모이게 한다.

(1) 1단계 : 탐색 놀이

공을 이용한 여러 탐색 활동을 해 봄으로써 공에 대한 두려움을 없애고 흥미를 키운다.

1 탐색 놀이 상호작용

교 사 (유아들에게 공을 보여주고 바닥에 튀겨보며)
얘들아, 선생님이 가지고 있는 게 뭘까요?

유 아 공이요.

교 사 네 맞아요. 이건 공이에요. 이 공을 보니깐 어떤 생각이 들어요?

유 아 동그래요, 잘 튀길 것 같아요, 작아요 등.

교 사 아, 그렇구나! (유아에 대한 반응을 해준다. 예를 들면 잘 튀겨요 → 바닥에 튀겨 보며 "이야, 정말 잘 튀겨지는구나."라고 말해준다)

교 사 이 공은 언제 쓰이나요?

유 아 축구할 때요, 농구할 때요, 야구할 때요 등.

교 사 아, 그렇구나. 축구할 때도 농구할 때도 야구할 때도 공이 쓰이지요?
맞아요. 우리는 공을 이용해서 정말 많은 운동을 할 수 있어요. 우리 친구들 중에 공을 이용한 운동을 해본 적 있는 친구 말해 볼까요?

유 아 (저마다) 저는 야구를 해봤어요, 저는 피구를 해봤어요 등.

교 사 어, 그래. ○○는 야구를 할 때 기분이 어땠니?

유 아 너무 재밌고 신났어요.

교 사 ○○가 야구할 때 사용한 공은 지금 선생님이 들고 있는 공하고 어떻게 달랐어요?

유 아 그건 더 작고요, 딱딱하고 하얀색이에요.

교 사 아, 맞아요. 야구를 할 때 사용하는 공은 지금 선생님이 들고 있는 공보다 작고 딱딱하고 하얀색이에요. 친구들도 다 본적 있지요?

유 아 네.

교 사 이처럼 공에는 크기나 색깔이 다른 여러 종류가 있어요. 그럼 이번엔 야구공 말고 다른 공을 이용해서 공놀이를 해본 친구 있어요?

유 아 축구요, 농구요, 피구요 등.

교 사 (한 유아를 지목해서) ○○는 누구랑 피구를 했어요?

유 아 동생 반 친구들이랑 선생님이랑이요.

교 사 어. 그래요? ○○는 친구들이랑 피구를 해보니깐 기분이 어땠어요?

유 아 재미는 있었는데 공에 맞았을 때는 너무너무 아파서 속상했어요.

교 사 공에 맞아서 정말 아팠겠구나. 그러면 속상하지 않고 재미있는 공놀이를 하려면 우리 친구들이 공을 조심해서 다루어야 하겠죠?

유 아 네.

교 사 그럼, 공을 함부로 던지거나 발로 차면 다른 친구들이 다칠 수 있으니까 모두들 조심하기로 해요.

유 아 네.

교 사 그래요. 우리 이제까지 공에 대해서 여러 가지 이야기를 해봤어요. 지금부터는 선생님이 가지고 있는 공을 우리의 몸으로 표현해 보는 시간을 가져 볼 거예요.
자, 우리 친구들 모두 일어서서 친구들과 서로 닿지 않게 팔을 옆으로 쭉 펴고 뒤로도 몇 발자국 물러서 보세요. (유아들이 바르게 섰는지 확인하고) 얘들아, 공이 어떻게 생겼다고 했죠?

유 아 동그래요, 작아요.

교 사 맞아요. 우리 그럼 공처럼 몸을 동그랗고 작게 만들어 볼까요?
이야, 우리 ○○ 좀 봐. 정말 동그랗게 잘 하고 있네? 너무 동그래서 굴러 갈 것 같다.
자, 이제 그만. 그럼 이번에는 어떻게 해볼까요? 또 공이 어떤 특징을 가지고 있죠?

교 사 (공을 바닥에 튀기며) 이것 봐, 공이 어떻게 되고 있어요?

유 아 공이 튀어 올라요.

교 사 공이 통통 튀어 오르죠? 그럼 이번엔 공처럼 우리도 통통 튀어 올라 볼까요?

(처음에는 살짝 뛴다.) 통통 약하게 뛰어봐요. 자, 이번엔 공이 빨리 뛰어 오르는 거예요.

좀 더 높이 뛰어봐요. 다음에는 공이 더 높이 튀어 오르는 거예요. 자, 누가누가 제일 높이 뛰어오르나? 자, 이제 그만. 우리 친구들 공처럼 너무 잘하고 있어요.

교 사 우리 친구들 바닥에 누워볼까요?

자, 지금부터 공 굴러가요. 오른쪽으로 뺑글뺑글 이번엔 왼쪽으로 뺑글뺑글. 자, 이제 그만 일어섯! 이번엔 공이 뺑그르 제자리에 돌아가요. 하나, 둘 휘익!

하나, 둘 휘익! 우와, 친구들 너무 잘했어요. 지금부터 공을 하나씩 가질 거예요.

저기 보이는 공 상자에서 공을 하나씩 가지고 제자리에 오는 거예요.

가져온 공은 어떻게 해야 할까요?

유 아 장난치지 않고 잘 가지고 있어야 해요.

교 사 맞아요. 우리 친구들은 모두 그럴 수 있죠? 공을 가져온 친구들은 공을 머리 위에 예쁘게 올려서 선생님에게 보여 주는 거예요. 알았죠?

유 아 네.

교 사 준비. 자, 가지고 오세요.

(유아들 공이 들어 있는 상자에서 공을 하나씩 잡고 자리로 돌아온다.)

② 탐색 활동

ㄱ. 공 뛰어넘기

• 공을 바닥에 놓고 두 발로 공을 뛰어넘어 본다. (앞뒤로 번갈아 가며 3~4회)

ㄴ. 공 허리 감아 돌리기

• 공을 잡고 허리를 중심으로 한 바퀴 돌려본다. (오른쪽으로 3회, 왼쪽으로 3회)

ㄷ. 공 들었다 내리기

• 양손으로 공을 잡고 머리 위로 들었다가 아래로 내리면서 몸을 숙여본다. (연속해서 3~4회)

ㄹ. 한 손으로 공 움직이기

• 한 손은 허리에 놓고 다른 한 손바닥 위에는 공을 올려놓고 오른쪽에서 왼쪽으로 또는 왼쪽에서 오른쪽으로 움직여 본다. (연속해서 3~4회)

ㅁ. 한 발로 서서 한 손으로 공 들기

• 오른발로 서서 쭉 뻗은 왼쪽 손바닥에 공을 올려놓는다. 반대 방향도 같은

방법으로 한다. (번갈아 2~3회)

ㅂ. 공을 바닥에 놓고 공 주변 돌기

• 공을 중심으로 한 바퀴 돌아본다. (양쪽 방향으로 각각 2~3회 정도)

ㅅ. 공을 발로 움직여 보기

• 공을 바닥에 두고, 한쪽 발로 공을 누르며 움직여 본다.
(왼발, 오른발 각각 2~3회)

ㅇ. 누워서 발로 공 들어 올리기

• 누워서 두 발로 공을 집은 후, 앞뒤로 움직여 본다. (3~4회)

ㅈ. 공 위에 몸 굴려보기

• 공을 바닥에 두고 그 위에 배를 올려 두고 누워서 앞뒤로 움직여 본다.
(4~5초간)

③ 탐색 활동 상호 작용의 예

교 사 우리 친구들 공 다 받았어요? 어디, 어디? 머리 위로 공이 안 보이는 친구들이 있네요. 자, 머리 위에 공을 모두 올려놓았나 볼까요?

유 아 (머리 위로 공을 올려놓는다.)

교 사 우리 공을 머리 위에서 굴려볼까요? 머리에서 등으로 굴리는 거예요. 시작! 우리 친구들 공을 머리 위에서 굴려보니깐 느낌이 어때요?

유 아 재밌어요. 이상해요.

교 사 이번엔 엉덩이에서 내려오게 하는 거예요.
(높이를 달리하여 두세 차례 공을 위에서 떨어뜨려 본다.)

교 사 이번엔 두 발로 뛰어서 건너볼까요? (두 발을 모으고 공을 넘어간다.) 다음엔 뒤로 건너봐요. 그럼 이번엔 한 발을 들고 외발로 공을 건너뛰어 볼까요? (한 발을 들고 발을 공을 넘는 것을 바꿔 반복한다.) 잠깐 공에 앉아 볼까요? 기분이 어떻죠?

유 아 푹신푹신해요, 통통 튀어요, 재밌어요 등.

교 사 그렇구나. 이번에는 공을 끌어안아 보세요. 공을 몸 앞으로 보냈다가 뒤로 보냈다가 다시 앞으로 이렇게 해봐요. (교사가 직접 시범을 보인다.) 그리고 한 손으로 공을 잡고 우리 몸에 돌려서 다른 한 손으로 잡는 거예요. 점점 빨리. 자, 지금부터 공을 잡고 시작하면 동시에 누가 제일 빨리 공을 10번 돌리고 제자리에 앉나 해볼 거예요. (한 줄씩 해본다.)

교 사 다음엔 축구하듯이 공을 발로 만져 볼 거예요.
(한 발을 공 위에 올린다.) 발로 공을 동글동글 굴려봐요.

교 사 지금까지 공을 가지고 여러 가지 활동을 해보았는데 재밌었어요?

유 아 네.

교 사 각자 가지고 있는 공을 앞에 있는 바구니 속에 넣고 제자리로 돌아가세요.

교 사 (유아들이 바구니에 공을 다 넣은 후) 지금부터는 공을 가지고 친구들이랑 함께 하는 놀이를 해볼 거예요. 선생님이 틀어주는 음악에 맞춰서 공을 마음대로 가지고 놀다가 '2명' 하고 외치면 그 숫자만큼 주위의 친구들과 짝을 지어보세요.
2명! 3명! 5명! 6명!

(2) 2단계

탐색 활동 후에는 최종 목표에 도달하기 위한 활동으로 2인 1조 또는 소그룹으로 공의 '전달과 패스'를 경험한다.

[중간 단계]

(유아의 활동에 적절한 음악을 틀어준다.)

① 3명씩 한 조를 이루어 앉은 후 2명은 공을 뒤에 놓고 하나의 공을 굴려 친구에게 전달한다. 처음에는 오른쪽 방향으로 전달하다가 교사의 지시에 따라 방향을 바꾸어서 굴려본다.

- 유의점 : 탬버린으로 공을 전달하는 방법을 알려준다.

교 사 짝짓기 게임에서 만난 친구들과 동그라미를 그려서 넓게 앉아 보세요. 한 개의 공만 남기고 2명은 자기 공을 엉덩이 뒤로 놓으세요.

유 아 네.

교 사 자, 그러면 지금부터 시작해 봐요. 선생님이 탬버린을 한번 치면 시작하고 두 번 치면 그만하는 거예요. 알았죠? 탬버린을 한번 치면 어떻게 하는 거라고요?

유 아 시작해요.

교 사 두 번 치면 어떻게 한다고 했죠?

유 아 그만해요.

교 사 자, 그럼 시작! (탬버린을 한번 친다.)

유 아 (놀이를 시작한다.)

교 사 (놀이하는 유아들을 격려하는 말을 한다.)

교 사 (탬버린을 두 번 친다.) 이번엔 반대쪽으로 굴려보는 거예요. 시작!

교 사 (탬버린을 한번 친다.)
(탬버린을 두 번 치며) 이제는 친구들이 너무 잘하는 것 같아요. 이번에는 동그라미를 더 크게 만들어 볼까요? 그 자리에서 일어나서 세 발자국 뒤로 가는 거예요. 하나, 둘, 셋! 자, 이제 그 자리에 앉아 봐요. 이번에는 규칙을 바꿔서 선생님이 탬버린을 한번 치면 오른쪽으로 공을 전달하고 두 번 치면 왼쪽으로 전달하는 거예요. 어떻게 한다고요? 한번 치면?

유 아 오른쪽으로.

교 사 두 번 치면?

유 아 왼쪽으로.

교 사 자, 그럼 이제 시작해 볼까요? 어느 조가 제일 잘 하나 선생님이 지켜 볼 거예요.
귀를 쫑긋 세우고 탬버린 소리를 잘 들어봐요. 시작! (탬버린을 한번 친다.)

유 아 (공을 오른쪽으로 전달한다.)

교 사 (탬버린을 두 번 친다.)

교 사 (공을 왼쪽으로 전달한다.)

교 사 (격려하는 말을 하며 탬버린을 한번 치고 약간 쉬었다 두 번 치는 간격의 속도를 점점 빨리한다.)

유 아 (지시에 잘 따르다가 지시가 빨라지면 우왕좌왕하며 웃음을 터뜨린다.)

교 사 (탬버린을 연속으로 친다.) 오른쪽, 왼쪽으로 외친다.

유 아 (웃음을 터뜨린다.)

교 사 자, 지금까지 공 굴리기를 여러 친구들과 함께 해봤는데 어땠어요?

유 아 재밌어요. 잘 굴러가요.

② 음악에 맞춰 공 차보기 : 음악(월드컵 송)이 나오면 공을 즐겁게 차다가 음악이 멈추면 그 자리에 멈춘다.

유의점

- 너무 세게 차서 다른 유아에게 방해가 되지 않도록 한다.
- 음악 소리에 귀를 기울인다.
- 마지막에는 '공 하나씩 잡아보기' 활동을 통해 공을 하나씩 잡을 수 있도록 한다.

교 사 이번에는 더 재밌는 것을 해볼 거예요. 각자 공을 하나씩 잡으세요. (유아들이 공을 하나씩 가지고 제자리에 돌아간 후) 우리 친구들이 월드컵 때의 축구 선수들처럼 공을 멋지게 차볼 거예요. 그런데 친구들이 다칠 수 있으니까 너무 세게 차지는 말기로 해요. 알았죠?

유 아 네.

교 사 선생님이 지금부터 신나는 월드컵 노래를 틀어 주면 자유롭게 공을 차다가 노래가 멈춰지면 그 자리에서 얼음이 된 것처럼 공을 가슴에 안은 채 멈추는 거예요. 할 수 있겠죠? 자, 그럼 시작해 볼게요.
(음악 월드컵 송을 틀어준다.)

유 아 (신나게 공을 쫓아가며 차고 다리를 이용해 여러 활동을 한다.)

교 사 누가 가장 멋있게 차나? 정말 멋진 걸. (보조 교사가 음악을 멈춘다.) 자, 쉿! 음악이 멈추면 우리 모두 얼음이 되는 건데 누가 움직이나? 쉬잇!
(음악을 다시 틀어준다.)

유 아 (즐겁게 다시 공을 차기 시작한다.)

교 사 (아무도 차고 있지 않은 공들을 가르키며 그것도 차게 한다.)
어머, 저기 거울 속에도 공이 많네.

유 아 (그쪽으로 달려가서 공들을 차며 놀이를 즐긴다.)

교 사 (음악을 끄며) 쉬잇! 누가 움직이나요?
(음악을 다시 틀면서) 음악에 맞춰 공을 차봐요.

교 사 (음악을 끄며) 자, 이제 그만. 모두 마음껏 공을 차보니까 느낌이 어때요?

유 아 재밌어요, 신나요 등.

교 사 공을 마음껏 차다가 노래가 멈췄을 때는 느낌이 어땠어요?

유 아 갑자기 멈춰서 힘들었어요. 너무 조용했어요.

교 사 (유아의 말에 대한 반응을 하고) 우리 친구들 지금까지 즐거운 공차기 놀이를 해봤어요. 이제 또 다른 공놀이를 하려고 해요. 음악에 맞춰서 둥글게 둥글게 돌면서 아까처럼 짝을 짓는 거예요. 알았죠?

유 아 네.

교 사 (음악을 튼다.) 4명 (음악을 튼다.) 3명 (음악을 튼다.) 2명! 자, 우리 2명씩 친구와 만났나요?

유 아 네.

교 사 손을 잡고 앞뒤 친구들과는 손이 닿지 않도록 해요. 한 친구는 공을 내려놓고 둘이서 공 하나만 가지고 있는 거예요. 보조 교사 선생님! 자, 이번에는 친구와 이렇게 (시범을 보이며) 마주 보고 공을 던지고 받아볼 거예요. 처음에는 이렇게 가슴 앞에 공을 잡고 있다가 앞으로 팔을 쭉 뻗어서 친구한테 던져 주는 거예요.

자, 해 볼까요? 시작!
(음악을 틀어준다.)
유 아 (가슴 앞에서 공을 던지며 받는 것을 반복한다.)

③ 친구와 공을 바닥에 던지고 받기 : 공을 바닥에 한번 세게 던지고 받는 활동을 한다.

- 유의점 : 공을 바닥에 세게 던지고 받는 활동을 할 때 상대방의 발자국 앞에 공을 던져야 함을 알려주어 유아가 공을 받기 쉽게 한다.

교 사 다음에는 약간 어려울지도 모르겠어요. 자, 이렇게 선생님처럼 공을 바닥에 한번 튀겨서 친구한테 주는 거예요. (시범을 보이며) 이렇게 몸을 약간 숙이며 공을 튕기면 되는 거예요. 할 수 있겠어요?
유 아 네.
교 사 자, 그럼 시작해 봐요. (음악을 틀어준다.)
유 아 (공을 튀기며 전달한다.)
교 사 (음악을 줄이고) 이제 그만. 공을 친구한테 던지고 친구가 던진 공을 받아 보니까 느낌이 어때요?
유 아 재밌어요 등.

④ 공 전달하기 : 두 명씩 짝지어 서로 뒤돌아 서서 여러 가지 방법으로 전달하기(머리 위로, 양 옆으로, 다리 사이로)

교 사 자, 참 잘했어요. 이번에는 공을 손에서 손으로 전달해 보기로 해요. 지금 던지고 받기 활동을 한 친구와 서로 뒤돌아 서 보세요. 머리 위로 공을 올리고 몸을 뒤로 젖혀서 공을 주고받는 거예요. 자, 시작.
유 아 (유아들은 공을 머리 위로 전달한다.)
교 사 다음에는 오른쪽으로 몸을 돌려서 공을 주고받는 거예요.
(시범을 보이며) 이렇게
유 아 (오른쪽으로 몸을 틀어서 공을 주고받는다.)
교 사 다음에는 왼쪽으로 몸을 돌려서 공을 주고받아요.
유 아 (왼쪽으로 몸을 틀어서 공을 주고받는다.)
교 사 자, 다음은 공을 두 손으로 잡고 다리를 벌려서 다리 사이로 공을 주고받는 거예요.

(3) 3단계 : 최종 목표

소도구인 공놀이 활동의 최종 목표인 '던지고 받기'를 유아들이 실행해 본다.

① 공 던지고 받기

• 위로 던지고 안아 받는 활동을 한다.

교 사 지금부터 선생님이 잠깐 노래를 틀어줄 테니. 그 동안 친구랑 하고 싶은 대로 던지고 받기를 해 보세요. 재미있게 던져봐요. 시작!

교 사 자, 이제 그만. 이번엔 혼자서 위로 던지고 받기를 10번 해보는 거예요.
보조 선생님, 이렇게 (시범 보이며) 하나, 두울. 이런 식으로 하는 건대요. 누가 잘 하는지 볼 거예요. 준비 시작! 하나, 둘, 셋, 넷, … 여덟, 아홉, 열 너무 너무 잘 했어요. 이제 친구들이 공으로 하는 놀이를 너무 잘하는 것 같아요.
(음악) 준비됐나요?

② 박수 치고 던지고 받기

• 양손으로 잡은 공을 위로 던지고 받는다.

• 양손으로 공을 위로 던진 후 박수를 1, 2, 3, 4, 5번 치고 받는다.

유 아 준비됐어요.

교 사 그럼, 선생님처럼 공을 위로 살짝 던져 봐요. (공을 던지고 손뼉을 한번 치고 받는다.) 손뼉을 치고 받는 거예요. 우리 친구들이 할 수 있을까? 할 수 있어요?

유 아 네, 할 수 있어요.

교 사 그럼, 한번 해봐요. 음악을 틀어주면 여러 번 해보고 선생님이랑 같이 해봐요. 시작! (음악을 틀어주었다가 소리를 줄이고) 자, 이제 친구들 다 할 수 있나요?

유 아 네, 할 수 있어요.

교 사 그럼, 선생님이랑 같이 해봐요.
하나, 둘, 셋. (선생님의 지시에 따라 박수 한번, 두 번, … 네 번 치고 공을 받는다.)
이야, 우리 친구들이 아주 잘 하네. 그럼 우리 좀 더 어려운 걸 해볼까? 더 재미있을 거예요.

유 아 네.

교 사 이번엔 선생님처럼 (박수 다섯 번 치고 받는다.) 이렇게 박수를 다섯 번 치고 받는 거야. 자, 한번 해볼까? 노래를 틀어줄 테니까 여러 번 해보는 거야.

유 아 네.

교 사 이제 잘 할 수 있니? 한번 해볼까?

유 아 네. (공을 던지고 박수를 두 번 치고 받는다.)

교 사 지금까지 박수 치고 받기를 해봤는데 어땠니?

유 아 어려웠어요, 재밌어요 등.

③ 공을 바닥에 던지고 받기

- 공을 바닥에 여러 번 던지고 받는다.
- 공을 바닥에 던지고 제자리 돌기를 한 뒤 받는다.

교 사 그래, 어려웠던 친구도 있고 재미있었던 친구도 있구나. 그럼, 다음에는 조금 쉬운 걸로 해볼까?

유 아 네.

교 사 그럼 이번에는 공을 바닥에 한번 세게 던져 받아보는 거예요. 할 수 있겠죠?

유 아 네. (유아들이 공을 한번 튕긴다.)

교 사 모두 한번 세게 던져 받는 것은 잘하니까 두 번 바닥에 던지고 잡는 거야. 알았지? 자, 이렇게. (두 번 튕기고 잡는다.)

유 아 (선생님을 따라 두 번 튕기고 잡는다.)

교 사 자, 선생님이 노래를 틀어줄 테니까 여러 번 해볼까?

유 아 (유아들 재밌게 여러 번 해본다.)

교 사 자, 우리 모두 다같이 해볼까? 하나, 두울 ~ 셋! 이야, 이제 다들 너무 잘하는구나. 이번엔 마음껏 튕겨 보도록 하자. 퉁퉁퉁퉁!
자, 다음에는 공을 바닥에 세게 던져 놓고 제자리에서 한 바퀴 돌아서 받는거야. 할 수 있겠니? 먼저 오른쪽으로 돈다. 준비 시작!

유 아 (공을 튕긴 뒤에 오른쪽으로 돌고 받는다.)

교 사 자, 이번엔 왼쪽으로 시작.

유 아 (공을 튕긴 뒤에 왼쪽으로 돌고 받는다.)

교 사 모두 잘 하는구나.

④ 발로 조절하여 차기 : 동그라미 축구 놀이

- 5~6명의 유아가 동그랗게 서서 공을 원 밖으로 나가지 않게 조절하여 돌려

가며 찬다.

- 간단한 짝짓기 게임으로 5~6명의 소그룹을 만든다.

교 사 지금 함께 서 있는 친구들과 손을 잡고 동그라미를 만들어 봐요. 동그라미 안에서 공을 주고받는 거예요. 할 수 있겠죠. 선생님이 음악을 틀어주면 시작하고 음악이 멈추면 그대로 멈추는 거예요. 동그라미 안에 공을 하나만 남기고 나머지는 동그라미 밖에 놓아 주세요.

(음악을 틀어주며 '시작'을 외친다.)

유 아 (음악에 맞춰 즐겁게 공을 차본다.)

교 사 (음악을 멈췄다 시작했다 하며 재미를 더 한다.)
이제 그만, 자 모두들 너무 잘 했어요!

(4) 게 임

① 게임 이름

날으는 슈퍼 볼

② 대상 및 유아 수

만 5세 유아, 30명

③ 준비물

공 50개(각 팀별로 25개씩), 큰 바구니 2개(팀별로 각각 하나씩), 탬버린, 게임 도중 틀어줄 음악 테이프, 보상(유아 인원 수에 충분한 사탕)

④ 놀이 방법

팀 나누기, 팀 이름(상호 작용), 문화적 지원, 그림

- 게임 전 팀 나누기, 팀 이름짓기 상호 작용
(상황에 맞는 팀의 특징을 잡아서 팀 이름을 정한 후 게임을 시작한다.)

교 사 우리 친구들, 어떤 종류의 공놀이 운동을 좋아해요?

유 아 야구요, 축구요.

교 사 그럼, 야구 좋아하는 사람은 오른쪽으로 축구 좋아하는 사람은 왼쪽으로 한 줄로 서세요. (여러 가지 구기 종목을 예로 들어, 인원 수를 민감하게 파악하여 팀을 나눈다.) 어, 근데 이쪽 팀이 더 많구나. 이를 어쩌지? 어떻게 하면 좋을까?

유 아 몇 명을 저쪽 팀으로 보내요. 제가 갈게요.

교 사 우와, 우리 친구들 정말 좋은 생각을 잘 하는구나! 그럼, 우리 팀 이름은 뭘로 하고 싶어요?

○ 놀이 방법

- 각 한 팀씩 길게 줄을 늘어서서 공을 제한 시간 안에 머리 위로 재빠르게 뒤로 패스한다.
- 탬버린으로 게임을 마무리 짓고 각 팀별로 뒤에 있는 바구니에 넣어진 공을 같이 빼면서 숫자를 세어보고 더 많이 들어 있는 팀이 승리한다.

○ 유의점 : 공을 전달할 때 서로 등을 마주 대고 머리 위로 전달한다.

⑤ 응 용

- 일정한 간격으로 늘어서서 던져서 뒤로 넘기고 맨 끝에까지 도착하면 다시 뒤에서부터 다리 사이로 공을 앞으로 보낸다.
- 공이 맨 앞으로 먼저 도착한 팀이 승리한다.

⑥ 보 상

- 팀의 승리 여부에 상관없이 모든 유아에게 사탕을 나눠준다. 또는 게임 활동 중에 교사의 유능한 진행으로 게임 결과를 동점으로 이끌어 모든 유아에게 사탕으로 나눠줄 수 있도록 한다.

⑦ 유의점

- 유아들이 승리에 집착하여 무리한 경쟁을 하지 않도록 주의한다.
- 게임에서 결과를 점수화 하지 않고 유아 스스로 바구니의 공을 빼내면서 승패를 눈으로 직접 확인할 수 있도록 한다.
- 게임을 하는 도중에라도 문제점을 발견하면 유아들과의 융통성 있는 상호작용을 통해 유아들의 의견을 받아들여 개선할 수 있도록 한다.

• 게임 후의 보상을 통해 게임에 대한 즐거움을 더하고 다음 번에 할 활동에 대한 기대감을 심어준다.

3 평가

(1) 정리 체조

- 팔과 허리 운동 : 양손을 깍지 끼고 앞으로 좌우로 반복해서 충분히 몸을 풀어준다.
- 오뚝이처럼 허리 운동 : 허리에 양손을 얹고 좌우로 앞뒤로 흔들어 몸의 긴장을 풀어준다.
- 숨쉬기(풍선) : 천천히 숨을 들이마시고 내쉬기를 반복하는 마무리 활동으로 기분을 차분히 정리시키고 신체적인 공놀이 활동을 마무리한다.

(2) 수업에 대한 평가

교 사 오늘은 공으로 할 수 있는 여러 활동을 해봤어요. 공에 대해 알아보고 게임도 하고 재미있었어요?

유 아 네.

교 사 오늘 한 활동 중에 어떤 것이 가장 재미있었고 어떤 점이 힘들었나요?

유 아 마지막 게임이요 등.

교 사 그랬구나. 활동 중에 다친 사람 있어요?

유 아 아니요.

교 사 처음에 우리가 약속한 대로 친구들이 공을 잘 다뤘기 때문에 오늘 활동이 참 재미있었고, 모두 즐겁게 참여할 수 있었어요. 우리 모두에게 열심히 잘 했다는 의미로 박수 한번 쳐 줄까요?

유 아 (짝짝짝)

교 사 친구들이 너무 잘해서 다음에는 친구들과 함께 피구를 해볼 거예요. 다음 시간이 오기 전에 오늘 한 활동이나 하고 싶었는데 시간이 없어서 못해 본 것이 있으면 집에 가서 또 해보기로 해요. 모두들 너무 잘 했어요!

제2장

후프

둥근 형태의 후프는 크기와 재질이 다양하고 색이 아름다운 기구로, 유아들은 가볍고 사용하기 편한 것이 적합하다. 후프는 굴리기, 던지기, 빠져 나가기, 돌리기 등의 다양한 활동이 가능하며, 특히 다른 놀이에서 준비 위치나 목표물로 사용할 수 있다.

- 후프는 다양한 색으로 준비하고 유아에게 각자 1개씩 돌아가도록 한다.
- 부러지거나 휘지 않는 것이 좋으며, 크기를 조절할 수 있는 조립식 후프를 이용할 수 있다.
- 후프는 한꺼번에 묶거나 매달아서 흩어지지 않게 보관한다.
- 놀이의 동작이 크고 공간을 많이 차지하므로 인원을 나누어 실시하는 것이 바람직하다.

놀이명	목 표	활동 방법	준비물	유의점
후프 위에서 기어가기	후프를 늘어놓고 그 위로 기어갈 수 있다.	• 두 가지 색의 후프를 가지고 2줄로 늘어놓는다. 이때 각 줄의 후프는 색을 교대로 놓거나, 구불구불하게 놓거나 원형으로 놓을 수 있다. • 손을 노랑색, 발은 빨강색 후프를 짚기로 약속한다. • 차례로 나와서 후프 위를 네 발로 기어간다.	후프 40개 정도 (빨강색 20개, 노랑색 20개)	손과 발을 모두 사용하며 짚기로 약속한 후프의 색을 지나치게 강요하지 않는다.
균형 뺏기	후프를 사용하여 균형 뺏기를 할 수 있다.	• 팀을 나눈다. • 20㎝ 정도 간격을 두고 후프를 2줄로 늘어 놓는다. • 상대 팀끼리 후프 안에서 마주 보고 선다. • 손을 펴서 들고 신호에 의해 손바닥을 서로 부딪쳐서 상대의 균형을 무너뜨려 후프 밖으로 밀어낸다.	두 가지 색의 후프 40개	반드시 손바닥끼리 부딪치며 몸의 다른 부분은 밀지 않도록 한다.
후프 잡고 밀고 당기기	후프를 마주 잡고 앉아서 몸을 밀고 당길 수 있다.	• 짝끼리 서로 마주 본 채로 다리를 벌려 발바닥끼리 붙이고 앉는다. • 후프를 둘이 하나씩 가지고 마주 잡는다. • 후프를 잡은 채로 몸을 앞뒤로 밀고 당긴다.	후프 20개 정도	몸을 크게 움직이도록 지도한다.
후프 빠져 나가기	후프를 위로 들어서 구멍으로 빠져나가면서, 즐겁게 놀이할 수 있다.	• 4팀 정도로 나누어 줄을 선다. • 각 팀의 앞에 후프를 4~6개 정도 바닥에 늘어놓는다. • 신호에 따라 선두의 유아부터 앞에 놓인 후프를 위로 들어서 몸을 통과하여 아래쪽으로 빼낸다.	후프 16개 정도	잘 하지 못하는 유아는 교사가 빠져나가도록 도와준다.
후프 굴 통과하기	후프 굴을 통과하여 빠져나갈 수 있다.	• 10명 정도 유아가 1m 간격으로 앉아서 후프를 세워 잡고 굴을 만든다. • 차례로 1명씩 나와 굴을 빠져나간다. • 가능하면 후프를 건드리지 않도록 몸을 작게 웅크려서 빠져나간다.	후프 10개 정도	후프를 땅에서 좀 띄운 상태로 변화하여 실시한다.
후프 뛰어넘기	두 발 모아 뛰기, 발 벌려 뛰기로 번갈아 후프를 뛰어넘어 코스를 통과할 수 있다.	• 후프를 2 : 1의 비율로 붙여서 늘어놓아 2코스를 만든다. • 각 팀에서 1명씩 나온 2명의 유아가 동시에 출발하여 두 발 모아 뛰기, 발 벌려 뛰기를 번갈아 하며 후프가 놓인 코스를 통과한다.	후프 20~30개 (두 가지 색으로 2 : 1의 비율)	후프를 밟지 않고 가운데로 뛰게 한다.

놀이명	목 표	활동 방법	준비물	유의점
후프 던지고 받기	후프를 위로 던져 올리고 시간을 맞춰 잡을 수 있다.	• 서로 부딪치지 않도록 충분한 간격으로 넓게 선다. • 자유로운 방법으로 후프를 위로 던지거나 받으면서 논다. –점점 높이 던져보자. –앉아서 던져보자. –한 손으로만 던져보자. –두 손으로 던져보자. –둘이서 주고받아 보자. –손으로만 잡아보자. –팔에 꿰어 받아보자. –발에 걸어 받아보자. –목에 걸리게 받아보자.	후프 각자 1개씩	처음에는 위로 던져 올리기 활동만 하고, 점차 위로 던지고 받기 활동을 하게 된다.
후프 굴리기	후프를 굴리는 요령(몸 동작과 힘을 주는 요령)을 익힌다.	• 10명의 유아가 일렬로 선다. • 각자 후프를 앞으로 힘껏 굴린다. • 굴리는 활동에 익숙해지면 후프를 굴려 반환점을 돌아오는 게임을 할 수 있다. –굴러가는 후프를 따라 함께 달려가 보자. –누가 가장 멀리 굴릴 수 있나?	후프 10개 정도	후프를 던지지 않고 반드시 바닥에 대고 굴리도록 한다.
후프 줄넘기	후프를 이용하여 줄넘기를 할 수 있다.	• 간격을 넓게 하여 선다. • 후프를 이용하여 줄넘기 하는 요령으로 뛰어넘는다. • 처음에는 발만 빠져나가는 동작을 하고 익숙해지면 동시에 몸 전체가 빠져나가게 한다.	후프 각자 1개씩	후프 사이로 몸 전체가 통과하므로 90cm 이상의 큰 후프를 사용한다.
후프 팔에 걸어 돌리기	후프를 팔에 걸고 팔을 빙빙 돌려 반동으로 후프를 돌릴 수 있다.	• 각자 후프를 1개씩 나누어 가진 후 손목 부분에 건다. • 팔을 한 방향으로 크게 빙빙 돌려주어 그 힘으로 후프를 돌린다. • 유아를 반으로 나누어 교대로 실시한다. • 팔로 돌리다가 익숙해지면 후프를 허리로 돌리기를 한다.	후프 20개 정도	후프를 돌릴 때는 팔을 똑바로 펴야 한다.
후프 허리로 돌리기	후프를 허리의 반동으로 빙빙 돌릴 수 있다.	• 각자 후프를 나누어 가진다. • 후프 안으로 들어가 서서 허리 부분에 오도록 잡는다. • 손으로 후프를 재빨리 1바퀴 돌린다. • 허리를 리듬 있게 움직여 주어 후프를 돌린다.		한쪽 방향으로만 돌리지 않게 지도한다.

'후프' 수업 계획안

주제 선정 이유

현대 사회의 유아들은 자연 속에서 자유롭게 뛰어 노는 대신 TV, 비디오, 컴퓨터, 전자 오락 등의 기계 문명과 함께 하고 있으며 콘크리트와 고층 아파트에 둘러싸여 자연의 아름다움과 변화를 직접 체험하는 기회가 극도로 제한되어 있다. 이로 인해 유아들은 아이다움과 놀이를 잃어버리고 운동 부족, 허약아, 비만아, 정서 불안 상태, 그리고 조기 시력 감퇴 현상 같은 새로운 문화병과 함께 자연의 소중함을 모르고 인간만을 중시하는 세계관을 가지게 되었다.

따라서 체계적인 후프 활동을 개발하여 적용하고 교육적으로 활용하여 유아의 대근육 발달을 향상시킨다. 또한 후프 활동은 또래 집단의 공동 활동을 통하여 사회성 발달 및 협동심을 기를 수 있다. 유아의 놀이 속에 후프라는 소도구를 이용하여 다양한 놀이를 해봄으로써 운동 능력과 상상력을 향상시킨다. 이는 유아가 나름대로 도구를 이용하여 놀이를 만들어내고 즐기기 때문이다.

활동 목표

- 후프를 이용한 체육 활동은 기본적으로 유아의 신체, 운동 발달을 도모하며 신체 활동에 대한 긍정적인 태도를 기르기 위한 것으로 궁극적으로 유아의 체력 및 운동 기능의 향상을 도모한다.
- 공간 인식, 균형성, 유연성을 향상시킨다.
- 시각의 집중력을 향상시킨다.
- 신체의 협응력을 향상시킨다.
- 속도 감각을 익히고 기구 다루는 능력을 향상시킨다.
- 몸을 유연하고 부드럽게 한다.

지도 대상

만 4세 유아, 약 40분

- 만 4세 유아를 대상으로 수업을 진행하고 반 이름은 꽃잎반이며, 조 이름은 건강조와 튼튼조로 하기로 했다.

1 도입

- 도입 : 꽃잎반 친구들 안녕하세요. 오늘은 선생님과 후프를 가지고 여러 가지 활동을 하기로 해요. 우선 후프 놀이를 하기 전에 준비 체조와 스트레칭을 먼저 하기로 해요.
- 대형 : 두 팔을 옆으로 쭉 펴보세요. 옆 친구와 팔이 닿지 않도록 넓게 서 보세요. 이제 넓게 서 보았으니 준비 체조를 시작합니다. 준비 체조는 선생님의 구령에 맞추어 도우미 선생님을 따라해 보세요.

(1) 준비 체조

- 대형 : 옆 친구와 닿지 않도록 넓게 선다.
- 인원 : 30명
- 노래 제목 : 슈베르트의 '군대 행진곡'

순서	운동	도 해	설명	유의점
1 (팔)	손목 털기 (32)		① 6박자 동안 가슴 앞에서 손목을 턴 후에 2박 박수	팔의 힘을 빼고 가볍게 턴다.
			② 6박자 동안 팔을 앞으로 쭉 펴고 손목을 턴 후에 2박 박수	
			③ 6박자 동안 팔을 옆으로 쭉 펴고 손목을 턴 후에 2박 박수	

<table>
<tr><th>순서</th><th>운동</th><th>도 해</th><th>설명</th><th>유의점</th></tr>
<tr><td>1
(팔)</td><td>손목 털기
(32)</td><td></td><td>④ 6박자 동안 팔을 머리 위로 쭉 펴고 손목을 턴 후에 2박 박수</td><td>팔의 힘을 빼고 가볍게 턴다.</td></tr>
<tr><td rowspan="2">2
(팔)</td><td rowspan="2">어깨 돌리기
(16)</td><td></td><td>① 앞에서 뒤로 어깨 돌리기 8번</td><td rowspan="2">팔을 쭉 펴고 원을 크게 그린다.</td></tr>
<tr><td></td><td>② 뒤에서 앞으로 어깨 돌리기 8번</td></tr>
<tr><td>3
(다리)</td><td>무릎 굽히기
(16)</td><td></td><td>2박에 무릎 굽히고 2박에 무릎 펴기 4번 반복</td><td>무릎을 충분히 굽히고 편다.</td></tr>
<tr><td rowspan="2">4
(다리)</td><td rowspan="2">무릎 돌리기
(16)</td><td></td><td>① 왼쪽으로 무릎 돌리기 2박에 한 번씩 4번</td><td rowspan="2">무릎을 붙이고 원을 크게 그리도록 한다.</td></tr>
<tr><td></td><td>② 오른쪽으로 무릎 돌리기 2박에 한 번씩 4번</td></tr>
<tr><td rowspan="2">5
(목)</td><td rowspan="2">목 운동
(16)</td><td></td><td>① 2박 앞으로 고개 숙이고 2박 뒤로 고개 젖히고 왼쪽 방향으로 고개 돌리기</td><td rowspan="2">발을 어깨 넓이만큼 벌린 후에 목 운동을 할 수 있도록 한다.</td></tr>
<tr><td></td><td>② 2박 앞으로 고개 숙이고 2박 뒤로 고개 젖히고 오른쪽 방향으로 고개 돌리기</td></tr>
</table>

순서	운동	도 해	설명	유의점
6 (등배)	허리 운동 (16)		① 4박 동안 허리 굽혀 땅 짚기 (① ② 전체 2번)	• 허리 굽힐 때에 다리가 쭉 펴지도록 한다. • 가슴을 뒤로 젖힐 때에 충분히 가슴을 펴 주도록 한다.
			② 4박 동안 손을 허리에 얹고 가슴 펴 뒤로 젖히기 (① ② 전체 2번)	
6 (등배)	허리 운동 (16)		③ 8박 동안 손을 허리에 얹고 왼쪽으로 허리 돌리기 2번	방향을 바꿀 때에는 미리 다음 동작을 말해 준다.
			④ 8박 동안 손을 허리에 얹고 오른쪽으로 허리 돌리기 2번	
7 (옆구리)	몸통 운동 (16)		① 손을 깍지하고 위로 팔을 쭉 편 후 왼쪽으로 몸통을 기울이고 7박 후 차렷	• 깍지를 낀 후 손바닥이 위로 향하게 한다. • 팔을 쭉 편다.
			② 손을 깍지하고 위로 팔을 쭉 편 후 오른쪽으로 몸통을 기울이고 7박 후 차렷	
8 (몸통)	몸통 돌리기 (16)		두 팔을 늘어트리고 몸통을 돌리기 2박에 왼쪽 한번, 2박에 오른쪽 한번(4번 반복)	• 얼굴과 팔을 충분히 돌려 옆구리 근육 운동이 되도록 한다. • 옆 친구들과 같은 방향으로 돌리게 하여 다치지 않도록 한다.
9 (다리)	제자리 뛰기 (16)		1박에 한 번씩 16번 뛰기(4박자마다 '야!' 함성 지르기)	• 박자에 맞추어 구령을 잘 붙이도록 한다. • 박자에 맞추어 높이 뛰도록 지도한다.
10 (숨 쉬기)	숨 고르기 (16)		두 팔을 천천히 앞에서 위로 올리기, 옆으로 팔을 내리고 제자리	숨을 고르게 충분히 들여 마시고 내뱉는다.

(2) 스트레칭

- 교 사 : 다음은 스트레칭을 하기로 해요. 스트레칭은 우리 몸에 있는 근육을 충분히 늘려 주어야 하니 동작을 크게 쭉 펴서 하세요. (도우미 선생님은 유아들에게 후프를 나누어 준다.)
- 대 형 : 자유 대형(준비 체조와 같음)
- 인 원 : 20명
- 노래 제목 : 보케리니의 '미뉴엣'

순서	박자	도 해	설명	유의점
1	16		두 발바닥을 마주 붙인 후, 손으로 발을 잡고 가슴이 발에 닿도록 상체를 구부린다.	상체를 많이 구부려 허벅지 근육이 충분히 이완되도록 지도한다.
2	16		두 다리를 앞으로 쭉 뻗은 후, 두 다리를 붙이고 가슴이 무릎에 닿도록 상체를 구부린다.	상체를 구부릴 때 무릎을 구부리지 않도록 지도한다.
3	16		두 다리를 크게 벌린 후, 가슴이 바닥에 닿도록 상체를 충분히 구부린다.	상체를 구부릴 때 무릎을 구부리지 않도록 지도한다.
4	8		두 다리를 크게 벌린 후, 왼쪽 무릎에 가슴이 닿도록 상체를 충분히 구부린다.	상체를 구부릴 때 무릎을 구부리지 않도록 지도한다.
5	8		두 다리를 크게 벌린 후, 오른쪽 무릎에 가슴이 닿도록 상체를 충분히 구부린다.	상체를 구부릴 때 무릎을 구부리지 않도록 지도한다.

순서	박자	도 해	설명	유의점
6	8		오른쪽 다리는 앞으로 펴고 왼쪽 다리는 오른쪽 다리 위로 꼬운 후, 상체를 왼쪽 뒤로 최대한 돌린다.	• 옆구리 근육이 충분히 늘어날 수 있도록 상체를 많이 돌리도록 지도한다. • 다리를 먼저 꼬고 상체를 돌릴 수 있도록 지도한다.
7	8		왼쪽 다리는 앞으로 펴고 오른쪽 다리는 왼쪽 다리 위로 꼬운 후, 상체를 오른쪽 뒤로 최대한 돌린다.	• 옆구리 근육이 충분히 늘어날 수 있도록 상체를 많이 돌리도록 지도한다. • 다리를 먼저 꼬고 상체를 돌릴 수 있도록 지도한다.
8	8		오른쪽 무릎은 옆으로 구부리고 왼쪽 다리는 옆으로 쭉 펴고 앉는다.	다리를 충분히 양옆으로 벌리고 왼쪽 다리는 쭉 편다.
9	8		왼쪽 무릎은 옆으로 구부리고 오른쪽 다리는 옆으로 쭉 펴고 앉는다.	다리를 충분히 양옆으로 벌리고 오른쪽 다리는 쭉 편다.
10	8		오른쪽 무릎은 앞으로 구부리고 왼쪽 다리는 뒤로 쭉 펴서 둔 후, 서서히 밑으로 앉아 허벅지와 허벅지 뒤쪽이 당겨지도록 한다.	뒤쪽으로 간 다리를 구부리지 않도록 유의한다.
11	8		왼쪽 무릎은 앞으로 구부리고 오른쪽 다리는 뒤로 쭉 펴서 둔 후, 서서히 밑으로 앉아 허벅지와 허벅지 뒤쪽이 당겨지도록 한다.	뒤쪽으로 다리를 구부리지 않도록 유의한다.

2 전개

(1) 탐 색

① 탐색 I

○ 교 사 : 이번에는 후프를 가지고 탐색을 해보도록 해요. 후프를 바닥에 놓고 선생님 호루라기 소리에 맞추어 활동하고 후프를 밟지 않도록 주변을 돌아보세요.

<table>
<tr><th>활동명</th><th colspan="3">동그라미를 그려 보아요 (후프 주변 돌기)</th></tr>
<tr><td rowspan="3">도해</td><td></td><td rowspan="3">활동 내용</td><td>① 후프를 유아 앞에 한 개씩 바닥에 놓는다.</td></tr>
<tr><td></td><td>② 유아들이 후프 주변을 오른쪽 발을 들고 왼쪽 발로 왼쪽 방향으로 앙감질 한다.</td></tr>
<tr><td></td><td>③ 반대로 왼쪽을 발을 들고 오른쪽 발로 오른쪽 방향으로 앙감질한다.</td></tr>
<tr><td>유의점</td><td colspan="3">• 후프를 밟지 않도록 주의시킨다.
• 한쪽 발이 바닥에 닿지 않도록 주의시킨다.
• 넘어지지 않도록 활동 전에 주의시킨다.</td></tr>
</table>

② 탐색 Ⅱ

- 교 사 : 이번에는 두 번째 탐색인데요. 첫째, 셋째 줄은 오른쪽으로 돌아 옆에 친구를 보세요. 둘째, 넷째 줄은 왼쪽으로 돌아서 옆 친구를 보세요. 서로 마주 보고 서세요. 첫째, 셋째 줄 친구들만 후프를 들고 앞에 있는 친구에게 굴려 보내세요. 이번에는 반대로 해보세요.

활동명	주고 받고 (상대방에게 후프 굴려주고 다시 받기)		
도해		활동 내용	① 2명이 서로 마주보게 한 후, 한 명만 후프를 가지게 한다.
			② 첫째 줄 유아가 먼저 상대편 유아에게 후프를 굴려서 준다.
			③ 후프를 받은 유아가 다시 상대편 유아에게 후프를 굴려서 준다.
유의점	후프를 상대방에게 줄 때 바닥에 눕지 않고 잘 굴릴 수 있도록 한다.		

(2) 활 동

① 활동 I

- 교 사 : 이번에는 조를 나누어 보기로 합시다. 첫째, 둘째 줄 친구는 튼튼조, 오른쪽으로 모여 한 줄 기차 하세요. 셋째, 넷째 줄 친구는 건강조, 왼쪽으로 모여서 한 줄 기차 하세요. 건강조, 튼튼조 각각 한 명씩 후프를 건너뛰어 보기로 합시다.

활동명	폴짝폴짝 (후프를 하나씩 모듬 뛰기)		
도해	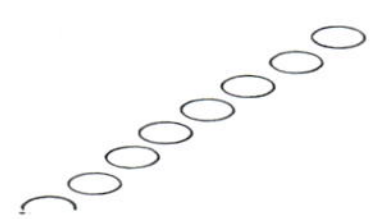	활동 내용	① 도우미 교사가 후프 10개를 한 줄로 겹치지 않게 놓는다.
			② 유아가 첫 번째 후프에서 다음 후프로 양발을 모아 점프한다.
			③ 유아가 네 번째 후프까지 건넜을 때 다른 유아를 출발시킨다.
유의점	• 유아가 넘어지지 않도록 균형을 잘 잡아 뛰도록 지도한다. • 양발을 모아 동시에 점프하도록 지도한다. • 후프의 간격이 너무 멀지 않도록 유아의 체형에 맞게 배열한다.		

② 활동 Ⅱ

- 교 사 : 이번에는 후프로 줄넘기를 해봅시다. 처음에 있던 대형으로 빨리 다시 서보세요.

활동명	후프 줄넘기(후프를 줄넘기처럼 해서 뛰기)		
도해		활동 내용	① 1인당 1개씩 후프를 준비한다.
			② 후프를 줄넘기처럼 사용해 뛰어넘는다.
유의점	• 후프를 돌리다가 걸려 넘어지지 않도록 주의시킨다. • 두 발을 동시에 뛰도록 지도한다.		

③ 활동 Ⅲ

◦ 교 사 : 이번에는 후프 돌리기를 해봅시다. 후프를 허리에서 돌리기를 먼저 해보고 다음에는 후프를 팔에 놓고 돌려보아요.

<table>
<tr><th>활동명</th><th colspan="3">빙글뱅글 (후프를 허리, 팔에 놓고 돌리기)</th></tr>
<tr><td rowspan="3">도해</td><td></td><td rowspan="3">활동 내용</td><td>① 후프를 허리에 놓고 돌린다. (2분)</td></tr>
<tr><td></td><td>② 후프를 팔에 놓고 돌린다. (2분)</td></tr>
<tr><td></td><td>③ 후프를 잘 돌리는 친구를 선별하여 허리에 여러 개를 놓고 돌린다.</td></tr>
<tr><td>유의점</td><td colspan="3">• 유아들 간의 폭을 넓게 하여 후프가 닿지 않도록 한다.
• 팔로 후프를 돌릴 때는 얼굴에 닿지 않도록 하고, 다른 유아에게 후프가 닿지 않도록 주의시킨다.</td></tr>
</table>

(3) 게 임

① 게임 I

- 교 사 : 이번에는 게임을 하기로 해요. 튼튼조는 오른쪽으로 한 줄 기차, 건강조는 왼쪽으로 한 줄 기차 대형으로 서고, 도우미 선생님은 게임 준비를 하세요.

활동명	누가 누가 빨리! (후프를 이용한 장애물 빨리 통과하기)		
도해		활동 내용	① 교사가 유아를 준비시킨 후 출발 신호를 보낸다.
			② 유아가 후프 터널을 통과한다.
			③ 매트 위에서 앞구르기를 한다.
			④ 자신이 속한 팀의 선수가 먼저 오면 이긴다.
유의점	• 후프 터널이 찢어지지 않도록 유의한다. • 한 유아가 경기를 하고 있을 때 다른 유아들이 경기에 집중하고, 팀을 응원할 수 있도록 한다. • 앞 구르기를 할 때 다치지 않도록 보조 교사가 옆에서 유아를 잘 잡아준다. • 먼저 도착한 유아가 자기 팀의 자리에 앉아 있도록 지도한다.		

② 게임 Ⅱ

○ 교 사 : 이번에는 짝짓기를 해 봅시다. 우선 건강조와 튼튼조는 각각 4개의 후프만 바닥에 놓고 나머지는 정리하세요. 친구들은 모두 후프 바깥쪽으로 둥글게 손을 잡고 돌아요. ('둥글게 둥글게' 노래를 부른다.)

활동명	동그라미 안에 모여라! (숫자에 맞춰 후프 안에 들어가기)		
도해		활동 내용	① 후프를 여러 개 바닥에 놓는다.
			② 교사 제시하는 인원수 대로 짝지어 후프 안에 들어간다.
			③ 교사가 지시한 숫자가 맞았을 때 바로 자리에 앉도록 한다.
유의점	짝짓기 할 때 유아들끼리 밀려서 다치지 않도록 주의시킨다.		

3 평가

교 사 꽃잎반 친구들 오늘 체육 활동 어땠어요?
좋았어요!
교 사 후프는 집에서도 많이 가지고 놀 수 있는 것이지만 선생님과 이렇게 다양한 활동을 해보니 훨씬 재미있지요?
유 아 네!
교 사 오늘 우리 친구들 옆 친구와 장난하지 않고 선생님을 잘 따라줘서 정말 고마웠어요. 다음 시간에는 더 재미있는 리본 활동을 해요.

제3장

리본

'리본' 수업 계획안

주제 선정 이유

리본을 이용하여 아름다운 동작을 구상함으로써 신체의 유연성을 기를 수 있고 리본의 움직임을 통해서 선의 흐름을 알 수 있게 하기 위해서 주제로 선정하였다. 또한 리본을 통하여 여러 가지 모양을 표현해 봄으로써 신체 표현력을 키우고 창의력을 높여주며 리본을 흔드는 신체적 움직임을 통해 리듬감을 익힐 수 있다. 그리고 성장기 유아들에게 필요한 근력 · 지구력 등을 기를 수도 있고 기본적인 손과 발을 움직임으로써 소근육과 대근육을 동시에 발달시킨다. 마지막으로 놀이를 통해서 리본에 흥미를 갖고 탐색할 수 있다.

활동 목표

손목을 꺾거나 유연하게 움직이는 동작을 반복함으로써 리본을 계속적으로 움직여 선을 연결시키며 몸의 동작과 조화를 이루게 한다. 오른손과 왼손을 고르게 사용하며 리본이 멈추지 않고 다양한 형태로 계속 곡선을 그리도록 하여 표현 능력을 기를 수 있도록 한다. 게임을 통하여 규칙을 지키고 손과 눈의 협응력을 기를 수 있다.

지도 대상

만 4세 유아

1 도입

(1) 준비 체조

◦ 음악 : 얼굴 찌푸리지 말아요

순서	운동	도 해	설명	유의점
1	제자리 걷기		① 팔을 구부린 후 박자에 맞추어 힘차게 걷는다.	• 구부린 팔을 앞뒤로 흔들며 걷도록 한다.
2	손뼉 치며 이동하기		① 팔을 위로 뻗어 왼쪽, 오른쪽으로 한 발씩 이동하며 손뼉을 친다. ② 팔을 구부려 옆구리에 댄 후 팔을 흔들면서 (펄럭펄럭) 세 발자국 간 후에 박수를 친다(왼쪽, 오른쪽).	• 팔을 위로 쭉 뻗어 정확히 박수를 칠 수 있도록 한다. • 힘차게 팔을 흔들어 준다.
3	목 돌리기		① 손은 허리에 하고, 목을 앞뒤, 좌우로 움직인다. ② 오른쪽 왼쪽으로 한 바퀴씩 돌려본다.	• 목이 당긴다는 느낌이 들 정도로 한다. • 돌릴 때에도 앞으로 푹 숙였다가 뒤로 끝까지 젖힐 수 있도록 한다.
4	손목 돌리기		① 가볍게 주먹을 쥔 상태에서 원을 그리며 돌려본다. ② 팔을 옆으로 뻗어 위에서 아래로 움직이며 돌려본다.	• 너무 힘을 주어 돌리지 않도록 한다.

순서	운동	도 해	설명	유의점
5	어깨 돌리기		① 양손을 어깨 높이에 올려놓은 후 돌려준다. ② 반대로도 돌려본다.	• 원을 그리며 돌릴 수 있도록 한다.
6	허리 돌리기		① 양손을 허리에 댄 후 허리를 돌려준다. ② 반대 방향으로도 돌려본다.	• 크게 원을 그리며 돌릴 수 있도록 한다. • 발바닥은 고정시키도록 한다.
7	옆구리 운동		① 깍지를 낀 팔을 손바닥이 위로 향하게 한 후 쭉 뻗어 위로 최대한 올려본다. ② 그 상태로 왼쪽으로 내렸다가 오른쪽으로 내린다.	• 팔을 굽히지 않도록 한다. • 다리는 어깨 넓이만큼 벌리도록 한다. • 옆구리가 조금 당길 정도로 행하여 준다.
8	무릎 돌리기		① 무릎을 구부린 상태에서 양손으로 무릎을 잡고 돌려준다(왼쪽, 오른쪽). ② 양손으로 무릎을 잡고 앉았다가 일어난다.	• 양쪽 무릎을 함께 돌려주도록 한다. • 완전히 앉았다가 일어나도록 한다.

(2) 스트레칭

순서	운동	도 해	설명	유의점
1	옆으로 팔 뻗기		① 팔을 어깨 높이만큼 올린다. ② 앞으로 나아가면서 팔을 구부렸다가 쭉 펴 준다.	• 팔꿈치를 구부리지 않게 주의한다. • 상체도 앞으로 내밀어 준다.
2	트위스트		① 팔을 가슴 앞에서 구부린 후 손목을 양쪽으로 흔들어 준다. (와이퍼처럼) ② 무릎을 구부리면서 지그재그로 앉았다가 일어난다.	• 끝까지 앉았다가 일어날 수 있도록 한다.

순서	운동	도 해	설명	유의점
3	손목 흔들며 뒤로 가기		① 팔을 앞으로 뻗어 손바닥이 앞을 보이게 한다. ② 팔을 흔들면서 앞뒤로 왔다갔다 한다.	• 손목을 뒤로 젖혀서 팔을 약간 당기게 할 수 있도록 한다.
4	둥글게 굴리기		① 다리를 어깨 넓이만큼 벌린다. ② 팔을 구부리고 주먹을 약하게 쥔 다음 팔을 돌리면서 크게 (몸 전체로) 원을 그려준다.	• 손목만 돌리는 것이 아니라 팔 전체를 이용하여 돌리도록 한다. • 최대한 아래에서 최대한 위까지 원을 만들 수 있도록 한다.
5	하늘 찌르기		① 어깨에서 팔을 쭉쭉 뻗어준다. ② 뛰면서 한쪽 발은 뒤로 차듯이 뻗어준다. (왼쪽, 오른쪽 번갈아 가면서 한다. 2회씩)	• 팔을 곧게 뻗어주고 다리도 반듯이 차면서 뻗어 주도록 한다.
6	오리 걸음		① 우선 어깨를 으쓱으쓱 한다. (팔을 뻗어 펭귄처럼 몸에 붙이고) ② 어깨를 올렸다 내렸다 하며 제자리를 한 바퀴 돈다.	• 어깨를 확실히 들썩들썩 할 수 있도록 한다.
7	허리 굽혀 손에 땅 닿기		① 허리를 구부려 팔을 뻗어 손바닥이 땅에 닿을 수 있도록 해본다.	• 무릎은 굽히지 않도록 한다.
8	다리 근육 이완 하기		① 한쪽 다리를 앞으로 구부려 무릎이 가슴에 닿도록 당겨본다. (양쪽 실행) ② 한쪽 무릎을 뒤로 구부려 손으로 발목을 잡아 엉덩이에 발 뒤꿈치가 닿게 당긴다.	• 버팀목인 다리는 무릎을 펴 주도록 한다. • 무릎을 가슴에 최대한 닿도록 한다. • 뒤쪽으로 당길 때에 허벅지가 당긴다는 느낌이 들도록 한다.

스트레칭할 때의 유의점

- 스트레칭은 서서히 관절의 가동 범위 내에서 근육의 길이를 늘려 주어 근육이 약간 당긴다는 느낌이 올 때에 멈추고 약 8~15초 정도 정적 상태를 유지한 뒤 처음 동작으로 서서히 돌아간다.
- 절대로 몸에 반동을 주거나 튕기는 동작을 해서는 안 된다.
- 스트레칭은 고통이 느껴질 정도까지는 하지 않는 것이 좋다.
- 스트레칭은 천천히 호흡을 깊게 하면서 실시하는데, 숨을 참아서는 안 된다.

2 전개

(1) 탐색 활동

활동명	도해	설명	유의점
리본 따라 밟기		리본을 바닥에 펴고 리본을 따라 일자로 걷는다.	앞, 옆에 친구와 부딪히지 않도록 조심한다.
리본 위아래로 흔들기		① 양팔을 벌린다. ② 한 손에 리본을 쥐고 위아래로 흔든다. ③ 양손으로 리본을 쥐고 위아래로 흔든다.	리본을 쥔 손의 방향이 옆 친구와 일치하도록 하여 옆 친구와 부딪히지 않도록 한다.
리본 좌우로 흔들기		① 양팔을 벌린다. ② 한 손에 리본을 달고 좌우로 흔든다. ③ 양손으로 리본을 쥐고 좌우로 흔든다.	리본을 쥔 손의 방향이 옆 친구와 일치하도록 하여 옆 친구와 부딪히지 않도록 한다.
리본 원 모양으로 돌리기		① 양팔을 벌린다. ② 한 손으로 리본을 쥐고 원 모양으로 돌린다.	옆 친구와 부딪히지 않도록 조심한다.

활동명	도해	설명	유의점
지그재그 모양으로 흔들기		① 리본을 한 손에 쥐고 손목을 돌려서 지그재그 모양을 만든다. ② 리본을 한 손에 쥐고 팔 전체를 이용해서 지그재그 모양을 만든다.	리본이 엉키지 않도록 조심해서 돌린다.
머리 위에서 돌리기		머리 위에서 한 손을 크게 휘돌려 돌린다.	손의 위치가 머리 위로 올라가도록 주의시킨다.
머리 위에서 옆으로 돌리기		머리 위에서 손목을 돌리며 오른쪽에서 왼쪽으로, 왼쪽에서 오른쪽으로 돌린다.	팔 전체를 사용하지 않고 손목만을 이용해서 표현하도록 한다.
팔을 크게 휘저어 돌리기		몸 앞에서 한 손을 크게 휘저어 자신이 만들고 싶은 모양을 만든다.	자유롭게 표현하도록 하고 옆 친구에게 방해되지 않도록 조심시킨다.
8자 만들기		손목과 팔을 이용하여 옆으로 누운 8자를 만들며 돌린다.	8자의 모양이 자연스럽게 그려지도록 한다.
높이 뛰어서 흔들기		두 발로 뛰면서 리본을 몸 앞에서 흔든다.	뛰면서 친구들과 부딪히지 않도록 조심하고 넘어지지 않도록 한다.

(2) 전개 활동

활동명	도해	설명	유의점
리본 돌리며 이동하기		막대를 손으로 잡고 빙빙 돌리며 이동한다.	• 리본이 잘 돌아가도록 지도하고 꼬이지 않도록 한다. • 리본의 날카로운 부분에 다치지 않도록 주의한다.

활동명	도해	설명	유의점
파도 모양 만들기 (손목)		리본을 들고 손목만을 이용하여 파도 모양으로 돌린다.	• 손목을 잘 이용하도록 하고 리본이 엉키지 않도록 한다. • 파도 모양이 되게 한다.
파도 모양 만들기(팔)		리본을 들고 팔 전체를 이용하여 파도 모양으로 돌린다.	팔 전체를 잘 이용하도록 하고 리본이 엉키지 않도록 한다.
나선형 만들기		한 손으로 나선 모양으로 돌린다.	• 나선형 모양이 되게 리본을 이용하고 리본이 엉키지 않도록 한다. • 리본의 날카로운 부분에 다치지 않도록 주의한다.
리본 던져서 받기		아래에서 위로 리본을 던져서 받는다.	던지고 받을 때 머리에 맞지 않도록 공간을 만들어 준다.
리본 꼬리잡기		리본을 던져 꼬리를 잡는다.	리본의 날카로운 부분에 다치지 않도록 주의한다.
친구와 마주 보고 리본 주고받기		2명씩 짝을 지어 마주 보고 리본을 던져서 주고 받는다.	친구와의 협동심을 가르치고 던질 때에 다치지 않도록 상대방이 잘 받을 수 있도록 한다.

(3) 최종 활동

활동명	도해	설명	유의점
소라 집 만들기		같은 색깔 팀이 모여서 가운데를 중심으로 서로 등을 대고 서서 리본을 나선형으로 돌려서 소라 집 모양을 만든다.	등을 대고 서기 때문에 대형이 너무 흐트러지지 않도록 주의시킨다.

활동명	도해	설명	유의점
여러 모양 만들기 (○♡☆▽□◇)	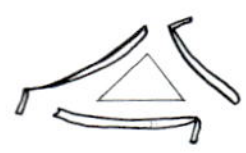	같은 팀 친구들끼리 상의해서 리본으로 같은 모양을 만든다.	모양을 결정할 때는 서로 의견을 양보하면서 결정하도록 한다.
큰 파도 만들기		가운데를 중심으로 모여서 리본 쥔 손을 들고 파도 모양을 만든다.	리본의 끝부분을 잡고 손목을 이용해서 모양을 만들도록 한다.

(4) 게 임

① 게임 이름

투호 놀이(날아라 리본)

② 대상 및 유아 수

15명을 한 팀으로 정하여 두 팀으로 나눈다. 총 팀 인원은 30명이다.

③ 준비물

리본 통, 리본, 기준선, 점수판

[팀 이름 짜기]

교 사 팀 이름을 정해야 해요. 우리가 밥을 먹을 때 무엇을 사용하죠?
유 아 숟가락이요.
교 사 그래요 밥 먹을 때는 숟가락을 사용해요. 그럼, 이 팀은 숟가락 팀으로 해요.
다음 반찬은 무엇을 사용해서 먹죠?
유 아 젓가락이요.
교 사 맞았어요. 그럼 이쪽 팀은 젓가락 팀으로 해요.

④ 놀이 안내

이 게임은 투호 놀이를 변형시킨 놀이다. 투호는 옛날 궁중이나 양반 집에서 항아리에 화살을 던져 넣던 놀이다. 예쁜 항아리를 가운데 놓고 일정한 거리에서 리본을 던져 리본 통에 많이 넣는 팀이 승리하는 놀이다. 이 놀이는 큰 공간을 필요로 하지 않는다.

5 놀이 방법

① 리본 통을 배치하고 통이 놓인 곳에서 약 1미터 떨어진 곳에 선을 그어 놓는다.
② 리본을 가지고 기준선에 선다.
③ '준비' 하면 리본 던질 준비를 한다.
④ 리본의 손잡이 부분을 리본 통을 향하여 던져지도록 리본을 잡는다.
⑤ 리본 통을 향해 조준한다.
⑥ 호루라기를 불면 무릎을 약간 굽혔다 펴면서 리본 통을 향하여 리본을 던진다.
⑦ 리본이 리본 통에 들어가면 점수판에 가서 도장을 찍고 앉는다.
⑧ 리본 통에 리본이 많이 꽂힌 팀이 이긴다.

6 유의점

- 균형을 잘 잡고 몸이 너무 앞으로 숙여지지 않도록 한다.
- 다른 팀 통에 던지지 않는다.
- 기준선을 넘지 않도록 한다.
- 순서를 잘 지키도록 한다.

7 놀이의 효과

- 거리를 짐작하고 힘 조절하는 것을 배울 수 있다.
- 집중력을 기를 수 있다.

3 평가

교 사 오늘 놀이 수업 어땠어요?

유 아 재미있었어요.

교 사 무엇이 가장 재미있었니?

유 아 게임이요. 체조요.

교 사 그랬구나. 선생님도 좋았어요.
선생님은 무엇이 가장 좋았을까?

유 아 뭔데요? 게임이요?

교 사 응, 게임도 재미있었지만, 선생님은 우리 친구들이 리본 활동을 하면서 몸도 튼튼해지고 게임할 때에 질서도 잘 지켜주고 해서 너무 기분이 좋았어요.

유 아 아, 그랬구나. 정말이요?

교 사 응, 그럼 집에 가서도 오늘 배운 리본 활동을 부모님과 함께 해보도록 하고 다음 시간에는 줄을 가지고 여러 가지 활동을 할 거예요.
우리 친구들 오늘처럼 잘 할 수 있겠죠?

유 아 네.

교 사 그럼 우리 다음 시간에 보도록 해요.

유 아 네, 안녕히 계세요.

제4장

줄

줄넘기는 주변에서 손쉽게 구할 수 있는 놀이 도구로서 고무줄이나 비닐 끈을 줄넘기와 병행하여 사용하면 좋다.

줄넘기 활동 외에도 줄 뛰어넘기, 빠져나가기, 잡아당기기, 줄 위로 걷기, 줄 돌리기 등의 여러 가지 놀이 방법이 있으며 줄넘기 놀이를 통하여 신체의 민첩성과 순발력이 길러진다.

- 줄넘기의 길이는 유아가 두 발을 모아 줄을 밟고 섰을 때 가슴에 가까이 닿는 정도의 길이가 적합하다.
- 줄넘기를 할 때는 서로 충분한 간격을 두고 서서 다치는 일이 없게 한다.
- 함부로 휘두르거나 목이나 머리, 손에 감기면 위험하므로 주의한다.

놀이명	목 표	활동 방법	준비물	유의점
줄 위로 걷기	몸의 균형을 잡고 줄을 따라 걸을 수 있다.	• 줄넘기 줄이 직선과 곡선이 되게 2~3개를 연결하며 테이프를 붙여서 코스를 만든다. • 줄 위로 몸의 균형을 잡고 걷는다. –팔을 옆으로 벌리고 걸어가 보자. –쪼그리고 앉아서 걸어가 보자.	줄넘기 테이프 가위	빨리 통과하기보다는 줄 위를 바르게 걷는 것이 중요하다.
줄 잡아 당기기	서로 힘을 내어 줄 잡아 당기기를 할 수 있다.	• 줄넘기 2개를 서로 묶어서 동그랗게 만든다. • 2명의 유아가 줄 안으로 들어가 서로 등을 진 채 힘을 주어 상대를 자기쪽으로 끌어당긴다. • 중간의 경계선 이상으로 상대를 끌고 간 유아가 이긴다.	줄넘기	동그라미 줄이 매듭이 풀리지 않게 단단히 맨다. 체력 차이를 조정하여 상대를 정한다.
줄 건너기	줄이 몸에 닿지 않고 줄을 건너 갈 수 있다.	• 2명의 유아가 줄이 팽팽하도록 당겨서 손에 잡고 마주 보고 앉는다. • 차례로 나와 다리를 벌려 옷이나 몸이 줄에 닿지 않도록 건넌다.	줄넘기	줄이 몸에 닿더라도 실망하지 않도록 격려해 준다.
줄 뛰어넘기	줄을 연속으로 뛰어넘을 수 있다.	• 2명의 유아가 줄넘기 줄을 팽팽하게 잡고 마주 앉는다. 이렇게 하여 50~60㎝의 간격으로 5~10개의 줄을 가지고 횡대로 앉게 한다. • 차례로 나와서 멈추지 않고 줄을 연속으로 뛰어넘는다. • 줄의 높이를 낮은 것에서 높은 것으로 변화시켜 가면서 반복한다.	줄넘기 줄 5~10개	멈추지 않고 연속으로 뛰게 한다.
흔들리는 줄 뛰어 넘기	좌우로 흔들리는 줄을 민첩하게 뛰어넘을 수 있다.	• 2명이 양쪽에서 줄넘기 줄을 잡고 앉아 좌우로 혹은 위아래로 흔든다. • 차례대로 나와서 흔들리는 줄을 뛰어넘는다. • 줄의 움직임을 잘 보도록 말해 주고 잘하는 유아의 동작을 관찰시킨다. –높이 뛰어넘어 보자. –다리를 벌리고 뛰어넘어 보자. –모둠발로 뛰어넘어 보자.	줄넘기	유아의 능력에 따라 줄의 높이와 흔드는 속도를 변화시킬 수 있다.

놀이명	목 표	활동 방법	준비물	유의점
두 줄 사이로 발 모으고 벌려 뛰기	리듬에 맞춰 뛰기를 할 수 있다.	• 2명의 유아가 2개의 줄을 평행이 되게 각자의 손에 잡고 마주 보고 앉는다. • 2개의 줄을 중심으로 두 발 모아 뛰기(줄의 안), 두 발 벌려 뛰기(줄의 밖)를 7회 정도 반복한다. • 뛰면서 '월, 화, 수, 목, 금, 토, 일' 소리 내어 리듬을 타게 할 수 있다.	줄넘기 줄	리듬을 가지고 연속적으로 뛰게 한다.
긴 줄 뛰기	돌아가는 긴 줄을 민첩하게 뛰어넘을 수 있다.	• 각 줄에서 2명의 유아가 나와서 긴 줄을 양 끝에서 잡고 줄을 돌린다. • 줄 안에 서서 돌아가는 줄을 뛰어넘는다(1명씩). • 여럿이 서서 함께 긴 줄 뛰기, 뛰어들어 가서 긴 줄 뛰기로 변화하여 실시한다.	긴 줄 2개	긴 줄을 돌리는 두 명의 유아는 서로 보조를 맞춰서 돌리게 한다.
빈 손 줄넘기	양손에 각기 줄을 들고 돌리면서 두 발 모아 뛰기를 할 수 있다.	• 2인 1조가 되어 한 유아는 양손에 줄넘기를 각각 1개씩 가지고 빙빙 돌리면서 줄넘기 흉내를 낸다. • 나머지 한 유아는 마주 보고 서서 손뼉을 치면서 뛰뛰는 횟수를 헤아려 준다. • 정해진 횟수만큼 뛰고나면 서로 교대한다.	줄넘기 20개 정도	동시에 양손의 줄(접어진 줄)을 돌리지 못하는 경우 우선 한 손으로만 돌리도록 한다.
줄넘기 하기	신체 발육에 적합한 온몸 운동이며 민첩성을 길러준다.	• 교사를 중심으로 줄이 서로 닿지 않게 넓게 선다. • 각자 줄넘기를 가지고 힘차게 두 발로 뛰어 넘으며 줄넘기를 한다. -모둠발로 뛰기 -발 바꾸며 제자리 뛰기 -뛰어가면서 줄넘기 하기로 변화한다.	각자 줄넘기 줄 1개씩	리듬감이 없고 잘 넘지 못하는 유아는 열등감을 갖지 않도록 격려한다.

'줄' 수업 계획안

주제 선정 이유

철봉이나 평균대 같은 경우, 단체 운동을 하기에는 제한되는 경우가 있으나, 줄은 단체 활동과 개인 활동이 모두 용이하다.

줄은 유아가 거부감과 공포심이 생기지 않아 편하고 부담 없이 활동할 수 있으며 줄을 이용하여 여러 가지 모양을 나타날 수 있으므로 선에 대한 모양의 변화를 자연스럽게 알 수 있게 되어 탐색의 기회가 다양하게 이루어질 수 있다. 또한 유아의 신체 발달에 큰 무리 없이 발달을 촉진할 수 있어 줄을 주제로 선정한다.

활동 목표

- 줄을 탐색하고 그 성질과 사용법을 안다.
- 신체의 평형성과 손과 발의 협응력 · 집중력과 팔, 다리의 근력을 기른다.
- 유연성과 민첩성, 순발력, 심폐 지구력 등의 기초 체력을 보강하며 유아들 간의 협동심과 단결심을 기른다.

지도 대상

- 유치반 (만 5세)
- 활동 시간 : 45~50분

1 도입

(1) 준비 체조

- 음악 : 타이타닉 주제곡(Celine Dion 'My heart will go on')

활동명	도해	설명	유의점
1		(간주) 제자리에서 발꿈치를 들었다 놨다를 반복한다.	• 리듬에 맞춘다. • 너무 무리하여 높게 올리지 않는다.
2		허리에 손을 얹고 목을 앞뒤로 한 다음 오른쪽으로 한 바퀴 돌린다. 왼쪽으로도 한 바퀴 돌린다. (반대 방향으로 반복)	• 목을 돌릴 때 목 전체를 돌려 주어야 한다. • 목에 무리가 가지 않도록 주의한다.
3		양손을 아래위로 털어 주며 왼발, 오른발을 번갈아 가며 앞으로 내민다.	손목만 가볍게 털어 주며 팔 전체를 무리하게 털면 손에 무리가 온다.
4		양손을 어깨 위로 올리고 오른쪽 두 번, 왼쪽 두 번을 돌리고 전체적으로 한 바퀴 돌려준다. (반대 방향으로 반복)	양손을 어깨 위로 올리며 양손이 어깨에서 떨어지지 않도록 한다.
5		두 사람이 마주 서며 손을 잡고 좌우로 번갈아 가며 돌려준다. 서로 잡아당겨 준다.	키가 비슷한 사람들끼리 함께 하며 또한 무리하게 상대방을 잡아당겨서는 안된다.
6		두 사람이 짝을 지어 마주 보고 손을 맞잡고 앉았다 일어났다를 반복한다.	협동심을 기를 수 있는 기회를 가져야 하므로 서로 맞춰 가며 한다.
7		두 사람이 서로 손을 마주 잡고 오른손을 당기고 왼손 당기기를 반복한다.	6번과 동일
8		두 사람이 서로 등지고 서며 서로 반대 방향으로 서로를 마주 보며 손뼉을 친다.	한 사람만 무리하게 허리를 많이 돌려서 손뼉을 치게 해서는 안 된다.
9		2번과 동일	2번과 동일

활동명	도해	설명	유의점
10		3번과 동일	3번과 동일
11		4번과 동일	4번과 동일
12		5번과 동일	5번과 동일
13		6번과 동일	6번과 동일
14		7번과 동일	7번과 동일
15		8번과 동일	8번과 동일
16		왼쪽을 향해 바라보고 다리를 어깨 넓이만큼 벌린 후 등배 운동을 한다. (반대 방향도 반복한다.)	손을 허리 뒤로 받쳐 뒤로 넘어지지 않게 한다.
17		다리를 자신의 어깨만큼 벌리고 손을 허리에 두고 허리를 시계 방향과 시계 반대 방향으로 돌린다.	하체는 움직이지 않도록 한다.
18		손을 무릎에 대고 앉았다 일어났다를 반복한다.	완전히 앉았다 완전히 일어난다.

활동명	도해	설명	유의점
19		손을 무릎 위에 올려놓고 앉아 허리를 펴고 왼쪽 무릎을 구부리고 오른쪽 다리를 펴고 왼쪽 오른쪽으로 왔다 갔다를 반복한다.	앞으로 넘어질 우려가 있으니 균형을 잘 잡도록 주의한다.
20		양팔을 벌렸다가 배꼽 위에 가져다 놓기를 반복한다. (숨쉬기 운동)	천천히 숨을 고르게 쉰다.

(2) 스트레칭

활동명	도해	설명	유의점
1		제자리에 서서 뒤꿈치를 올렸다 내렸다를 반복한다.	• 뒤꿈치를 붙이도록 한다. • 발목에 무리가 가지 않도록 주의한다.
2		두 팔을 발등에 닿도록 허리를 구부린다.	• 무릎을 구부리지 않는다. • 너무 무리하여 구부리지 않는다.
3		자리에 서서 두 팔과 허리를 오른쪽으로 돌리고 왼쪽도 반복한다.	• 하체가 움직여서는 안된다. • 너무 무리하여 돌리지 않는다.
4		발을 어깨 넓이만큼 벌리고 서서 허리를 꼿꼿히 세우고 오른쪽으로 내려가고 왼쪽도 반복한다.	• 허리를 구부려서는 안된다. • 너무 무리하면 허리에 무리가 가므로 주의한다.
5		양팔을 깍지 끼고 머리 위로 올린 다음 앞으로 던지듯이 툭 턴다.	• 올리면서 허리를 돌려줘도 좋다. • 너무 무리하여 올리면 어깨 근육이 아프므로 주의한다.

활동명	도해	설명	유의점
6		두 다리를 쭉 펴서 앉은 후 양팔을 앞으로 내밀어 상체와 얼굴을 무릎에 닿게 한다.	• 코를 무릎으로 닿게 하는 것이 중요하다. • 무리하게 고개를 숙이지 않는다.
7		자리에 앉아 발바닥을 마주대고 사각형을 만든 후 상체를 앞으로 숙인다.	• 허리를 일자로 곧게 숙이는 것이 중요하다. • 너무 무리하여 고개를 숙이지 않는다.
8		왼쪽 다리는 쭉 펴고 오른쪽 다리는 왼쪽 다리의 왼쪽으로 두고 허리를 반대 방향으로 돌린다. 오른쪽 다리도 반복한다.	• 하체는 움직이지 않도록 한다. • 심하게 돌리면 허리에 무리가 가므로 주의한다.
9		양반 다리를 한다.	몸 안쪽으로 당겨주어야 한다.
10		자리에 서서 양팔을 벌렸다가 배꼽 위로 가져다 놓기를 반복하여 숨쉬기를 한다.	• 숨을 들이마시고 내뱉기를 천천히 한다. • 호흡 운동을 하여 긴장을 풀어준다.

2 전개

(1) 탐색 활동

① 한 줄 따라 걷기

◦ 활동 방법

- 부드러운 바닥에 긴 줄을 일자로 늘어뜨려 놓는다.
- 늘어진 줄을 한 발의 3번째 발가락과 뒤꿈치가 닿게 밟으며 걷는다.

- 유의점
  - 중심을 잡기 위해서 양팔을 벌려도 된다.
  - 줄을 여러 가지 모양으로 만들어서 그 위를 걷게 해본다.

② 두 줄 걷기 (둘이서 함께)

- 활동 방법
  - 긴 줄 2개를 평행으로 늘어뜨려 놓는다.
  - 두 줄을 번갈아 밟으며 앞으로 나간다.
- 유의점
  - 준비 운동과 스트레칭으로 몸을 풀어주고 부드러운 바닥에서 운동을 하여 부상을 방지한다.
  - 줄을 여러 가지 모양으로 만들어서 그 위를 걷게 해본다.

③ 줄 뛰어넘기

- 활동 방법 : 줄을 길게 늘어뜨려 놓은 다음 두 발을 이용해서 줄의 오른쪽과 왼쪽으로 뛴다.
- 유의점
  - 줄을 뛰어넘으면서 줄을 밟으면 안 된다.
  - 두 발을 이용해서 뛰어야 한다.

④ 곡선 줄 만들어 줄 따라 통과하기 (혼자 또는 병행)

- 활동 방법
  - 넓은 바닥에 줄을 늘어뜨려 놓는다.
  - 줄을 여러 가지 모양으로 만들어서 그 줄 사이로만 걸어서 통과하도록 한다.
- 유의점
  - 준비 운동과 스트레칭으로 몸을 풀어주며 부드러운 바닥에서 실행한다.
  - 줄을 밟지 않도록 주의시킨다.

⑤ 줄을 양손으로 잡고 허리 옆으로 하기

- 활동 방법 : 양손으로 줄을 잡은 다음 손을 머리 위로 든다.
- 유의점
  - 줄을 놓치지 않게 주의한다. 충분한 스트레칭으로 허리에 무리가 가지 않도록 주의한다.

⑥ 줄을 바닥에 튕기기

- 활동 방법 : 알맞은 크기의 줄을 잡는다. 바닥을 향해 내리치면서 줄 모양의 변화를 살펴본다.
- 유의점
  - 너무 세게 튕겨서 활동 중인 유아나 다른 유아가 맞지 않도록 주의시킨다.
  - 줄을 떨어트리지 않도록 주의한다.

⑦ 줄과 신체를 이용해서 도형 만들기

- 활동 방법 : 줄과 팔, 다리를 이용해서 세모나 네모와 같은 도형을 만든다.
- 유의점
  - 줄과 신체를 적절히 이용하도록 교육시킨다.
  - 줄이 몸에 감기지 않도록 주의시킨다.

⑧ 멀리뛰기

- 활동 방법 : 줄을 자신의 한 발 앞에 일직선으로 내려놓고 멀리 뛴다.
- 유의점
  - 너무 세게 뛰어 줄에 걸려 넘어지지 않도록 한다.
  - 줄을 너무 앞에 놓지 않는다.

⑨ 동그라미 속에 들어갔다 나갔다 하기

- 활동 방법
  - 줄을 바닥에 내려놓고 동그라미를 만든다.
  - 두 발을 이용해서 동그라미 속으로 들어갔다가 나갔다가를 반복한다.

- 유의점
  - 줄에 걸려 넘어지지 않게 한다.
  - 줄을 밟아 줄이 흩트러지지 않게 한다.

⑩ 동그라미 속에 정해진 숫자만큼 사람 들어가기

(본 활동은 게임으로 이어지며 또한 팀원을 가르는 탐색 활동이다.)

- 활동 방법
  - 줄을 동그라미로 만든다.
  - 교사가 제시하는 수만큼 동그라미에 들어간다.
- 유의점
  - 서로 밀어서 다치지 않게 주의한다.
  - 꼭 정해진 숫자 만큼만 들어간다.

⑪ 줄넘기

- 활동 방법 : 줄넘기를 양손에 잡고 두 발로 뛰어 줄을 넘는다.
- 유의점
  - 아직 활동이 서툴은 유아들은 교사와 함께 활동한다.
  - 줄에 맞아 다치지 않도록 주의한다.

(2) 게 임

① 모자를 지켜라

- 팀을 나누는 방법

탐색 활동에 줄을 이용하여 여러 가지 활동을 하다가 마지막에 유아 전체가 (30명 기준) 줄을 이용해 큰 원을 만들어 그 안에 들어가 보게 하는 활동을 한다. 우선 10명으로 3팀을 나눈 후 큰 원 3개를 만들고 그 원을 바닥에 깔아놓고 '둥글게 둥글게'를 한다. 그리고 돌면서 교사가 부르는 인원 수에 맞게 동그란 원 속으로 들어가게 되는데, 처음에는 10명, 8명, 5명 순으로 하다가 마지막에 들어갔던 3개의 원에 들어갈 수 있었던 각각의 5명 합 15명을 한 팀으로 정하고 원에 들어가지 못한 유아 15명을 한 팀으로 하여 팀이 나눠지면 게임을 시작한다.

- 팀 이름

유아가 관심을 끌 만한 소재로 직접 팀 이름을 정하도록 한다.

- 점수판

각각의 팀 이름을 벽면에 붙여놓고 그 밑에는 수를 잘 모르는 유아를 위해 상자를 이용하여 그 상자의 개수로 점수를 매긴다.

- 게임 방법

① 각 팀의 15명을 5그룹으로 한 그룹당 3명의 유아로 구성하여 겨루어서 3번을 먼저 이기는 팀을 우승팀으로 한다.

② 각 팀의 한 그룹씩(한 게임당 2개의 그룹 6명의 유아) 나와 대결해 각각 3명씩이 줄 안으로 들어가 한 줄 기차를 만든 후, 기차의 맨 꼬리 부분의 팀원이 모자를 쓴다. 각 팀의 선두만이 모자를 뺏을 수 있으며 꼬리 부분의 모자가 빼앗기면 게임은 끝이 난다. 줄 안의 팀원들이 넘어지거나 줄에서 빠져나오면 탈락한다.

- 유의 사항

함께 하는 활동이기 때문에 팔 뒤꿈치가 서로 부딪히는 사고, 한 유아가 넘어지면 동시에 넘어질 위험이 있으므로 교사는 사전에 사고를 예방하기 위한 안전 교육을 시킨다.

3 평가

교 사 오늘 체육 수업 즐거웠니?
유 아 네.
교 사 즐거운 줄 놀이를 하니까 기분이 어땠어?
유 아 너무 재미있었어요.
교 사 아, 그랬구나. 힘들지는 않았니?
유 아 조금 힘들었지만 그래도 참 재미있었어요!

교 사 재미있었다니 선생님도 기쁘구나. 어디 다친 곳은 없니?

유 아 네, 없어요.

교 사 그래 다행이구나. 그럼 우리 줄을 가지고 할 수 있는 또 다른 놀이를 한번 찾아볼까?

유 아 줄다리기요.

유 아 꼬마야 꼬마야 게임이요.

교 사 그래 줄 가지고 할 수 있는 놀이는 오늘 우리가 함께 한 수업말고도 더 많이 찾을 수 있단다.
우리 다음 시간에는 뜀틀을 이용해서 즐거운 수업을 해보자구나.

유 아 네.

제5장

뜀틀

뜀틀은 여러 층으로 포개어 놓는 상자형의 틀로 되어 있어, 높이 조절이 가능하며 틀을 분해하여 다양하게 사용할 수 있다.

뜀틀 놀이를 하면서 뜀뛰기(jumping) 능력과 공중에서 몸을 가누는 조정력, 순발력 그리고 용기와 결단력을 기를 수 있다. 운동량이 큰 온몸 운동이므로 놀이를 시작하기 전에 반드시 준비 운동을 충분히 하고 나서 실시한다.

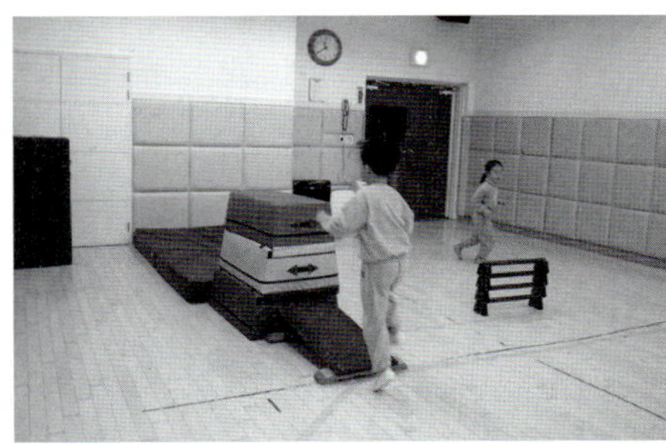

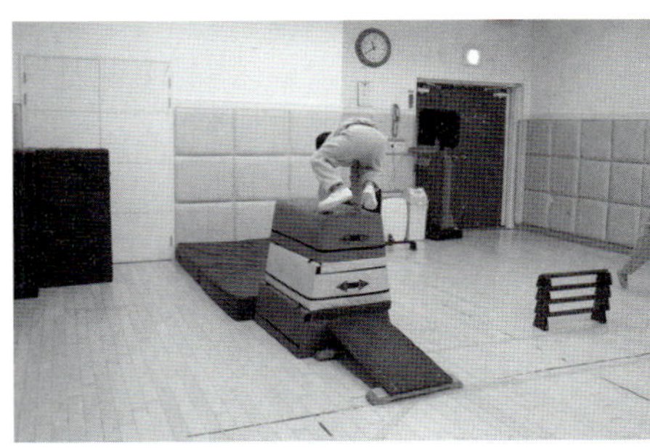

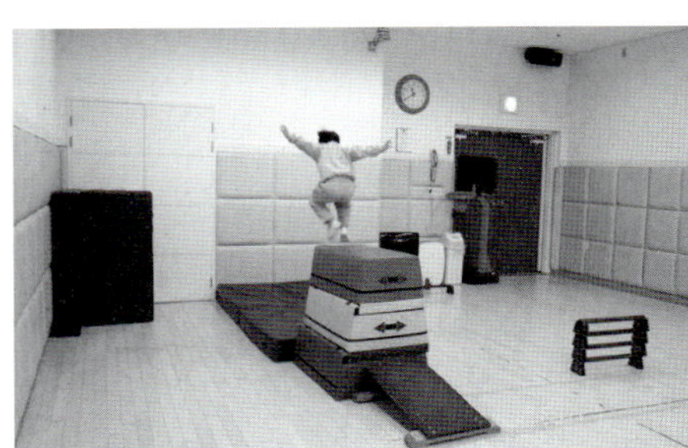

- 뜀틀 주변에는 충분한 공간을 두며 뜀틀 안쪽에는 매트를 깔아서 안전하게 한다.
- 뜀틀 운동을 하기 전에 몸을 부드럽게 하는 준비 운동을 충분히 한다.
- 뜀틀이 놀이 도중 분해되지 않게 차곡차곡 쌓는다.
- 뜀틀 뛰어넘기 활동은 뜀틀 높이를 낮은 것에서 점차로 높여 주고 소극적인 유아는 교사가 도와준다.

놀이명	목 표	활동 방법	준비물	유의점
밭고랑 건너뛰기	여러 가지 방법으로 뜀틀의 틀 사이로 뛰어넘을 수 있다.	• 뜀틀을 분해하여 틀을 펼쳐 놓아 코스를 만든다. (밭고랑) • 각자 자유로운 방법으로 뜀틀의 틀 사이를 연속으로 뛰어넘는다. • 잘 뛰지 못하는 유아는 교사가 손을 잡고 함께 뛰어 준다. -개구리처럼 팔짝팔짝 뛰어넘자.	뜀틀의 틀 10개 이상	2/4박자 정도의 노래를 부르면서 리듬에 맞추어 뛸 수 있다.
골짜기 지나 산 넘기	장애물을 연속으로 건너 뛸 수 있다.	• 평균대 3대를 20~50㎝ 간격으로 나란히 놓고, 마지막에 뜀틀을 놓는다. • 차례대로 나와 평균대를 연속으로 뛰어넘은 후에(골짜기) 뜀틀(산)을 건너뛴다. • 서두르지 않고 자신의 속도를 조절하여 연속으로 넘는다.	뜀 틀 매 트 평균대	뜀틀 건너뛰기 활동에 익숙해진 후에 실시하면 좋다.
굴 빠져 나오기	틀의 구멍으로 빠져나갈 수 있다.	• 뜀틀을 분해하여 1m 정도의 간격으로 세워서 놓는다. • 틀을 각기 2명의 유아가 잡아 주어 움직이지 않게 한다. • 차례로 나와 틀의 구멍 사이로 빠져나간다. -어떻게 하면 틀에 몸이 닿지 않고 빠져나갈 수 있을까?	뜀틀의 틀 5개 이상	틀의 간격을 넓히거나 좁혀서 활동해 본다.
뜀틀 기어올라 뛰어 내리기	뜀틀에 오르고 뛰어내리는 방법을 익힌다.	• 유아의 2~3m 앞에 뜀틀을 놓고 안전을 위하여 매트를 깐다. • 뜀틀을 기어서 올라선 후 몸의 균형을 잡고, 안전하게 매트 위로 뛰어내린다. -안전하게 뛰어내리려면 어떻게 해야 할까? -소리 나지 않게 깃털처럼 가볍게 뛰어보자. -멀리 뛰어보자.	뜀 틀 매 트	뜀틀은 낮은 것부터 시작하여 점차 높여 준다.
뜀틀 좌우로 비켜 뛰기	뜀틀에 손을 짚고 비껴 뛰는 방법을 알게 한다.	• 뜀틀 위에 손을 짚고 좌우 교대로 비껴서 뛴다. • 뛰면서 손을 재빨리 이동하는 시범을 보여 준다. • 일정한 횟수만큼 하고 교대한다.	뜀 틀	하나, 둘, 하나, 둘 등으로 구령을 붙여주면 리듬감이 있다.

놀이명	목 표	활동 방법	준비물	유의점
뜀틀 위에 올라타기	달려와서 뜀틀 위로 올라간다.	• 유아의 3m 앞쪽에 뜀틀을 놓고 안쪽에 매트를 깐다. • 힘차게 달려 나와 뜀틀을 손으로 짚고 뛰어올라 말을 타듯 다리를 벌려 뜀틀 위에 올라탄다. • 뜀틀의 높이(1, 2, 3단)와 뜀틀을 놓는 방법을 변화하여 쉬운 것부터 제시한다.	뜀 틀 매 트	제자리에 서서 뜀틀 위에 손을 짚고 발을 벌리며 뛰는 연습을 충분히 한 다음 올라타기를 실시한다.
뜀틀 뛰어넘기	힘차게 달려나와 민첩하게 뜀틀을 뛰어넘을 수 있다.	• 유아의 3m 정도 앞쪽에 뜀틀을 놓고 안전을 위하여 앞쪽에 매트를 깐다. • 힘차게 달려와 두 발을 모두 구른다. • 동시에 뜀틀 위에 손을 짚고 말을 타듯 발을 벌려 뛰어넘는다. • 뜀틀의 높이를 점차로 변화하여(2단, 3단) 뛰어넘게 한다. • 뜀틀 놓는 방법(가로, 세로)을 변화하여 놀이할 수 있다.	뜀 틀 매 트	뛰는 속도를 빠르게 하고, 뜀틀 앞에서 멈추지 않게 지도한다.
뜀틀 뛰어넘고 앞 구르기	뜀틀을 뛰어넘은 후 연속으로 구르기를 할 수 있다.	• 유아의 3m 앞쪽에 뜀틀을 놓고 매트 2장을 길게 연결하여 깐다. • 힘차게 달려나와 뜀틀을 뛰어넘는다. • 뛰어넘은 후에 연속 동작으로 앞 구르기를 한다.	뜀 틀 매 트	뜀틀에서 완전히 뛰어내린 후에 구르기를 하고 머리가 직접 매트에 닿지 않게 한다.

'뜀틀' 수업 계획안

주제 선정 이유

뜀틀 놀이는 유아들이 의외로 좋아하는 놀이이다. 따라서 재미있게 지도해 준다면 유아들은 유연하여 보다 즐거운 체육 시간이 될 것이다. 뜀틀이라고 하면 단순히 뛰어넘는 것만 생각할 수 있는데, 그 외에도 뜀틀을 분리하여 터널을 만들어 놀이하거나 뜀틀 말타기 놀이 등이 있다. 이 놀이는 다른 체조 활동에 비해 좀 더 역동적인 균형 감각을 익힐 수 있다. 또한 상체의 근력을 기르며 조정력과 민첩성을 기르는 운동이다. 유아는 높은 곳에서 뛰어내리는 놀이를 좋아하기 때문에 여러 가지 방법으로 뜀틀을 통한 활동을 해준다면, 뜀틀 활동을 무서워하거나 싫어하는 유아를 재미있는 시간으로 유도할 수 있을 것이다.

활동 목표

뜀틀을 통해서 고도의 협응력을 발달시킬 수 있으며, 많은 자신감과 담력을 키울 수 있다. 또한 용기와 결단력, 근력, 조정력, 순발력, 유연성의 향상 등을 기를 수 있다. 뜀틀을 이용하여 여러 가지 운동이 가능하며 다리 벌려 뛰어넘기가 가능하다.

지도 대상

만 4세 유아(40분)

1 도입

(1) 준비 운동

- 음악 : 조수미의 'The champion'

순서	박자	도 해	설명	유의점
1	준비 운동 (16호)		전주곡에 맞추어 제자리 걷기를 하면서 체조 준비를 한다.	허리에 손을 얹고 리듬에 맞추어 제자리 걷기를 한다.
2	어깨 운동 (16호)		두 어깨를 잡고 앞으로 돌려 준 후 다시 뒤로 돌려준다.	등을 꼿꼿이 펴고 시선은 정면을 본다.
3	손목 운동 (16호)		두 손을 가슴 높이로 올려 왼쪽에서 털어준다. 반대쪽으로도 동작한다.	손과 팔의 근육이 풀릴 수 있도록 힘있게 털어준다.

순서	박자	도 해	설명	유의점
4	목 운동 (16호)		다리를 어깨 넓이로 벌리고 양손을 허리춤에 갖다댄 후, 고개를 돌려준다.	목과 어깨의 근육이 풀릴 수 있게 천천히 부드럽게 돌려준다.
5	허리 운동 (16호)		등은 곧게 펴고 팔은 허리에서 어깨, 머리를 지나 올려주고 발 끝은 서서히 들어 올리는 것을 반복한다.	손을 하늘 높이 올려 팔을 펴준다.
6	온몸 운동 (16호) 노젓기		몸을 비껴 앞으로 향하며 왼쪽 무릎을 굽혀 팔을 앞뒤로 흔들어 올린다. 왼쪽 무릎을 펴며 윗몸을 일으켜 팔을 굽히고 어깨에 주먹이 오도록 당기며 오른쪽 무릎을 굽혀 몸을 뒤로 눕힌다.	왼쪽 무릎은 구부리고 힘있게 노를 젓는다.
7	허리 운동 (16호)		손은 허리에 대고 왼쪽으로 8호간 돌려주고 다시 오른쪽으로 8호간 돌려준다.	허리를 최대한 크게 돌려준다.
8	온몸 운동 (16호)		두 팔을 왼쪽으로 휘돌리며 왼발부터 옆으로 두 발짝 가서 몸을 위로 들어 왼쪽 무릎에 반동을 넣어 2회 굽혀 펴며 가슴을 뒤로 젖힌다.	발은 오른쪽으로 두 걸음 간 뒤에 팔은 원을 그리며 오른쪽으로 활짝 펴준다.
9	몸통 운동 (16호)		양발을 어깨 넓이만큼 벌린 후, 팔을 다리 사이에 4박자 동안 집어넣고, 다시 하늘을 보며 쫙 벌려준다.	이때 팔을 다리 사이로 집어 넣을 때, 다리를 구부리지 않게 해야 한다.
10	온몸 운동 (16호)		팔을 쭉 펴면서 다리도 벌린다. 다리를 오므리면서 다시 팔은 제자리에 내렸다가 팔을 머리 위로 올리면서 다리를 벌린다. 다시 차렷 자세로 돌아온다.	머리 위를 올라갈 때 박수를 쳐주고 시선은 정면을 쳐다본다.

순서	박자	도 해	설명	유의점
11	다리 운동 (16호)		손을 허리에 대고 한 발씩 무릎을 굽혀 앞으로 찬다.	무릎을 굽혀 공을 차는 듯한 동작으로 박자에 맞춰 동작한다.
12	다리 운동 (16호) 무릎 돌리기		상체를 구부려 손은 무릎을 잡고 한쪽 방향으로 돌리고 다시 반대쪽으로 돌려준다.	다리를 모은 상태에서 무릎을 돌리도록 한다.
13	숨쉬기 운동 (16호)		가슴을 내밀려 숨을 크게 들이 쉰 후 다시 천천히 내쉰다.	팔은 오므렸다 모으기를 반복한다.

(2) 스트레칭

- 음악 : 유키구라모토의 ‘아침’

순서	박자	도 해	설명	유의점
1	어깨 뒤로 젖히기 (10초)		오른쪽 팔꿈치를 왼손으로 잡고 어깨 뒷부분의 팔꿈치를 머리 뒤로 잡아당긴다.	어깨 뒷부분에 편안한 스트레칭을 느낄 수 있도록 머리 뒤로 부드럽게 잡아당긴다.
2	팔을 당겨 누르기 (10초)		팔꿈치 윗부분을 손으로 잡고, 팔이 가슴으로 밀착되도록 천천히 최대한 붙여준다.	어깨 부위의 근육이 스트레칭이 되도록 최대한 밀어준다.
3	목 당기기 (10초/3회)		몸을 펴고 서서 왼손을 머리의 오른쪽 부위에 위치시키고 머리를 왼쪽으로 부드럽게 당긴다.	등을 곧게 펴도록 한다.

순서	박자	도 해	설명	유의점
4	좌우로 굽히기 (10초/2회)		두 팔을 머리 위쪽으로 쭉 편 채 왼쪽으로 숙여준다. 팔과 몸의 측면, 어깨 스트레칭을 시켜준다.	편한 자세를 유지하며 가능한 두 팔을 곧게 펴도록 한다. 몸을 느끼면서 최대한 숙여준다. 호흡은 편안히 자연스럽게 할 수 있도록 한다.
5	상체 앞으로 숙이기 (10초/3회)		발목을 잡고 배가 허벅지에 닿도록 앞으로 천천히 숙인다.	무릎을 구부리지 않도록 주의해야 한다.
6	한쪽 다리 펴서 옆으로 숙이기 (10회/3회)		왼발은 앞으로 오른발은 굽힌 채 목을 천천히 앞으로 숙여준다. 오른손으로 왼쪽 발을 잡는 느낌으로 실시한다.	무릎을 구부리지 않도록 주의해야 하며 골반의 유연성을 기르는 데 좋은 자세이다.
7	발바닥 붙이고 앞으로 숙이기 (10초/3회)		발바닥을 붙여 몸쪽으로 최대한 당기고, 양쪽 무릎이 땅에 닿도록 하면서, 몸을 앞으로 숙인다.	등을 편 채로 몸을 앞으로 굽혀 주도록 한다.
8	무릎 굽혀 상체 숙이기 (10초/2회)		한쪽 다리를 앞에다 두고 손이 발 끝에 닿도록 앞으로 숙여준다.	두 발의 힘을 균등하게 주어 몸의 중심이 흐트러지지 않도록 주의한다.
9	뒤로 깍지 껴서 팔 들어 올리기 (10초/3~4회)		등 뒤에서 두 손을 맞잡고 몸통을 바닥과 평행이 될 때까지 구부린 다음 가능한 팔을 등 뒤로 들어올린다.	무릎과 팔은 구부러지지 않도록 주의해야 한다.
10	누워 몸 굴리기 (10초)		몸을 둥글게 하여 앞뒤로 굴린다. 등에 자극이 되어 내장 기관과 척추에 자극이 된다.	평평한 바닥에서 한다.

순서	박자	도 해	설명	유의점
11	다리 벌려 어깨 스트레칭 (10초)		두 발을 옆으로 벌리고 무릎을 조금 굽힌 후 두 손을 양 무릎에 짚고 어깨를 비틀면서 천천히 스트레칭해 준다.	다리는 어깨 넓이로 벌려주고 어깨를 최대한 돌려 준다.
12	허리 뒤로 젖히기 (10초)		바로 선 자세에서 손으로 허리 뒷부분을 눌러주어 중심을 잡은 후 상체를 뒤로 천천히 젖혀준다.	몸에 중심을 앞쪽에 두어 뒤로 넘어지지 않도록 한다.
13	어깨 눌러주기		두 친구가 마주 보고 서로의 어깨 위에 손을 올린다. 90도가 되게 상체를 숙여 어깨를 눌러준다.	최대한 상대방의 어깨를 힘껏 눌러준다.
14	다리 사이로 친구 손잡기		한 보폭 정도 떨어져 두 친구가 등을 맞대고 상체를 발 끝까지 숙인 후 다리 사이로 두 손을 마주 잡는다.	다리를 구부리지 않으며 처음부터 너무 멀리 떨어져서 하지 않는다.

2 전개

(1) 단계별 놀이

- 활동 목표 : 뜀틀을 이용하여 여러 가지 운동이 가능하며 다리 벌려 뛰어넘기가 가능하다.

① 1단계

- 놀이명 : 구름판 익히기
- 준비물 : 구름판, 매트
- 활동 방법
  ① 구름판 위를 걸어서 올라간다.
  ② 구름판에서 위로 한번 뛰어본다.
  ③ 구름판에서 매트로 걸어 내려온다.
- 유의점
  구름판에서 밟을 곳을 표시해 두어 표시한 부분을 밟을 수 있도록 유도한다.

[배치 구성도]

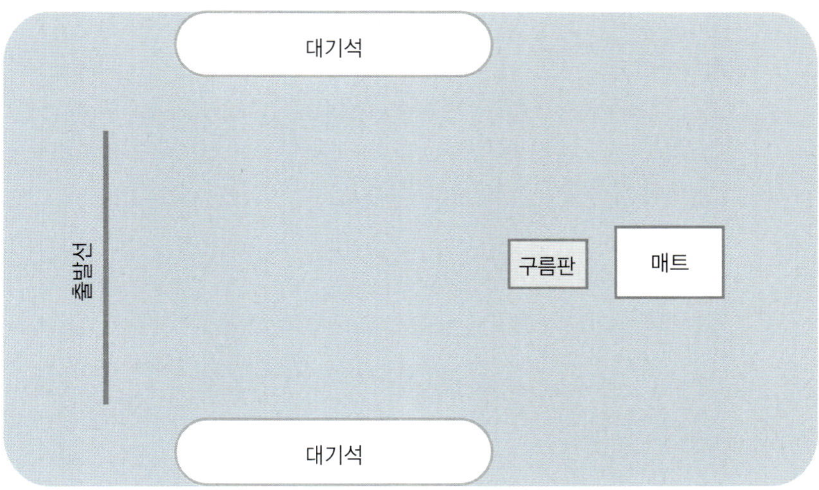

② 2단계

- 놀이명 : 뜀틀 말타기
- 준비물 : 뜀틀, 구름판
- 활동 방법
  ① 뜀틀 위로 구름판을 밟고 올라 말 타듯이 앉는다.
  ② 말을 타듯이 뜀틀 머리를 잡고 엉덩이를 흔들어 준다.
  ③ 내려올 때에는 말에서 내려오듯 옆으로 한 발씩 내려온다.
- 유의점
  - 공포심 때문에 못하는 유아가 있으므로, 처음에는 낮은 뜀틀부터 시작하여 점차 높이도록 한다.
  - 안전한 착지 자세를 스스로 찾아내도록 다양한 움직임을 이끌어 내도록 한다.

[배치 구성도]

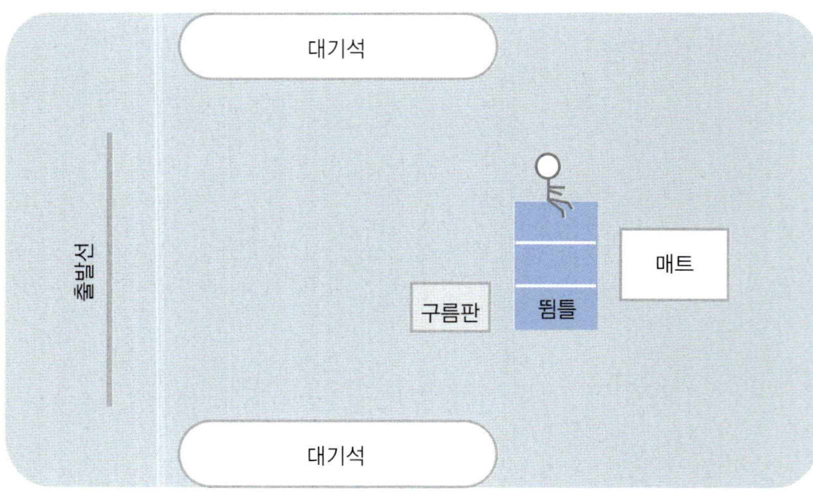

③ 3단계

- 놀이명 : 뜀틀 기어올라 뛰어내리기
- 준비물 : 뜀틀, 매트
- 활동 방법
  ① 유아의 2~3㎝ 앞에 뜀틀을 놓고 안전을 위하여 매트를 깐다.
  ② 뜀틀을 손을 짚고 올라간 후 몸의 균형을 잡고 안전하게 매트 위로 뛰어내린다.
    • 안전하게 뛰어내리려면 어떻게 해야 할까?
  ③ 뛰어내릴 때에 좋아하는 동물 흉내를 내며 뛰어내린다.
- 유의점
  • 뜀틀은 낮은 것부터 시작하여 점차 높여준다.
  • 뜀틀이 쓰러지지 않도록 단단히 고정시킨다.
  • 뜀틀 위에서는 두 발을 모으고 착지 지점을 주시하도록 한다.
  • 자세, 높이, 거리 등의 과제에 구애받지 말고 안전하게 뛰어내리는 것을 중요하게 여기고 실시한다.

[배치 구성도]

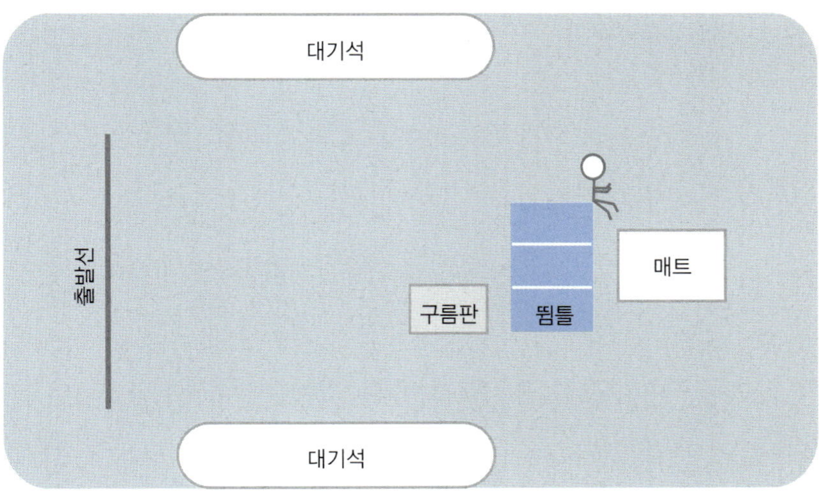

④ 4단계

- 놀이명 : 뜀틀 위로 올라타기
- 준비물 : 뜀틀, 매트, 구름판
- 활동 방법
  ① 유아의 2~3cm 앞에 뜀틀을 놓고 안전을 위하여 매트를 깐다.
  ② 힘차게 달려 나와 뜀틀에 손을 짚고 뛰어올라 말을 타듯 다리를 벌려 뜀틀 위에 올라탄다.
  ③ 뜀틀의 높이(1, 2, 3단)와 뜀틀 놓는 방법의 변화는 쉬운 것부터 제시한다.
- 유의점
  - 제자리에 서서 뜀틀 위에 손을 짚고 발을 벌리며 뛰는 연습을 충분히 한 다음 올라타기를 실시한다.
  - 낮은 뜀틀을 이용해서 2~3회의 양발 뛰기에서 다리 벌려 뛰어오르기를 연습한다.
  - 뜀틀에 뛰어오를 때에 손을 짚을 수 있는 위치를 정확히 알려준다.

[배치 구성도]

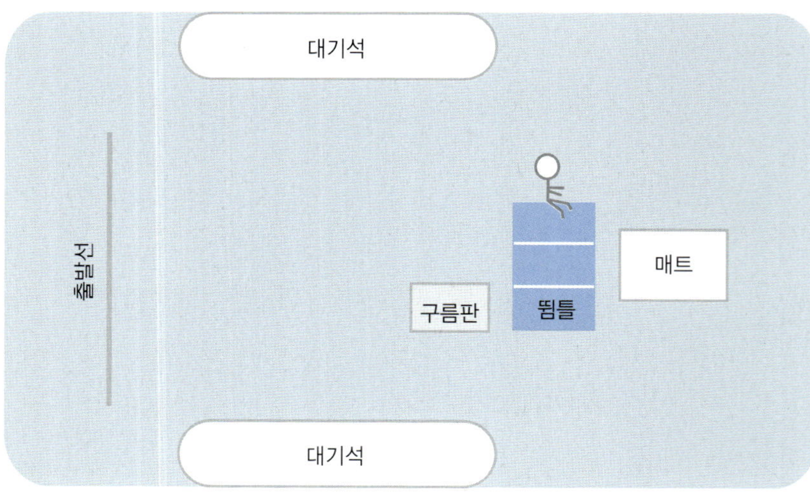

⑤ 5단계

- 놀이명 : 뜀틀 뛰어넘기
- 준비물 : 뜀틀, 매트, 구름판
- 활동 방법

  ① 유아의 3m 정도 앞쪽에 뜀틀을 놓고 안전을 위하여 앞쪽에 매트를 깐다.

  ② 힘차게 달려 나와 두 발을 모두 구른다.

  ③ 동시에 뜀틀 위에 손을 짚고 말을 타듯 발을 벌려 뛰어넘는다.

  ④ 뜀틀의 높이를 점차로 변화하여(2단, 3단) 뛰어넘게 한다.

  ⑤ 뜀틀 놓는 방법(가로, 세로)을 변화하여 놀이할 수 있다.

- 유의점
  - 뛰는 속도를 빠르게 하고 뜀틀 앞에서 멈추지 않도록 지도한다.
  - 뜀틀에 오를 때에는 손을 잡는 위치를 정확히 알려준다.
  - 착지할 때에는 무릎을 조금 굽히고 힘을 줄 것을 강조한다.

(2) 게임 활동 (5분)

- 팀 이름 : 달님과 별님
- 팀 인원 : 팀을 두 팀으로 나눈 뒤, 각 팀의 유아를 3명씩 하여 6명이서 한다.
- 채점판 : 달님과 별님의 그림을 색으로 구분하여 코팅하고 찍찍이를 붙일 수 있게 한다.
- 게임 제목 : 우주 여행
- 준비물 : 평균대 3대, 철봉, 뜀틀, 매트 3~4개, 후프, 사다리, 과자, 실
- 활동 목표
  - 뜀틀, 평균대, 철봉의 대도구를 사용함으로써 대근육을 발달시킨다.
  - 뜀틀에서 안전하게 뛰어넘기를 할 수 있다.
  - 안전에 유의하며 운동하는 태도를 가진다.
- 활동 방법
  ① 두 팀으로 나누고 각 팀에서 유아 3명씩 총 6명이 출발하게 한다.
  ② 6명의 유아가 평균대 앞의 출발선에 선 다음 출발 신호와 함께 평균대를 걷는다.
  ③ 사다리를 통과한 후 앞에 있는 후프를 통과한다.
  ④ 철봉에 매달아 놓은 과자를 따 먹는다.
  ⑤ 매트 위의 뜀틀을 먼저 넘는 사람에게 각 팀의 스티커를 주면 점수판에 붙인다.
  ⑥ 점수판에 스티커가 많은 팀이 이기게 된다.
- 유의점
  - 먼저 하겠다고 친구를 밀어내지 않는다.
  - 뜀틀은 너무 높지 않은 것을 사용하도록 한다.
  - 위험성 있는 기구를 사용할 때는 도우미(안전 요원)를 둔다.
    (평균대 뛰어넘기 → 철봉 → 뜀틀)
  - 기구를 다루는 기능과 정확한 자세를 익히도록 한다.
  - 장애물을 통과할 만한 충분한 공간을 설정해서 기구 운동이 원활하게 이

루어지도록 한다.

3 평가

교 사 박수 세 번.
우리 친구들이 오늘 장애물 경주 게임을 했는데 어땠어요?
유 아 재미있었어요.
교 사 다친 사람은 없나요?
유 아 네, 없어요.
교 사 오늘 두 팀 모두 열심히 했는데, 어느 팀이 잘 했는지 한번 볼까요?
(채점판을 든다.)
먼저 달님 팀의 개수를 세어 보아요. (붙어 있는 그림을 하나씩 뗀다)
다음은 별님 팀의 개수를 세어 보아요. (붙어 있는 그림을 하나씩 뗀다)
어느 팀의 개수가 더 많아요?
유 아 별님 팀이 두 개 더 많아요.
교 사 별님 팀이 오늘 게임에서 이겼네요. 별님 팀에게 박수.
우리 이긴 별님 팀에게 약속대로 사탕 줄게요.
유 아 네!
교 사 비록 우승은 못했지만 열심히 한 달님 팀에게도 박수.
오늘 이렇게 저번 시간에 했던 뜀틀과 다른 도구들을 이용해서 게임을 했는데, 배운 대로 뜀틀은 잘 넘었어요?
유 아 네.
교 사 다음 시간에는 뜀틀을 한 단계 더 올려서 뛰어넘기 할텐데, 잘 할 수 있겠어요?
유 아 네.
교 사 그래요. 다음 시간에 연습 한번 더 해보고 한 단계 올려서 뛰어넘기로 해요.
오늘 우리 친구들 모두 잘 했어요.
이제 선생님하고 인사하고 헤어져요.
유 아 선생님, 감사합니다. 안녕히 계세요.
교 사 안녕히 가세요.
차례대로 끼어들지 말고 천천히 나가세요.

제6장

철봉

철봉은 유아가 활동하기에는 힘들고 어려운 기구로 생각되나 매달리기, 아래로 빠져나가기, 흔들기, 돌기 등의 활동을 놀이 형태로 실시하면 유아에게 쉽고 친숙한 기구로 쓰일 수 있다.

철봉 놀이를 통하여 팔과 허리의 힘을 키워주며 조정력, 유연성, 근력을 길러주고 올바른 자세를 가지게 해준다.

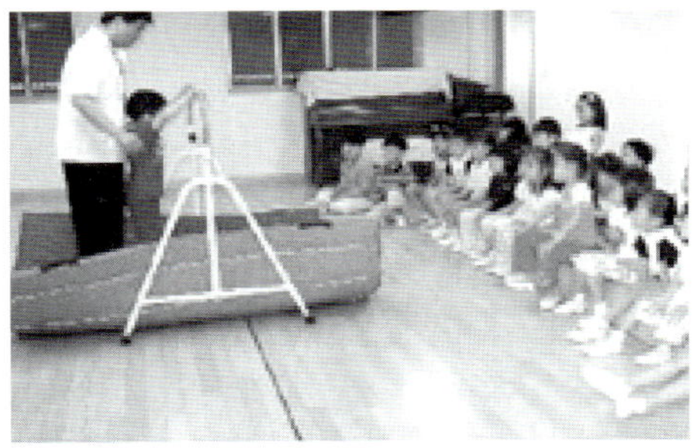

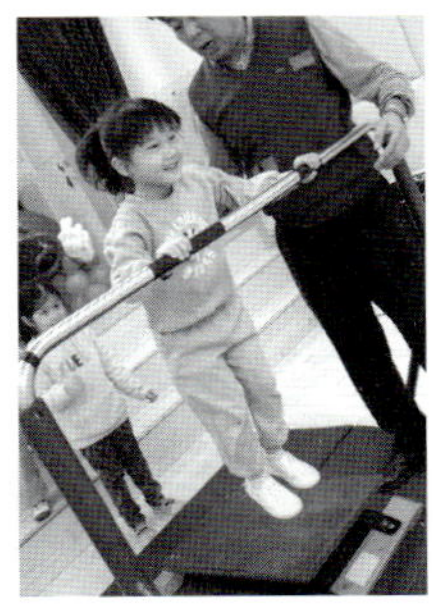

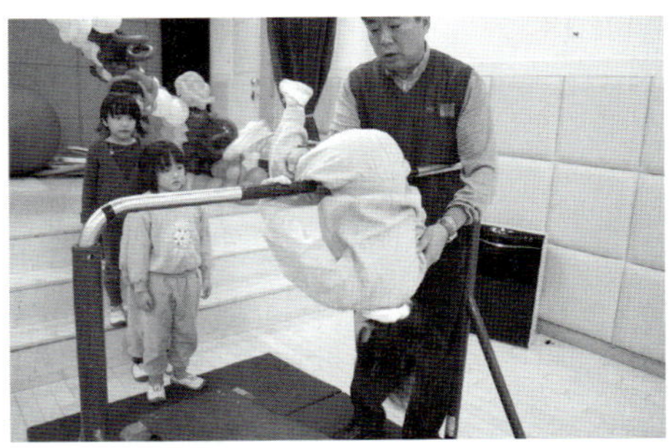

- 철봉은 충분한 놀이 공간이 확보되어야 하며, 따라서 다른 기구와 간격을 두고 배치한다.
- 나사가 느슨하지 않은지 수시로 점검하고 안전을 위하여 철봉 아래에는 반드시 매트를 깐다.
- 높은 단계의 활동은 말로 길게 설명하기보다 직접 시범을 보이는 것이 효과적이다.
- 안전을 위한 배려를 해야 하며 지켜야 할 규칙을 정하고 꼭 지키도록 한다.

놀이명	목 표	활동 방법	준비물	유의점
철봉 아래 기차로 지나가기	기차 모양을 만들어 철봉 아래로 지나갈 수 있다.	• 차례로 줄을 선 후에 자기 앞에 선 유아의 어깨를 잡아 기차처럼 만든다. • 장난감 기차 노래를 부르면서 모두 함께 몸을 낮추어 철봉 아래로 빠져나간다. • 이때 손을 놓지 않고 끝까지 줄을 유지하도록 한다.	철봉	얼굴을 들면 철봉에 부딪칠 염려가 있으므로 주의하여 지도한다.
철봉에 매달리기	여러 가지 방법으로 철봉에 매달릴 수 있다.	• 철봉 아래에 뜀틀을 놓고 안전을 위하여 매트를 깐다. • 뜀틀 위에 올라서서 철봉에 매달린다. –팔로 매달려 보자. –매달려서 다리를 들어보자. –오래 매달려 보자. –매달려서 옆으로 옮겨가 보자.	철봉 매트 뜀틀	철봉을 잡는 법(바로 잡기, 거꾸로 잡기)을 시범 보여 준다.
나무늘보로 매달리기	철봉에 손과 발로 매달려 옆으로 움직일 수 있다.	• 철봉 아래에 매트를 깐다. • 뜀틀을 딛고 올라선 후에 손과 발을 모두 이용하여 철봉에 매달린다(나무늘보로 매달리기). • 천천히 옆으로 옮겨간다. • 놀이 후에 매트를 정돈한다.	철봉 매트	잘 옮겨가지 못할 때는 교사가 아래에서 등 부분을 받쳐주어 안정감 있게 건너게 한다.
매달려 몸 흔들고 뛰어 내리기	철봉에 매달려 몸을 흔들고 반동을 이용하여 목표 위치에 뛰어내릴 수 있다.	• 매트를 깔고 그 위에 후프를 놓아 뛰어내리는 위치를 정한다. • 철봉에 매달려 몸을 앞뒤로 힘껏 흔든다. • 반동을 이용하여 목표하는 위치로 뛰어내린다.	철봉 매트 후프	철봉에 매달릴 때에 손의 폭은 어깨 넓이가 적당하다.
앞 돌아 내리기	철봉에 매달려 앞 돌아 내리기를 할 수 있다.	• 철봉 아래에 매트를 깐다. • 철봉에서 손을 어깨 넓이로 벌려 매달린 후, 배꼽 부분이 철봉에 닿게 한다. • 고개를 숙이고 다리를 기역자로 꺾으면서 뱅글 앞으로 한 바퀴 돈다.	철봉 매트	앞돌기 활동은 운동 범위가 크므로 기다리는 유아는 충분한 간격을 두고 서게 한다.
뒤돌아 내리기	철봉에 매달려 뒤돌아 내리기를 할 수 있다.	• 철봉에 손을 어깨 넓이로 벌려 매달린다. • 매달린 상태에서 두 다리를 손목 사이의 철봉에 차례로 뒤꿈치 부분을 건다. • 머리를 뒤로 젖히고 몸을 철봉 가까이로 당기면서 두 다리를 머리 뒤로 빼내어 순간적으로 한 바퀴 돈다.	철봉 매트	철봉 아래에 반드시 매트를 깔아야 하며 모든 동작이 끝날 때까지 절대로 손을 놓으면 안된다.

놀이명	목 표	활동 방법	준비물	유의점
타잔놀이	늘임줄 위로 기어올라 한 손과 한 발을 사용하여 매달릴 수 있다.	• 안전을 위하여 늘임줄 아래에 매트를 깔아준다. • 늘임줄 위로 기어오른다. • 높이 기어오른 후 서서히 한 손과 한 발을 떼어 한 손과 한 발로만 매달린다.	뜀 틀 매 트 늘임줄	손과 발을 뗄 때 에는 나머지 손과 발로 몸을 지탱하기 위해 단단히 잡아야 한다.
링에 매달리기	팔의 힘으로 링에 여러 가지 모양으로 매달린다.	• 링의 아래에 매트를 깔아둔다. • 링에 여러 가지 모양으로 매달린다. –한 손으로 1개의 링에 매달려 보자. –두 손으로 1개의 링에 매달려 보자. –두 손으로 2개의 링에 매달려 보자. –다리를 아래로 쭉 펴고 매달려 보자. –다리를 오므리고 매달려 보자.	매 트 링	함부로 손을 놓지 않도록 주의한다.
매달려 몸 흔들고 뛰어 내리기	링에 매달려 몸의 균형을 잡고 몸을 흔든 후 뛰어내린다.	• 링 아래에 매트를 깐다. • 링에 두 팔로 매달려 몸을 앞뒤로 힘껏 흔든다. • 여러 번 몸을 흔들어 그 반동을 이용하여 앞쪽에 깔린 매트 위로 뛰어내린다. • 바닥에 내릴 때는 충격을 덜 주기 위해 무릎을 굽히며 뛰어내린다.	매 트 링	잘 흔들지 못할 때는 뒤에서 등을 살짝 밀어준다.

'철봉' 수업 계획안

주제 선정 이유

철봉은 활동하기 힘든 기구라고 생각하는 유아에게 철봉 놀이 활동을 통해 친숙한 기구로 쓰일 수 있다는 것을 알려줄 수 있을 뿐만 아니라, 매달리기, 흔들기, 오르기, 내리기, 돌기 등의 기본적인 강화를 길러줄 수 있다.

따라서 철봉 놀이는 손 악력의 기본 잡기를 바탕으로 팔과 허리의 힘을 키워주고 조정력 · 유연성 · 근력 · 판단력 등을 발달시켜 올바른 자세 형성과 신체 발달을 도모하며 심리적인 강화를 시킬 수 있으므로 주제로 선정하였다.

활동 목표

- 체력 요소인 악력, 근력, 근지구력을 향상시킨다.
- 신체 활동의 대담성, 자신감, 판단력 등의 심리적 강화를 시켜준다.
- 게임을 통하여 협동심을 고취시키고 철봉에 대한 흥미를 증진시킨다.

지도 대상

만 3세 유아, 20명(30분)

1 도입

(1) 준비 체조

- 체조 음악 : 유모레스크(3분 20초)
- 음악에 맞춰 구령을 붙이면서 다음 동작을 미리 알려주어 유아가 헤매지 않고 바로 다음 동작을 이어서 할 수 있도록 한다. (모든 동작은 16박자로 한다.)

순서	박자	도 해	설명	유의점
1	(준비) 제자리 걷기		전주곡에 맞추어 제자리를 걷는다.	왼발부터 걸으며 간격을 맞추면서 체조 준비를 한다.
2	무릎 굽혀 앉았다 일어나기		손을 무릎에 대고 두 번 굽히고 무릎을 두 번 누르고 편다.	• 굽힐 때에는 무릎이 벌어지지 않도록 한다. • 무릎을 펴고 팔을 들었을 때 고개를 숙인다.
3	무릎 누르기		무릎에 손을 얹고 눌러준다.	• 왼쪽부터 실시한다. • 무릎을 누를 때 발 끝을 세워준다.

순서	박자	도 해	설명	유의점
4	다리 누르기		한쪽 다리는 굽히고 다른 한쪽 다리는 길게 뻗어서 무릎을 눌러준다.	• 왼쪽 다리부터 실시한다. • 무릎을 눌러주는 길게 뻗은 다리의 발 끝을 세워준다.
5	어깨 돌리기		팔꿈치를 굽혀서 손으로 어깨를 잡고 앞뒤로 방향을 바꿔가며 돌려준다.	어깨를 안팎으로 천천히 돌린다.
6	손목 돌리기		양팔을 양쪽으로 쭉 펴서 손목을 천천히 돌려준다.	팔을 굽히지 않고 완전히 편 상태에서 손목만 돌려준다.
7	발목 돌리기		허리에 양손을 얹고 땅에 발을 대고 발목을 돌려준다.	왼발부터 천천히 돌려준다.
8	허리 돌리기		허리에 양손을 얹고 천천히 허리를 돌려준다.	자신의 어깨 넓이만큼 적당히 발을 벌리고 천천히 왼쪽부터 돌린다.
9	목 돌리기		허리에 양손을 얹고 다리를 벌린 상태에서 목을 천천히 돌려준다.	• 왼쪽에서 오른쪽 방향으로 돌린다. • 부드럽게 천천히 돌려준다.
10	숨쉬기 (마무리)		팔을 양옆으로 들 때에 숨을 들이쉬고 팔을 내리면서 숨을 내쉰다.	• 팔을 들 때 손을 펴고 손바닥이 위를 향하게 한다. • 천천히 실시한다.

(2) 스트레칭

활동명	도해	설명	유의점
발목 운동		앞으로 다리를 뻗고 앉아 발끝을 펴면서 발목을 꺾는다.	다리를 쭉 펴고 정확하게 발목을 꺾는다.
앞으로 손 잡고 가슴 무릎 닿기		무릎과 발을 모으고 서로 손을 마주 잡고 가슴이 닿도록 서로 잡아당겨 준다.	무릎을 굽히지 않도록 한다.
다리 벌려 앞으로 손 잡고 가슴 닿기		다리 벌려 앞으로 숙이고 서로 손을 잡고 가슴이 땅에 닿도록 잡아당겨 준다.	무릎이 굽혀지지 않도록 한다.
손 마주 잡고 허리 뒤로 젖히기		무릎을 어깨 넓이로 벌리고 꿇어 앉는다. 뒤로 천천히 몸을 젖힌다.	마주 잡은 친구는 적당하게 힘을 조절한다.
한쪽 다리 펴서 옆으로 상체 숙이기		다리를 한쪽은 펴고 다른 한쪽은 접는다. 그 다음 다리를 편 쪽으로 상체를 숙여준다. 그 반대편도 한다.	다리를 정확히 접고 교사는 상체를 지긋이 눌러준다.
상체 위로 들기		두 다리를 뒤로 모아 엎드린다. 두 손바닥으로 바닥을 짚고 팔을 쭉 편 후 상체를 든다.	고개는 땅을 보지 말고 정면을 보며 팔꿈치를 구부리지 않는다.
발바닥 붙이고 상체 앞으로 숙이기		발바닥을 서로 붙여 몸쪽으로 최대한 당고 양쪽 무릎이 땅에 닿도록 하면서 몸을 앞으로 숙인다.	발바닥이 서로 마주 보게 손으로 꽉 잡아준다.
팔을 당겨 누르기		팔꿈치 윗부분을 손으로 잡고 팔이 가슴으로 밀착되도록 붙여준다.	세게 누르지 말고 천천히 눌러준다.

활동명	도해	설명	유의점
누워서 몸 굴리기		몸을 둥글게 하여 앞뒤로 몸을 굴린다.	손은 다리가 풀리지 않도록 다리를 꽉 잡아준다.

2 전개

(1) 1단계 : 탐색 놀이

철봉을 이용한 다양한 방법으로 활동해 봄으로써 철봉에 대한 두려움을 없애고 흥미를 키운다.

[탐색 놀이 상호 작용]

교 사 (유아들에게 철봉을 보여주며) 얘들아, 선생님 옆에 있는 게 뭘까요?

유 아 철봉이요.

교 사 네, 맞아요. 이건 철봉이에요. 이 철봉을 보니깐 어떤 생각이 들어요?

유 아 무서워요, 난 못할 것 같아요, 매달려 보고 싶어요, 만지면 차가울 것 같아요 등.

교 사 아, 그렇구나.

(유아에 대한 반응을 해준다. 예를 들면 철봉이 차가울 것 같아요? ○○ 친구가 차가울 것 같대요. 그럼 ○○ 친구가 앞으로 나와서 한번 철봉을 만져볼까요? 느낌이 어때요? 등 선생님은 유아들의 말에 반응을 한다.)

유 아 네, 선생님. 진짜 차가워요. 그런데요 이렇게 오래 잡고 있으니깐 따뜻해졌어요.

교 사 우리 친구들은 언제 이런 철봉을 보았어요?

유 아 우리 동네 학교 운동장에서요, TV에서요.

교 사 그래요. 우리는 학교 운동장에서, 또는 TV에서 철봉을 봤어요. 그럼 이 철봉을 이용해서 어떤 운동을 할 수 있을까요?

유 아 원숭이처럼 매달리기요, 한 바퀴 빙 돌 수도 있어요. 철봉에서 멀리뛰기요.
저는요, 박쥐처럼 거꾸로 매달리기 했다가 떨어졌어요.

교 사 우와, 이 철봉으로 우리는 많은 운동을 할 수 있군요. 허, 근데 ○○ 친구는 철봉에서 운동을 하다가 철봉에서 떨어졌대요. ○○야, 어떻게 했는데 철봉에서 떨어졌는지 친구들에게 이야기해 줄 수 있어요?

유 아 네, 선생님! 저는요, 철봉에서 박쥐가 될려고 다리를 올렸는데요, 친구가 밀었어요. 철봉에서 손이 미끄러져서 '쿵' 하고 바닥에 떨어졌어요. 친구랑 장난치다 미끄러져서 떨어진 거예요.

교 사 아, 그랬구나. 많이 아팠겠구나.

유 아 네, 그땐 엉덩이가 너무너무 아팠어요.

교 사 ○○는 친구가 밀고 친구랑 장난을 치다 철봉에서 미끄러져서 떨어졌대요. 철봉 운동을 할 땐 절대 장난을 쳐선 안 돼요. 그 이유를 아는 친구 있어요?

유 아 저요, 선생님. 장난을 치고 친구들하고 떠들거나 친구를 밀면 다쳐요. 다치면 상처가 나고 피가 나요. 그럼, 재미있는 운동을 못해요.

교 사 우리 친구들은 장난을 하면 안 되는 이유를 아주 잘 알고 있군요? 그럼, 우리 친구들이 철봉 운동을 하면서 지켜야 할 약속, 규칙을 정해 볼까요?
(유아들이 말한 규칙과 교사는 철봉 운동할 때의 유의점과 규칙을 설명해 준다.)

유 아 차례를 지켜요. 장난하면 안돼요. 친구들을 밀면 안 돼요.

교 사 그래요. 우리 이제까지 철봉에 대해서 여러 가지 이야기를 해봤어요. 이제 선생님과 함께 우리의 몸으로 철봉을 표현해 보는 시간을 가져 볼 거예요. 자, 우리 친구들 모두 일어서서 친구들과 서로 닿지 않게 팔을 옆으로 쭉 펴고 뒤로도 몇 발자국 물러서 보세요.
(유아들이 바르게 섰는지 확인하고) 얘들아, 철봉이 어떻게 생겼죠?

유 아 길어요. 얇아요. 높아요.

교 사 맞아요. 그럼 우리 철봉처럼 몸을 길게 만들어 볼까요? 이야, 우리 ○○ 친구 좀 봐요. 몸을 길게 만들었어요. 잘 하고 있어요. ○○친구와 ○○친구는 둘이 협동해서 바닥에 누워서 몸을 길게 만들었어요. 우와, 너무 길어서 키다리 아저씨 같아요.
자, 이제 그만. 그럼 이번에는 어떻게 해볼까요? 또 철봉이 어떤 특징을 가지고 있죠?

유 아 높아요.

교 사 높아요. 어, 철봉이 우리 친구들 키보다 크고 높구나. 그럼 어떻게 하면 우리 친구들이 더 높아질 수 있을까요?

유 아 높게 뛰어요. 점프를 하면 철봉보다 높아질 수 있어요.

교 사 그래, 좋은 생각이군요. 우리 다같이 누가 더 높게 뛰는지 한번 해볼까요?

유 아 네, 선생님.

교 사 자, 이제 그만. 우리 친구들 모두 철봉 신체 표현을 너무 잘 해 주었어요. 각자 제자리에 가서 예쁘게 앉아 보세요.

유 아 네, 선생님.

교 사 자, 우리가 이제부터 철봉 운동을 직접 해볼 건대요. 좀 전에 우리가 철봉 운동을 할 때 지켜야 할 규칙에 대해서 이야기해 보았죠? 어떤 어떤 규칙이 있었죠?

유 아 네, 차례를 지켜요. 장난하면 안 돼요. 친구들을 밀면 안 돼요.

교 사 그래요, 우리 친구들이 정한 규칙들이니깐 책임을 갖고 정한 규칙을 잘 지키기로 선생님과 약속해요.

유 아 네, 선생님 약속해요. 규칙은 잘 지킨다.

(2) 2단계 : 탐색 활동

철봉에 대한 1단계 탐색 놀이를 통해 철봉에 대한 흥미를 갖고 탐색 활동을 통해 철봉에 대한 두려움을 없앤다.

[탐색 활동 상호 작용]

교 사 자, 이제부터 여러분들은 기차를 타고 여행을 할 거예요. 차례로 줄을 선 후에 자기 앞 친구의 어깨를 잡아 기차 모양을 만들어서 철봉 아래로 '칙칙폭폭 칙칙폭폭' 기차가 지나가는 거예요. 자, 우리 친구들 한 줄 기차를 한번 만들어 볼까요? 자, 기차 모양이 완성되었네요. 우리 어디로 여행을 갈까요?

(기차 모양을 하고 철봉 아래로 지나갈 때에 서로 밀지 않고 앞 사람의 발을 밟지 않도록 하며 철봉 밑을 지나갈 때에 얼굴을 들면 철봉에 부딪힐 위험이 있으므로 주의하여 지도한다.)

유 아 부산이요. 제주도요. 백두산이요.

교 사 우와, 우리 친구들 부산, 제주도, 백두산까지 여행 잘 했어요? 즐거운 여행이었나요? 모두 모두 즐거운 여행이었군요. 이제 우리는 철봉에 매달려 볼 거예요. 여러 가지 방법으로 철봉에 매달릴 수 있어요. 자, 선생님이 철봉을 어떻게 잡았는지 잘 보세요.

(철봉 잡는 법 → 바로 잡기, 거꾸로 잡기를 시범으로 보여준다.)

먼저, 뜀틀 위에 올라서서 철봉에 매달리는 거예요. 선생님이 하는 것 잘 보았나요? 그럼 우리 친구들도 한번 해볼까요?

(철봉 아래에 뜀틀을 놓고 안전을 위하여 매트를 깐다.)

유 아 네.

(3) 3단계 : 바닥에 발을 대고 팔을 펴서 철봉 잡기와 바닥에서 발 끝으로 서서 팔을 뻗어 철봉 잡기

탐색 놀이와 탐색 활동을 통해 철봉에 대한 두려움을 없애고 '철봉에서 떨어지지 않고 매달려 있기'와 '바닥에서 발 끝으로 서서 팔을 뻗어 철봉 잡기' 활동에서 최종 목표인 철봉에 떨어지지 않고 매달려 있기를 위한 활동 1을 실시한다.

[상호 작용]

교 사 이제 선생님이 매트를 없앨 거예요. 매트 없이 우리 친구들이 바닥에 발을 대고 팔을 쭈욱 펴서 철봉을 잡을 거예요. 선생님이 한번 해볼게요. 잘 보세요.
(선생님이 시범을 보인다.⇒ ① 바닥에 발을 대고 서기 ② 두 팔을 펴서 철봉 잡기 ③ 다섯을 셀 동안 자세 유지하기 ④ 보상주기 ⑤ 이번 단계를 연속 3회 성공하면 다음 단계로, 실패하면 이번 단계를 반복하기)
(시범 보인 후) 우리 친구들도 한번 해볼까요? 할 수 있어요? 두 명씩 앞으로 나와서 한번 해볼까요? 우리 ○○ 친구와 ○○ 친구 앞으로 나오세요. 이 친구들이 두 팔을 펴서 철봉 잡기를 할 때 여러분들은 1~5까지 큰소리로 숫자를 세어주세요. 알았죠? 자, ○○ 친구와 ○○ 친구는 철봉 밑에 서서 두 팔을 펴서 철봉을 잡으세요.

유 아 네, 선생님.

교 사 우리 친구들이 모두 잘 해서 이제 좀 더 재미있는 철봉 놀이를 하려고 해요. 우리 친구들 철봉 운동 너무 잘 하는군요. 선생님이 이젠 바닥에서 발 끝으로 서서 팔을 뻗을 거예요. 팔을 쭈욱 뻗어서 철봉을 잡을 거예요. 자, 선생님 한번 보세요.
(선생님 시범⇒ ① 두 팔을 펴서 철봉 잡기 ② 유아가 바닥에서 발 끝을 들고 서기 ③ 다섯 셀 동안 자세 유지하기 ④ 보상주기 ⑤ 이번 단계를 연속 3회 성공하면 다음 단계로, 실패하면 이번 단계를 반복하기)

유 아 네, 선생님.

(4) 4단계 : 바닥에서 두 발을 들고 철봉에 매달려 있기

철봉의 발달 과업 난이도가 어려워짐에 따라 느끼는 진지함과 흥미감을 갖고 철봉의 최종 목표 달성을 위한 활동 2를 실시한다.

[상호 작용]

교 사 이제 선생님과 더욱 재미있는 활동을 할 거예요. 우리 친구들이 두 발을 들고 철봉에 '대롱대롱' 매달릴 거예요. 재미있겠죠? 자, 어떻게 하는지 선생님이 하는 것을 보고 우리 친구들도 철봉에 '대롱대롱' 매달려 보세요.
(선생님 시범⇒ ① 두 팔을 펴서 철봉 잡기 ② 유아가 바닥에서 두 발을 들고 철봉에 매달리기 ③ 다섯 셀 동안 매달려 있기 ④ 보상주기 ⑤ 이번 단계를 연속 3회 성공하면 칭찬을 해 주고 실패하면 이번 단계를 반복하기)

유 아 네, 선생님.

* 더 쉽게 하려면 선생님이 유아의 몸을 들어주기
* 더 어렵게 하려면 높은 철봉에서 매달리기

(5) 5단계 : 최종 목표

대도구 철봉 활동의 최종 목표인 '철봉에서 떨어지지 않고 매달려 있기'를 유아들이 실행해 본다. 또한 철봉에 매달려 다양한 모양을 만드는 활동으로 응용할 수 있다.

[상호 작용]

교 사 지금부터 선생님이 잠깐 노래를 틀어 줄 테니까, 그동안 친구랑 짝을 지어서 철봉에서 떨어지지 않고 매달리기를 한 번씩 해보세요. 이때 '내가 먼저 할거야. 비켜. 이러면서 친구를 밀면 어떻게 된다고 했죠? 다치지 않게 차례차례 질서있게 매달리기를 해보세요. 알았죠?
(교사는 안전하게 활동할 수 있도록 지도한다.)

유 아 다쳐요. 다치면 피가 나고 상처가 난다고 했어요. 규칙을 어기면 안 돼요.

교 사 우리 친구들, 철봉에서 떨어지지 않고 매달리기는 이제 너무 잘 하는구나. 지금부터는 철봉에 매달려서 내가 표현하고 싶은 것을 마음껏 자유롭게 표현해 보는 거예요. 음, 선생님이 한번 해볼게요. 선생님은 철봉으로 그네를 탈 수 있어요. 자, 보세요.
(철봉에 매달려 몸을 앞뒤로 흔들어 그네를 표현한다.)
어때요? 선생님이 그네를 탔죠? 너무 재밌어요. 우리 친구들은 무엇을 어떻게 표현할까요? 우리 한번 이야기해 볼까요?

유 아 철봉에 매달려서요, 태권도를 할 수 있어요. 앞차기 뒷차기요. 저는 철봉에 매달려서 몸을 비틀 거예요. 저는 철봉에서 다리를 들 거예요. 저는 철봉에서 앞으로 뛸래요.

교 사 우와, 우리 친구들이 철봉에서 몸을 이용하여 표현할 수 있는 것들이 아주 많구나. 그럼 한번 마음껏 표현해 볼까요? '난 이렇게 표현하고 싶은 데 잘 안 돼요'라고 생각되는 친구들은 선생님을 불러 주세요. 그럼 선생님은 친구들이 표현하고 싶어하는 모양을 만들 때에 도와줄게요. 그리고 우리 친구들 선생님과 친구들 모두 약속한 규칙 잊지 않았죠?
(규칙을 다시 한번 말해준다.)
자, 그럼 우리 친구들 각자 표현할 준비되었나요? 자, 준비됐나요. 시작할까요? 얍(박수 한번) ○○ 친구 앞으로 나와서 철봉에 매달려 표현해 보세요. 우리 ○○ 친구가 어떤 표현을 하는지 잘 지켜보세요. 알았죠?

유 아 준비됐어요. (혹은 네, 선생님!)

[마무리]

교 사 우리 친구들 철봉에서 신체를 이용하여 표현하기를 너무 잘했어요. 선생님은 우리 친구들이 철봉을 통해 팔 힘도 세고 튼튼한 어린이라는 것을 알게 되어서 너무 기뻐요.

교 사 친구들, 철봉 활동 어땠어요?

유 아 재미있었어요, 조금 어려웠어요.

교 사 어, 재미있었던 친구들도 있고 아직 조금 어려웠던 친구들도 있었구나. 하지만 아직도 철봉이 무섭고 어렵나요?

유 아 아니요, 무섭지 않아요.

교 사 그래요, 철봉은 무섭고 어려운 것이 아니에요. 우리의 몸을 튼튼하게 만들어 주는 고마운 운동 기구예요. 우리 친구들 이제 철봉을 보고 무서워하지 말고 철봉을 이용하여 더욱 즐겁고 재미있는 활동을 할 수 있겠죠?

유 아 네, 선생님. 집에 가서 언니, 오빠, 형이랑 운동장에 가서 철봉 오래 매달리기 할 거예요.

교 사 자, 그럼 우리 이제 팀을 나누어서 즐거운 게임을 하는 건 어때요?
(게임 전 팀 나누기, 팀 이름 짓기 등을 유아들과 함께 정한다.)

유 아 우와, 좋아요. 빨리 해요. 내가 이겨야지?
아니야. 내가 이걸 거야.

(6) 게 임

① 게임 이름

'우와, 너무너무 맛있다'

② 대상 및 유아 수

만 3세 유아, 20명

③ 준비물

철봉, 과자(사람 수와 동일하게 준비한다), 과자를 매달 수 있는 끈, 후프 2개, 점수판 2개

④ 팀 나누기 및 팀 이름 정하기 상호 작용

교 사 팀을 나누고 팀 이름을 정해야 하는데, 어떻게 팀을 나누었으면 좋겠니? 우리 친구들이 철봉 활동에서 제일 재미있었던 것이 무엇이었어요?

유 아 기차 놀이요. 철봉에 매달리기요.

교 사 그럼 기차 놀이가 재미있었던 친구는 이쪽(오른쪽), 철봉에 매달리기가 재미있었던 친구는 이쪽(왼쪽)으로 한 줄씩 서 보세요.
(여러 가지 흥미를 느꼈던 활동을 예로 들고 인원 수를 파악하여 팀을 나눈다.)
어, 근데 이쪽 팀이 더 많구나. 이를 어쩌지? 어떻게 하면 좋을까?

유 아 몇 명을 저쪽 팀으로 보내요. 제가 갈게요.

교 사 우와, 우리 친구들 정말 좋은 생각을 잘 하는구나. 그럼 우리 팀 이름은 무엇으로 하고 싶어요?
(유아들 스스로 토론을 통해 결정할 수 있게 한다.)

유 아 우리 팀은 연필 할래요. 저희 팀은 지우개 할래요.

⑤ 놀이 방법

① 각 팀별로 한 줄로 줄을 서서 각 팀에 한 명씩 출발선 앞으로 나온다.

② 출발 신호음에 따라 출발하여 앞에 놓여 있는 후프를 두 발 모아 뛰어 후프를 건넌다. (두 발 모아 2번 뛰기)

③ 후프를 건너 앞으로 뛰어가 철봉에 매달아 놓은 과자를 입으로 물고 결승점을 향해 달린다.

⑥ 규 칙

- 후프를 건널 때에 한 발로 건너는 것이 아니라 두 발 모아 뛴다.
- 과자는 손을 대지 않고 입으로 먹는다.
- 과자를 먹지 않고 골인하면 점수로 인정하지 않는다.

⑦ 보 상

팀의 승리 여부에 상관없이 모든 유아에게 사탕을 나눠준다. 또는 게임 활동 중에 교사의 융통성 있는 진행으로 게임 결과를 동점으로 이끌어 모든 유아에게 사탕을 나눠 줄 수 있도록 한다.

⑧ 유의점

- 유아들이 승리에 집착하여 무리한 경쟁을 하지 않도록 주의한다.
- 게임에서 결과를 점수화 하지 않고 유아 스스로 스티커를 붙인다든지, 길이 막대를 이용하여 어느 팀의 막대가 긴가, 짧은가를 유아 스스로 알 수 있게 한다. 이를 통해 승패를 눈으로 직접 확인할 수 있도록 한다.
- 게임을 하는 도중에라도 문제점을 발견하면 유아와 융통성 있는 상호 작용을 통해 유아의 의견을 받아들여 개선할 수 있도록 한다.
- 게임 후의 보상을 통해 게임에 대한 즐거움을 더해 주고 다음 번에 할 활동에 대한 기대감도 심어준다.

3 평가

(1) 정리 체조

- 팔과 허리 운동 : 양손을 깍지 끼고 앞으로 좌우로 반복해서 충분히 몸을 풀어준다.
- 오뚝이처럼 허리 운동 : 허리에 양손을 얹고 좌우로, 앞뒤로 흔들어 몸의 긴장을 풀어준다.
- 목 운동 : 허리에 손을 얹고 목(머리)을 앞뒤로 까딱까딱거리고 좌우로 까딱까딱 한다.
- 숨쉬기(풍선) : 천천히 숨을 들이마시고 내쉬기를 반복하는 마무리 활동으로 기분을 차분히 정리시키고 신체적인 철봉 놀이 활동을 마무리한다.

(2) 수업에 대한 평가

[상호 작용]

교 사 친구들 오늘은 철봉으로 할 수 있는 여러 활동을 해봤어요. 철봉에 대해 알아보고 게임도 하고 재미있었어요?

유 아 네.

교 사 오늘 한 활동 중에서 어떤 것이 가장 재미있었고, 어떤 점이 힘들었나요?

유 아 마지막 게임이 가장 재미있었고요. 철봉 매달리기에서 팔이 조금 힘들었어요 등.

교 사 그랬구나, 활동 중에 다친 친구 있어요?

유 아 아니요.

교 사 처음에 우리가 약속한 대로 친구들이 규칙을 잘 지켰기 때문에 오늘 활동이 참 재미있었고, 모두 즐겁게 참여할 수 있었어요. 우리 모두에게 열심히 잘 했다는 의미로 크게 박수 한번 쳐 줄까요?

유 아 네. (짝짝짝)

교 사 우리 이번에는 철봉을 가지고 이런 활동을 해봤는데, 친구들이 너무 잘 해서 다음에는 철봉에서 한 바퀴 도는 활동을 해볼 거예요. 다음 시간이 오기 전에 오늘 한 활동을 하고 싶었는데, 시간이 없어서 못해 본 것이 있으면 집에 가서 또 해보기로 해요. 모두들 너무 잘했어요.

제7장

평균대

평균대는 폭이 좁은 긴 막대로 이루어진 기구이다.

평균대에서 하는 걷기, 뛰기, 중심 잡기 활동 이외에도 매달리기, 돌기, 뛰어넘기, 혹은 다른 기구와 함께 사용하여 보다 다양하고 효과적으로 사용할 수 있다.

평균대 놀이를 통하여 균형감, 조정력, 협응력을 신장하고 자신감을 키운다.

- 평균대의 높이를 다양하게 준비하거나, 색을 아름답게 칠해 주면 좋다.
- 주로 높은 막대 위에서 활동이 이루어지므로 안전에 대한 주의와 지도가 필요하다.
- 직접 평균대를 도입하기 전에 바닥에서 바르게 걷기, 줄 위로 걷기, 폭이 넓은 직목 위로 걷기 등의 활동을 준비 단계로 둔다.

놀이명	목 표	활동 방법	준비물	유의점
평균대 아래로 기어서 빠져 나가기	높이에 맞게 몸을 조절하여 빠져나갈 수 있다.	• 평균대를 2~3m 간격으로 서로 평행이 되게 놓는다. • 차례로 나와서 평균대에 몸이 닿지 않도록 몸을 낮추어 평균대 아래로 기어서 빠져나간다. –몸을 위로 향하여 누워서 빠져나가 보자. –배를 땅에 대고, 기어서 빠져나가 보자. –팔을 몸에 붙이고 벌레처럼 꿈틀꿈틀 가보자.	평균대	머리를 들면 평균대에 부딪치므로 고개를 들지 않고 몸은 최대한으로 낮추게 한다.
손 옆으로 들고 평균대 위로 걷기	손을 옆으로 들고 몸의 중심을 잡아 평균대 위로 걸을 수 있다.	• 평균대 2대는 길이로 평행이 되게 연결한다. • 차례로 나와서 평균대 위로 걸어간다. • 시선을 멀리 하고 허리를 펴고 손을 어깨 높이로 올린다.	평균대	두려움을 느끼는 유아는 보조해서 건너준다.
공 들고 평균대 위로 걷기	공을 들고 몸의 균형을 잡고 평균대 위로 걸을 수 있다.	• 공을 들은 채로 평균대 위로 걸어가서 빈 상자 안에 공을 넣는다. • 시선을 멀리 하고 공을 든 손은 앞으로 곧게 펴서 자세를 바르게 하여 걷는다. • 놀이 후에는 유아들이 공과 평균대를 정리한다.	공 평균대 정리 상자	가다가 공을 떨어뜨리지 않도록 주의한다.
평균대에서 다리 들어 중심 잡기	평균대 위에서 몸의 균형을 잡는다.	• 평균대 2대를 길이로 연결하여 2조 준비한다. • 손을 옆으로 들고 바른 자세로 평균대를 건너가다가 중간에 다다르면 한 다리를 서서히 뒤로 들어 몸의 균형을 잡은 후 다시 끝까지 걷는다. • 실패하거나 자세가 좋지 않더라도 크게 격려하여 용기를 갖게 한다. • 멋진 자세로 균형을 잡는 유아는 박수로 칭찬해 준다.	평균대	교사는 배를 받쳐 주어서 안심하고 균형 잡기를 하도록 한다.

'평균대' 수업 계획안

주제 선정 이유

5세는 심신의 발달이 다 같이 안정되어 조화와 종합을 이루는 시기이다. 즉, 유아기의 마무리 단계라고 할 수 있다. 이 시기는 급격한 정신적 발달에 맞추어서 신체적 조건도 운동에 적합한 균형 잡힌 체형으로 바뀐다. 따라서 이런 조건을 잘 이용하여 발전시켜야 한다.

평균대는 한 가닥으로 된 좁은 대 위에서 운동을 하는 것으로, 평형 감각과 평균을 유지하는 조정 능력을 기르는 데 도움이 되므로 주제로 선정하였다. 평균대는 유아의 기초 운동 능력인 평형성, 각근력, 고저감과 정신적으로는 안정감, 주의력, 판단력의 발달을 돕는 신체적 활동 중에 하나이다.

활동 목표

- 신체의 평형성, 민첩성, 근력을 기른다.
- 거리 감각과 공간 지각 능력을 기른다.
- 평균대에서 발 끝으로 걷기, 양발로 걷기를 할 수 있다.
- 허리에 손을 짚거나 머리에 손을 올리는 등의 다양한 동작을 하며 평균대 위에서 걷기를 할 수 있다.

지도 대상

- 대상 연령 : 만 5세 유치반 32명
- 소요 시간 : 45~50분

1 도입

(1) 준비 체조

순서	박자	도 해	설명	유의점
1	무릎 굽히기 운동		손으로 무릎을 잡고 앉았다 일어났다를 두 번씩 한다.	앉을 때는 완전히 무릎을 굽힌다.
2	다리 눌러주기 (Ⅰ)		어깨 넓이보다 좀 더 다리를 벌린 후, 왼발부터 무릎에 손을 올려놓고 눌러준다. 오른쪽, 왼쪽 번갈아 가면서 한다.	한쪽 방향을 할 때는 그쪽 방향의 손을 무릎에 놓고 다른 쪽 손도 나머지쪽 무릎에 놓고 한다.
3	다리 눌러주기 (Ⅱ)		2번보다 다리를 더 크게 벌리고 한쪽 다리는 펴서 무릎을 눌러주면서 앉고 나머지 다른 한쪽은 그냥 앉는다. 여덟 번씩 한다.	굽힌 다리의 무릎이 정면을 보게 한다.
4	팔 돌리기		양팔을 펴고 처음에는 가슴 앞까지, 다음에는 머리 위까지 올렸다가 내리고 그 다음에는 몸 뒤까지 한 바퀴 돌렸다가 반대로 돌린다. 각 위치별로 한다.	팔꿈치를 쭉 편다.
5	옆구리 운동		어깨 넓이보다 조금 더 다리를 벌리고 오른손은 허리를 잡고 왼팔은 쭉 펴서 오른쪽으로 굽힌다. 반대편도 팔을 바꿔서 똑같이 해준다. 여덟 번씩 한다. (2회)	하체는 움직이지 않고 상체만 움직인다.
6	목 운동		목을 최대한 꺾어서 오른쪽 방향으로 한번 돌린 (8번) 다음에 뒤로 젖혔다 (4번) 앞으로 숙였다 (4번) 한다. 반대 방향도 똑같이 한다.	한 방향으로만 강하게 하지 않는다.

순서	박자	도 해	설명	유의점
7	허리 운동		어깨 넓이보다 조금 더 다리를 벌리고 손바닥을 땅에 닿을 듯 눌렀다가 (4번) 허리를 뒤로 젖히며 손을 허리에 놓고 누른다(4번). (2회)	무릎을 굽히지 않는다.
8	허리 돌리기 운동		다리를 어깨 넓이보다 약간 더 벌리고 허리를 좌우로 돌리면서 팔도 같은 방향으로 휘두른다. 시작 방향으로부터 여덟 번씩 한다. (2회)	하체는 움직이지 않고 상체만 움직인다.
9	어깨 돌리기		팔꿈치를 완전히 접어서 바깥쪽으로 원을 그리듯 여덟 번 돌려주고 안쪽으로 여덟 번 돌려준다.	팔을 원을 그리듯이 크게 돌려준다.
10	손목 돌리기		양손을 가슴 앞에 쭉 펴고 주먹을 쥔 후에 바깥쪽으로 여덟 번 원을 그리듯 돌려주고 안쪽으로도 똑같이 돌려준다.	팔꿈치를 쭉 편다.
11	발목 돌리기		다리를 앞으로 펴서 앉은 상태에서 한쪽 다리를 접어서 다른 한쪽 다리에 올려놓은 후 한쪽 손으로는 접은 다리의 발목을 잡고 나머지 손으로는 접은 다리의 발을 돌린다.	발목은 무리하지 않고 천천히 돌린다.
12	전신 운동	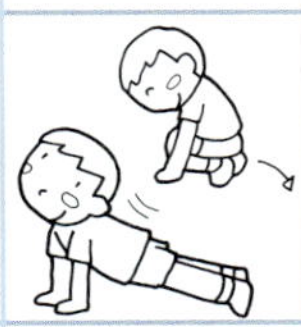	무릎을 굽히고 앉아서 손바닥을 땅에 대고 다리를 뒤로 쭉 폈다가 다시 무릎을 굽혔다가 일어선다.	다리를 뒤로 펼 때 손바닥은 여전히 땅에 댄다.
13	무릎 올리기		양팔을 펴서 옆으로 발을 올리면서 한쪽 무릎을 몸쪽으로 잡아당긴다.	무릎을 최대한 몸쪽으로 당긴다.

순서	박자	도 해	설명	유의점
14	숨쉬기 운동		숨을 들이마시면서 손을 펴고 손등을 위쪽으로 가게 하고 팔을 양옆으로 올렸다가 내리면서 숨을 내쉰다. 다음에 손바닥을 위로 가게 하고 양옆보다 높게 올리면서 숨을 들이마시고 내리면서 내쉰다.	천천히 한다.

(2) 스트레칭

활동명	도해	설명	유의점
어깨 뒤로 젖히기		한 팔을 굽혀 목 뒤로 젖히고 다른 손으로 팔꿈치를 뒤로 밀어 어깨를 늘려준다. 호흡은 편안하게 한다.	팔꿈치를 안으로 당겨준다.
팔을 당겨 누르기		팔꿈치 윗부분을 손으로 잡고 팔이 가슴으로 밀착되도록 붙여준다. 천천히 최대한 붙여준다.	팔꿈치를 쭉 편다.
좌우로 굽히기		팔을 귀 옆으로 뻗어 최대한 올린 후 한쪽 옆으로 서서히 내린다. 눈을 감고 해도 좋으며 몸을 느끼면서 최대한 숙여준다. 편안히 가볍게 숨을 쉰다.	팔을 쭉 펴고 상체만 움직인다.
상체 앞으로 숙이기		발목을 잡고 배가 허벅지에 닿도록 앞으로 천천히 숙여 10초간 버틴다.	무릎을 곧게 펴서 구부리지 않는다.
한쪽 다리 펴서 옆으로 숙이기		그림처럼 다리를 펴고 한쪽으로 숙여준다. 골반의 유연성을 기르는 데 좋은 자세이다.	뻗은 다리의 무릎을 구부리지 않는다.

활동명	도해	설명	유의점
두 다리 펴 앞(옆)으로 숙이기		양다리를 벌려 앞으로 숙인다. 골반의 유연성에 꼭 필요하다. 잘 벌어지지 않더라도 할 수 있는 만큼 꾸준히 하는 것이 중요하다.	무릎을 구부리지 않는다.
발바닥 붙이고 앞으로 숙이기		발바닥을 붙여 몸쪽으로 최대한 당기고, 양쪽 무릎이 땅에 닿도록 하면서 몸을 앞으로 숙인다. 유아에게 필수적인 골반 운동이다.	발을 안쪽으로 최대한 끌어당긴다.
다리 앞뒤로 벌리기		발을 앞뒤로 최대한 벌리고 버틴다. 다리의 유연성뿐 아니라 근력도 강화한다. 더 많이 벌려 무릎 뒤쪽이 땅에 닿게 하여 다리를 늘려도 좋다.	다리를 곧게 편다.
무릎 접어 뒤로 젖히기		허벅지 안쪽의 근육을 늘리는 동작이다. 다리를 뒤로 접어 다리가 뒤로 젖혀지도록 한다. 균형을 유지하면서 하는 운동이다. 한 손을 벽에 기대고 하면 쉽게 할 수 있다.	다리를 엉덩이 쪽으로 당긴다.
다리 꼬아 앞으로 숙이기		그림처럼 한쪽 다리를 앞에다 두고 두 발에 힘을 균등하게 하여 앞으로 숙인다. 손이 발끝에 닿도록 한다.	무릎을 굽히지 않는다.
누워 몸 굴리기		몸을 둥글게 하여 앞뒤로 몸을 굴린다. 등에 자극이 되므로 내장 기관과 척추에 자극이 된다.	몸을 최대한 공처럼 만다.

(3) 도입 전 준비 단계

바닥에서 걷기 (진행 시간 : 3분, 20분)

① 바닥에서 바르게 걷기를 한다.

- 유의점 : 걸음걸이를 올바르게 한다.

② 바닥에 일자로 줄을 놓고 걷기를 한다.

- 유의점 : 줄을 밟으면서 똑바로 간다.

2 전개

(1) 평균대 활동

① 1단계

손을 옆으로 들고 한 발씩 들면서 평균대 위를 걷기

- 목 표 : 손을 옆으로 들고 몸의 중심을 잡아 평균대 위로 걸을 수 있다.
- 준비물 : 평균대
- 방 법

  ① 평균대 2대를 길이로 평행이 되게 연결한다.

  ② 차례로 나와서 평균대 위를 걸어간다.

  ③ 시선을 멀리 하고 허리를 펴고 손을 어깨 높이로 올려 멋진 자세가 되게 한다.

  ④ 걸을 때에는 다리를 높게 올렸다가 내리면서 걷는다.

- 유의점 : 두려움을 느끼는 유아게는 보조해서 건너 준다.

② 2단계

높이가 다른 평균대에서 걷기

- 목 표 : 비스듬히 세운 평균대에서 걸을 수 있다.
- 준비물 : 평균대
- 방 법

  ① 평균대 한쪽에만 받침대를 세워 높이가 점점 올라가게 한다.

  ② 차례로 나와서 평균대 위로 걸어 올라간다.

  ③ 시선을 멀리 하고 허리를 펴고 손을 어깨 높이로 올리면서 걸어 오른다.

- 유의점 : 시선을 멀리 하고 끝까지 걸어 올라가게 한다.

③ 3단계

공 들고 평균대 위를 걷기

- 목 표 : 공을 들고 몸의 균형을 잡고 평균대 위를 걸을 수 있다.
- 준비물 : 공, 평균대, 정리 상자
- 방 법
  ① 공을 들은 채로 평균대 위를 걸어가서 빈 상자 안에 공을 넣는다.
  ② 시선을 멀리 하고 공을 든 손은 앞으로 곧게 펴서 자세를 바르게 하여 걷는다.
  ③ 놀이 후에는 유아들이 공과 평균대를 정리한다.
- 유의점 : 가다가 공을 떨어뜨리지 않도록 주의한다.

④ 4단계

비스듬한 평균대에서 공 들고 올라가기

- 목 표 : 공을 들고 몸의 균형을 잡고 비스듬한 평균대 위를 걸을 수 있다.
- 준비물 : 공, 평균대, 정리 상자
- 방 법
  ① 공을 들은 채로 비스듬한 평균대 위로 걸어 올라가서 빈 상자 안에 공을 넣는다.
  ② 시선을 멀리 하고 공을 든 손은 앞으로 곧게 펴서 자세를 바르게 하여 걷는다.
  ③ 놀이 후에는 유아들이 공과 평균대를 정리한다.
- 유의점 : 공을 떨어뜨리지 않고 가장 높은 곳까지 가도록 한다.

⑤ 5단계

평균대에서 다리 들어 중심 잡기

- 목 표 : 평균대 위에서 몸의 균형을 잡는다.
- 준비물 : 평균대
- 방 법
  ① 평균대 2대를 길이로 연결하여 2조를 준비한다.

② 손을 옆으로 들고 바른 자세로 평균대를 건너가다가 중간에 다다르면 한 다리를 서서히 뒤로 들어 몸의 균형을 잡은 후 다시 끝까지 걷는다.

③ 멋진 자세로 균형을 잡는 친구는 박수로 칭찬한다.

- 유의점 : 교사는 배를 받쳐 주어서 안심하고 균형 잡기를 하도록 한다.

(2) 게 임

- 32명을 두 팀(볼트 팀 대 너트 팀)으로 나눈다. 한 팀당 16명씩이다.
- 게임 진행 시간은 2분 정도로 한다.
- 준비물 : 출발선(끈), 후프 4개, 평균대 2개, 매트 4장, 유니바 2개, 고무풍선 40개 정도, 투명한 큰 비닐 2장
- 게임 방법

① 출발선에 각 팀당 4명씩 선다.

② 유니바로 한쪽만 높이를 높게 한 평균대의 밑으로 통과한다.

③ 먼저 나온 순서대로 매트에서 앞구르기 한 번을 한다.

④ ②번과 마찬가지로 유니바로 한쪽만 높이를 높게 한 평균대 밑으로 통과한다.

⑤ 후프 2개를 비닐로 감싼 후프 터널을 통과한다.

⑥ 먼저 도착한 순서대로 한 사람당 한 개씩의 풍선을 매트 위에서 엉덩이로 터트린다.

⑦ 풍선을 터트린 사람은 게임하기 전의 자기 자리로 돌아간다.

⑧ 두 팀중 더 빠른 시간 안에 팀원 모두가 게임을 완수하고 자리로 돌아온 팀이 이긴다.

3 평가

(1) 위로와 보답

게임이 끝나면 게임하기 전의 대형으로 모여 앉는다. 이긴 팀에게 먼저 박수를 쳐주고, 그 다음에 진 팀에게도 열심히 했다고 박수를 쳐준다. 마지막으로 교사는 다음 시간에 수업할 내용에 대해서 유아들에게 이야기한 다음, 체육 수업을 마무리 짓는다.

(2) 실 례

교 사 오늘은 어느 팀이 더 빨리 평균대를 지나 앞 구르기하고 또 평균대를 지나 풍선까지 터트리고 오는지 게임했는데, 게임 결과 볼트 팀이 너트 팀보다 더 빨리 게임을 하고 들어왔어요.
너트 팀은 볼트 팀에게 잘했다고 박수 쳐줄까요!
볼트 팀도 너트 팀에게 열심히 했다고 박수 한번 쳐줘요.
우리 다음 시간에는 매트 수업을 할 거예요.
다음 시간에도 오늘처럼 즐겁게 체육하고, 더욱 건강한 모습으로 다음 시간에 다시 만나요!

(3) 예상 질문과 답변

유 아 평균대 위에서 둘이서 공을 옮길 때 공을 자꾸 떨어뜨려요.
왜 그렇죠?

교 사 두 사람의 키 차이, 걸음의 속도 차이, 팔 힘 조절 차이 등 때문이죠.

유 아 평균대를 할 때 손을 양옆으로 들고 하면 왜 더 균형잡기가 쉬워요?
평균대를 할 때 왜 손을 양옆으로 들어야 해요?

교 사 평균대 위로 걸어갈 때는 평지를 걸을 때보다 훨씬 작은 폭의 거리와 높은 위치에서 몸의 중심을 잡고 걸어야 하기 때문에 한 발씩 딛을 때마다 자연히 두 발이 수평으로 되고 또 지구의 원심력 때문에 몸의 중심이 불안정해져요. 그런데 손을 양옆으로 뻗고 걸으면 넓게 뻗은 양팔에 의해서 몸의 중심 균형을 잡아주어 훨씬 쉽고 자연스럽게 걸을 수 있단다. 팔은 운동을 할 때 인체의 균형을 잡아주는 중요한 역할을 하기 때문이에요.

제8장

매트

매트는 본래 격렬한 놀이를 할 때 그 충격으로부터 몸을 안전하게 보호하기 위하여 사용하는 푹신한 깔개이다.

매트 위에서 온몸으로 구르기(rolling), 밀고 당기기(pushing & pulling), 웅크리기(curling), 뻗치기(stretching), 구부리기(bending), 걷기(walking), 비틀기(twisting) 등의 동작을 하면서 온몸을 부드럽고 유연하게 움직이는 능력과 민첩성을 기른다.

- 매트는 주로 펼쳐 놓고 사용하나, 접거나 둘둘 말아서 보다 다양한 방법으로 사용할 수 있다.
- 매트는 더러움을 잘 타고 습기가 차서 눅눅해지기 쉬우므로 관리에 주의한다.
- 놀이 후에는 유아들이 스스로 매트를 정돈하도록 지도한다.
- 매트 이외에도 안정감 있는 푹신한 깔개를 놀이에 사용할 수 있다.

놀이명	목 표	활동 방법	준비물	유의점
매트 위에서 걷기	매트 위에서 여러 방법으로 걸을 수 있다.	• 매트 위에 서서 여러 가지 방법으로 걷는다. –엉금엉금 기어가 보자. –서서 걸어가 보자. –쪼그리고 앉아서 걸어가 보자. –무릎으로 걸어가 보자.	매 트	매트의 성질을 익히고 매트에 익숙해지기 위한 활동이다.
서서 매트 밖으로 밀어내기	규칙을 지켜서 서로 밀어내기를 할 수 있다.	• 유아의 수를 같게 하여 편을 가른다. • 상대끼리 매트 위에서 팔짱을 끼고 등을 맞대어 매트 중앙에 선다. • 등과 엉덩이로 상대를 매트 밖으로 밀어낸다. • 매트 밖으로 밀려나가거나, 팔짱이 풀리거나 넘어지면 실격한다. • 나머지는 유아는 자기 팀을 응원한다.	매 트	상대가 되는 두 유아의 체력이 비슷하도록 한다.
앉아서 매트 밖으로 끌어 당기기	힘을 조절하여 밀어내기를 할 수 있다.	• 유아의 수를 동일하게 하여 편을 나눈다. • 상대끼리 서로 다리를 쭉 편 상태로 마주 보고 매트에 앉는다. • 손을 등 뒤로 짚고 발바닥을 마주 댄 채 무릎을 약간 굽혀 간격을 좁혀 앉는다. • 시작 신호를 하면 팔로 몸을 지탱한 채 마주 댄 발로 상대를 밀어낸다.	매 트	매트의 성질을 익히고 매트에 익숙해지기 위한 활동이다.
여럿이 매트 밖으로 밀어내기	힘을 조절하여 밀어내기를 할 수 있다.	• 매트 2장을 옆으로 붙인다. • 매트 위에 5~6명의 유아가 팔짱을 끼고 등을 맞대고 선다. • 신호에 의해 서로 밀어낸다. • 마지막까지 남은 유아가 이긴다. • 놀이 후에는 매트를 제자리에 정돈한다.	매 트	게임의 규칙을 분명히 정하고 난 후에 실시한다.
매트 밖으로 끌어 당기기	잡아끄는 방법과 반대로 끌려가지 않는 방법을 익힌다.	• 한 유아가 매트 위에 엎드린다. • 매트 밖에 서서 안에 엎드린 유아의 발목을 잡고 매트 밖으로 끌어당긴다. • 엎드린 유아는 손을 사용하여 끌려 나가지 않게 한다. • 놀이가 끝나면 4명이 함께 매트를 운반하여 정돈한다.	매 트	팀을 나누어 게임하는 방식으로 진행할 수도 있다.

놀이명	목 표	활동 방법	준비물	유의점
옆으로 굴러가기	매트에 누워 옆으로 굴러갈 수 있다.	• 매트를 2장씩 길게 연결한다(2조). • 매트 위에 팔과 다리를 쭉 펴고 엎드린다. • 몸에 반동을 주어 매트 위에서 옆으로 굴러간다. • 놀이 후에 매트를 정돈한다. –좌우로 3번씩 굴러보자. –빨리빨리 굴러가자.	매 트	잘 구르지 못하는 유아는 교사가 몸을 살짝 밀어 주어 구르기를 돕는다.
상대를 굴리며 가기	매트 위에서 상대의 몸을 굴리며 갈 수 있다.	• 매트 2장을 길이로 연결하여 2조를 만든다. • 2명씩 조를 짜서 한 명은 매트 위에 엎드리고 다른 한 명이 엎드린 유아를 굴리며 간다. • 몸이 매트 밖으로 굴러 나가지 않도록 몸의 균형을 잘 잡는다. • 놀이 후에는 매트를 정돈한다.	매 트	엎드린 유아도 스스로 몸을 움직여서 굴러가면 굴리기가 수월하다.
둘이 손 잡고 옆으로 굴러가기	둘이 보조를 맞추어 함께 매트 위에 구를 수 있다.	• 매트 4장을 붙인다. • 2인 1조가 되어 손을 쭉 뻗어 매트 위에 엎드린 채 서로 손을 잡는다. • 신호에 따라 둘이 함께 매트 위를 구른다. • 놀이가 끝나면 매트를 정리한다. –어떻게 하면 둘이 함께 잘 구를 수 있나?	매 트	서로 보조를 맞추어 구르며, 손을 놓지 않게 한다.
앞 구르기	매트 위에서 앞 구르기를 할 수 있다.	• 손은 어깨 넓이로 벌려 매트에 손가락을 펼친 채로 손바닥을 댄다. • 엉덩이를 들고 머리를 매트에 댄 후에 무릎이 가슴에 닿는 기분으로 몸을 둥글게 하여 앞 구르기를 한다. • 어지럽지 않도록 천천히 일어선다. –공처럼 데굴데굴 굴러가 보자. –앞으로 계속 굴러가 보자. –오뚝이처럼 일어서 보자.	매 트	구르기를 할 때는 먼저 목 뒷부분이 매트에 닿게 하며 교사는 목과 허리를 받쳐서 보조를 한다.
뒤로 구르기	매트 위에서 뒤로 구르기를 할 수 있다.	• 매트 위에 바르게 눕는다. • 손을 어깨에 붙인다. • 발을 위로 높게 들어 올린 후 뒤쪽으로 당긴다. • 엉덩이가 수직이 될 때까지 올린 후 손을 놓는다. • 순간적으로 뒤로 구른다.	매 트	교사는 다리를 위로 들어 주고 목을 잡아 보조해 준다.

제9장

민속놀이

민속놀이는 우리 민족의 오랜 생활을 바탕으로 하여 생성·전승된 것이므로 여기에는 우리 조상의 슬기와 얼이 있다. 따라서 민속놀이는 우리 민족이 존속하는 한 우리 생활 속에서 계속 심화·발전시켜야 한다.

유아들에게 예부터 내려오는 여러 가지 고유의 놀이를 다양한 기구를 사용하여 직접 해보게 함으로써 사라져 가는 민속놀이의 방법과 유래를 익히고 나아가 민속놀이를 생활화하게 한다.

- 놀이를 하기 전에 반드시 놀이의 유래와 방법에 대하여 충분히 지도한다.
- 놀이 방법이 복잡하고 어려운 것은 유아에게 맞게 변형시키거나 쉬운 단계만 실시한다.
- 놀이와 관계 있는 명절과 연관 지어서 지도하는 것이 바람직하다.

놀이명	목 표	활동 방법	준비물	유의점
다리 밟기 (답교)	변형된 다리 밟기 놀이를 할 수 있다.	• 2편(동편, 서편)으로 나누어 반환점에 각기 자기 편의 기를 꽂아 놓는다. • 중간에 평균대를 다리로 가상하여 놓고 개울은 색 테이프로 만들고 블록으로 징검다리를 놓는다. • 팀에서 1명씩 나와 동시에 평균대 위를 건너 징검다리를 건너서 깃발을 돌아 다음 사람에게 바톤을 넘겨 릴레이식으로 돌아와 빨리 끝나는 편이 이긴다. • 건너가다 땅에 떨어지면 처음으로 돌아가서 다시 시작한다.	평균대 2대 색 테이프 작은 블록 각 편의 깃발	평균대 높이를 유아에 맞게 조절하여 위험하지 않도록 한다.
사방치기 (I)	규칙을 지켜서 사방치기 놀이를 할 수 있다.	• 2명 이상의 유아가 가위바위보로 선후를 정한다. • 이긴 사람은 돌을 1번 칸에 던져 놓고, 2번 칸부터 8번 칸까지 갔다 돌아와 1번 칸에 던져진 돌을 잡는다. • 위의 방법으로 1번 칸부터 하늘 칸까지 반복한다. • 돌을 던질 때 칸에서 벗어나거나 칸을 뛸 때 금을 밟으면 실격이 된다.	직육면체의 돌 (나무) 놀이판 (비닐판)	돌을 던질 때 주위에 있는 사람이 맞지 않게 주의하여 던진다.
사방치기 (II)	돌을 이용하여 사방치기 놀이를 할 수 있다.	• 2명 이상의 유아가 가위바위보로 선후를 정한다. • 이긴 유아는 1번 칸에 돌을 던져 놓고, 그 돌을 한 발 뛰기로 뛰면서 2번 칸으로 차 넣은 다음, 코스를 차례로 뛰어 통과하여 돌아온다. • 이러한 방법으로 6번 칸까지 반복한다. • 한 발 뛰기와 달리 벌려 뛰기를 교대하여 뛴다.	직육면체 돌 놀이판 (비닐판)	놀이판에서도 가능하며 바닥에 선만 그으면 할 수 있다.

놀이명	목 표	활동 방법	준비물	유의점
비석치기	돌을 이용하여 비석치기 놀이를 할 수 있다.	• 4m 정도의 거리를 두고 평행선을 긋는다. • 가위바위보로 팀을 나눈다. • 각자 1개씩 돌을 가지고 진 팀은 돌을 선 위에 똑바로 세우고 이긴 팀은 돌을 던져 상대편의 돌을 맞추어 넘어뜨린다. • 돌을 앞에 던져 놓고 한 발로 뛰어 그 돌을 밟은 다음 그 자리에서 돌을 던져 맞추어 넘어뜨리기 • 발등 사이, 가슴, 등 위, 어깨, 턱 밑, 이마, 머리를 이용하여 돌을 운반한 후에 돌을 던져 맞추기를 한다.	돌 또는 블록	비석이 서 있는 근처에 유아가 돌아다니지 않도록 한다.
공기 놀이 많은 공기	공기돌을 갖고 즐겁게 놀 수 있다.	• 많은 수의 공기돌을 땅게 펴놓고 둘러앉는다. • 1개의 공기돌을 골라 위로 던지고 바닥의 공기돌 중에서 2개 이상을 집는다. • 손바닥에 잡힌 돌을 세어 2개는 다시 바닥에 놓고 나머지는 각자가 모은다. • 공기돌을 많이 모은 유아가 이긴다. • 유아가 위로 던져진 돌과 땅에 깔린 돌을 동시에 함께 움켜지기는 어려우므로 던지고 집기 방법으로 변형하였다.	작은 돌 30개 이상	오랫동안 쪼그리고 앉아야 하므로 편안한 자세로 자유롭게 앉아서 놀도록 지도한다.
공기 놀이 (다섯)	여럿이 함께 어울려 공기 놀이를 할 수 있다.	• 가위바위보로 순서를 정한다. • 공기들을 평평한 땅에 던져 놓는다. • 1개의 돌을 위로 던지고 공기돌을 1개씩 집기(하나 집기), 2개씩 집기(둘 집기), 3개 집고 나머지 1개 집기(셋 집기), 4개 집기(막 집기) 한다. • 막 집기가 끝나면 공기돌 5개를 한 번에 위로 던진 후, 재빨리 손등에 받는다. 이때 받아진 공기돌의 수가 점수가 된다. • 놀이 후에는 손을 깨끗이 씻는다.	작은 돌 5개 점수를 셀 수 있는 말	공기돌을 위로 던지고 아래의 돌을 잡은 후 돌 모두를 한꺼번에 잡는 것이 무리이므로 변형하였다.

놀이명	목 표	활동 방법	준비물	유의점
윷놀이 (장작윷)	윷을 가지고 규칙을 지켜 즐겁게 놀 수 있다.	• 2명 또는 3명이 함께 놀이하여 우선 윷을 던져 선후를 정한다. • 상대편과 교대로 윷을 던져서 첫말(입구)에서부터 말을 써서 말 4개 모두 날말(출구)로 먼저 나가는 편이 이긴다. • 윷판에서 밭을 지나가는데, 돌아가는 길과 가로질러 가는 길이 있어 말을 잘 쓰고 못 쓰는 데 따라 승패가 좌우된다. • 상대편 말을 잡았을 때, 윷이나 모가 나왔을 때 한번 더 할 수 있다. –득점 상태 : 윷이 1개 엎어지면 도, 2개 엎어지면 개, 3개 엎어지면 걸, 4개 엎어지면 윷, 4개 엎어지면 모	장작윷 윷 판 말 멍석이나 가마니	승패에 너무 집착한 나머지 싸움이 일어나지 않도록 주의한다.
제기차기	제기를 차면서 즐겁게 놀 수 있다.	• 한 발은 땅바닥에 고정시키고 다른 발은 땅바닥에 댔다 올렸다 하는 동작을 해본다(제기차기 흉내 내기). • 제기를 줄에 매달아 놓고 찬다. • 줄에 매달린 제기차기에 익숙해지면 직접 제기를 갖고 차면서 논다.	제기끈	경쾌하고 흥겹게 놀이하도록 지도한다.
팽이치기	팽이 채로 팽이를 돌릴 수 있다.	• 팽이를 평평한 곳에서 손으로 돌려보기 • 팽이를 손으로 돌려놓고 팽이 채로 힘껏 치기 • 누가 팽이를 오래 돌리나 시합하기 • 서로 도는 팽이를 맞부딪혀 쓰러지지 않고 오래 돌리기를 겨룬다.	팽이 30㎝ 정도의 끈이 달린 팽이 채	놀이가 끝난 후에는 반드시 손을 깨끗이 씻도록 한다.

참고문헌

고기환(2003). 체육측정평가의 응용. 서울: 보경문화사.

교육부고시(2007. 12. 13). 보도자료 제목: 2007년 개정 유치원 교육과정 확정/초등학교 교육과정의 연계 강화, 실생활 중심 교육과정의 특성 반영.

교육과학기술부(2006). 가족과 함께하는 유아의 체력증진 프로그램.

교육부(1994). 유치원 교육과정 해설. 서울 : 대한교과서 주식회사

김경숙 · 정현채(2000). 어린이를 위한 체육교육. 서울: 도서미디어.

문화체육부 (1996). 취학전 아동의 체격 및 체력 육성을 위한 체육놀이 프로그램 개발.

서인규 외(2003). 유아체육 지도와 프로그램. 서울: 대경북스.

소정룡 · 손원호 (2009). 유아체육교육. 진리탐구.

손원호(2002). 유아의 신체발달에 적합한 대도구 활용방안에 관한 연구. 한국유아체육학회지, 제3권 제1호.

손원호(2002). 대도시 유아교육 기관에 입학한 유아들의 체력비교에 관한 연구. 한국학교체육학회지, 제12권 제1호.

손원호(2003). 유아체육 지도자의 지도실태와 교육과정 개선방향. 한양대학교 체육대학원 박사학위논문.

손원호(2004). 지도자를 위한 유아체육교육의 이론과 실제. 서울: 창지사.

안을섭(2005). 유아의 체력 평가 기준에 관한 연구. 건국대학교 대학원 박사학위논문.

오연주 · 이경실 · 김현지 · 박경애(2002). 유아동작교육의 이론과 실제. 서울: 창지사.

원영신 · 윤용진(2000). 유아와 아동을 위한 체육활동의 이론과 실제. 서울 : 다음세대.

윤용진(2000). 유아체육 지도자의 현실과 전망. 한국사회체육학회.

윤은영(2004). 유아를 위한 신체활동의 이론과 실제. 교육연구사.

이동규 · 이승훈(2000). 유아체육 지도법. 서울: 홍경.

이성호(2004). 교육과정 개발과 평가. 경기도: 양서원.

정인태(2000). 유아체육교육. 경기도: 양서원.

정철규 · 신은숙 · 손원호(2002). 지도자를 위한 유아체육 프로그램. 서울: 홍경.

한국교육개발원(1996). 유아체육놀이 프로그램 개발연구(I). 한국교육개발원.

한국교육개발원(1997). 유아체육놀이 프로그램 개발연구(II). 한국교육개발원.

한국 어린이육영회(1998). 유아와 함께하는 신체활동.

한국유아교육협회(1997). 유아를 위한 창의적인 동작교육. 제31회 유아교육교사 연수교재.

한국체력향상협회(2000). 유아체육. 진리탐구.

함정은(2001). 교사들을 위한 유아체육. 서울: 형설출판사.

저자소개

손 원 호

한양대학교 체육대학원 수료 (체육학 박사)
남서울대학교 겸임교수, 숭의여대 강사, 한국 어린이 육영회 강사 역임.
현) 명지전문대학 겸임교수, 백석대학교 강사, 동원대학 강사, 미래 스포츠 클럽 본부장,
한국 유아체육학회 부회장, (사) 한국체력향상협회 자문교수 위원장.

[논 문]

유아 체육 지도자의 지도 실태와 교육과정 개선에 관한 연구. 외 다수

[저 서]

『유아를 위한 체육 교육 활동의 이론과 실제』 외 다수

[경 력]

서울 유아교육 진흥원, 동부, 서부, 북부, 중부 교육청 외래 강사.
서울 남부 교육청 Net-Work 사업 명랑 운동회 진행 (2010.~2011.)
인천시 교육청, 경기 교육청, 경북 교육청, 교육청 직무 및 교원연수 강사
제주도 어린이집 원장, 교사 강습회(제주도 보육 시설 연합회)
신 지식인 선정 (유아체육 분야)

저자와의
협의하에
인지생략

지도자를 위한
유아 체육 교육
개정

초판 1쇄 발행 2004년 6월 30일
초판 2쇄 발행 2006년 3월 6일
개정 3쇄 발행 2017년 7월 10일

지은이 | 손원호
펴낸이 | 김기섭
편집인 | 박연순
펴낸곳 | 창지사 www.changjisa.com
153-802 서울시 금천구 가산동 345-13
파트너스타워 1차 9층
전화 (02) 719-2211~3
팩스 (02) 701-9386
등 록 | 1977년 4월 28일 · 제1-421호

ISBN 978-89-426-0649-8 (93370)

값 19,000원